黄金有價書無價
時勢逐流我不流

廿一世纪初的前言后语

南怀瑾 讲述

人民东方出版传媒
东方出版社

图书在版编目(CIP)数据

廿一世纪初的前言后语/南怀瑾讲述.—北京:东方出版社,2022.1
ISBN 978-7-5207-0759-6

Ⅰ.①廿…　Ⅱ.①南…　Ⅲ.①教育-研究-中国　Ⅳ.①G52

中国版本图书馆 CIP 数据核字(2019)第 210240 号

廿一世纪初的前言后语
南怀瑾　讲述

责任编辑:	王夕月　邢　远
出　　版:	东方出版社
发　　行:	人民东方出版传媒有限公司
地　　址:	北京市西城区北三环中路 6 号
邮　　编:	100120
印　　刷:	北京明恒达印务有限公司
版　　次:	2022 年 1 月第 1 版
印　　次:	2022 年 1 月第 1 次印刷
开　　本:	650 毫米×960 毫米　1/16
印　　张:	26
字　　数:	250 千字
书　　号:	ISBN 978-7-5207-0759-6
定　　价:	59.00 元

发行电话:(010)85924663　85924644　85924641

版权所有,违者必究

如有印装质量问题,我社负责调换,请拨打电话:(010)85924602　85924603

编者的话

南怀瑾先生是享誉国内外,特别是华人读者中的文化大师、国学大家。先生出身于世代书香门第,自幼饱读诗书,遍览经史子集,为其终身学业打下了扎实的基础;而其一生从军、执教、经商、游历、考察、讲学的人生经历又是不可复制的特殊经验,使得先生对国学钻研精深,体认深刻,于中华传统文化之儒、道、佛皆有造诣,更兼通诸子百家、诗词曲赋、天文历法、医学养生等等,对西方文化亦有深刻体认,在中西文化界均为人敬重,堪称"一代宗师"。书剑飘零大半生后,先生终于寻根问源回到故土,建立学堂,亲自讲解传授,为弘扬、传承和复兴民族文化精华和人文精神不遗余力,其情可感,其心可佩。

二十一世纪初,有感于文化教育之重要,南先生亲自撰成《中国文化教育的自诉》一文,讲述从远古夏商周至清代一脉相承的中华民族文化、历史、教育、生活以及与政治、经济交互影响所产生的演变,叙述清晰扼要,内容发人深省。其后,他随缘讲课,内容广泛,但终不离文化之根本——或讲述民国以来教育的发展历程,或从人生目标、家教、师道等方面漫谈教育,或简论儒家的发展历程,提出本质上影响中国民间社会的并非儒家或孔孟之教,而是杂家、阴阳家和道家之学,或谈中学与西学的体用问题,等等。该书将此类话题的讲述进行整理,与前文合为一体,南师亲自定名为《廿一世纪初的前言后语》,以突显众所关心之话题。二〇一二年,南先生独家授权,我社于二〇一三年首次推出了该书简体字本。

南先生一向重视教育，对中国教育的未来更充满了关注和忧虑。他认为教育的目的在于认知人性，改变气质，从事教育就是要把人性教好。教育的问题不完全是老师或学校的问题，更多的在于家庭教育。他很痛心地指出，现在家长更该重新受教育。他强调，家长不应将自己做不到的愿望下意识地寄托在孩子身上，而是应深切关注孩子的禀赋性向，要适才适性，教导孩子贵在自立。他更身体力行实践，创办"吴江太湖国际实验学校"，希望承先启后，继承中华文化的精髓，并吸收西方文化的精神，建立新的教育风气，以开启我们后代的兴旺太平。他特别提醒大家注重两本书——《论语别裁》和《原本大学微言》，尤其是《大学》之道，其中所说的三纲、八目、七证，是我们教育孩子的重要参考。

谈到"中学为体，西学为用"时，南先生指出，不论是普通人的行为道德还是追究宇宙生命的根本问题，也不论是政治文化的基本还是最高理想，中国文化在诸多方面都与西方文化不同。但是，近百年来，由于屡屡遭受西方国家侵略，致使国人盲目西向，"西学为体，西学为用"，一味怀疑自家文化；但由于又对西方文化认识不清，且过分追求物质和眼前利益，造成对国际情势、整个社会环境、个人前途以及手边事业等却茫然恍然。对此，他颇为痛心疾首，希望大家注重个人修养，尤其要注重文学方面的修养。

对于人们关心的神通与特异功能，南先生有通达的认识。他指出，神通是生命功能的一种，对生命科学、医学等有其贡献，值得研究。但他仅支持少数人进行有限的科学的研究，反对大张旗鼓地宣传，更反对夸张地吹嘘。

我社与南怀瑾先生结缘于太湖大学堂。出于对中华优秀传统文化的共同认识和传扬中华文明的强烈社会责任感、紧迫感，承蒙南怀瑾先生及其后人的信任和厚爱，独家授权，我社遵南师遗愿，陆续推出南怀瑾先生作品的简体字版，其中既包括世有公论的著述，更有令人期待的新说。对已在大陆出版过的简体字版作品，我们亦进行重新审阅和校订，以求还原作品原貌。作为一代国学宗师，南怀瑾先生"通古今之变，成一家之言"，毕生致力于民族振兴和改善社会人心。我社深感于南先生的大爱之心，谨遵学术文化"百花齐放，百家争鸣"之原则，牢记出版人的立场和使命，尽力将大师思想和著述如实呈现给读者。其妙法得失，还望读者自己领会。

需要特别说明的是，本书是南师仙逝前夕最后亲自定下的由我社出版大陆简体字版的两本著作之一。南先生一生从发愿到功德圆满于壬辰年中秋，殚精竭虑，矢志不移，辛苦操劳，无怨无悔，诚如他的秘书马先生所说，南师是一个点灯的人，他来这个世上，是希望点亮越来越多人的心灯。而我们要做的就是点亮自己这盏灯，自然会照亮周围。这才是对他最好的怀念！

东方出版社
二〇二一年十二月

目　　录

出版说明 / 001

一、中国文化教育的自诉

第一章　漫说上下三千年 / 002
　　　　夏商周的教育学制○春秋战国的诸子百家○秦汉时代的学官与学术○魏晋南北朝的名士与学阀○北朝的文化与教育○隋唐开科取士的考试制度○唐宋时代考试策论○唐末五代到两宋○两宋的守文弱主○宋代的书院○宋代理学家们开了孔家店○两宋的儒林和文学○明清的四书和八股文○明清理学的道德禁锢○明清文化的演变○文艺复兴时的明朝○清代文化教育的剧变

第二章　新旧文化交替的代沟 / 026
　　　　民初三十年的文化教育○抗战时期的文化教育○抗战时期大后方的形势和人文

二、漫谈教育

第一堂 / 040
　　　　开场白○《千字文》的学问○立德 立功 立言○家教与母教○教育先要知性情○先天禀赋 后天影响

第二堂 / 052

　　教育要注重文学○化民成俗的师道○什么是意 志 精 神

第三堂 / 063

　　办教育的人们○教育以变化气质为目的○师才难得○旧教育的教法

三、对学生家长研修班讲话

第一堂 / 074

　　乱世出圣人○十六字心法○孔子一生的修养○《大学》提出的方法

第二堂 / 084

　　社会文化变乱的时代○让孩子能自立○洒扫应对的生活教育○学佛应以佛为师

四、对学生家长讲话

第一天 / 094

　　请注意两本书○三纲——明德 亲民 至善○八目——八个方向○格物 知 定

第二天 / 105

　　生死问题○认清名称含义○谁能掌握自己的生死○修行初步——诚意 正心 知止○保持文化的女性○家庭教育的重要○达摩与格物之道

第三天 / 118
　　生于忧患的我们　生于安乐的你们○打坐念佛为什么○有义语　无义语○富兰克林十三条○咒语○打坐切忌

五、对学校新生家长讲话

第一堂 / 131
　　适才适性　人贵自立○聪明难　糊涂亦难○平安是福

第二堂 / 140
　　办教育要牺牲自己○孩子自有选择○真正的教育精神

第三堂 / 148
　　古代考试制度○现代学店式的教育○结合新旧教育的实验○己立立人　自利利他

六、对学校教师讲话

第一讲 / 159
　　人生以什么为目的○学者效也○经师易得　人师难求○古代教育的目标○教育是人性的问题○罚或不罚　打与不打

第二讲 / 173
　　再谈人性问题○再说性善性恶○人之大欲何处来○讲七情

七、对学校教师第二次讲话

"学成文武艺"的目的〇教育无用论〇实验学校的宗旨〇活到老 做到老 学到老〇一个孩子的来信〇注意腰的力量

八、感论中国文化的儒家

师儒之道的由来〇师儒之道的分歧与衍变〇秦汉阶段〇魏晋南北朝到隋唐〇宋明理学的兴起〇明清时期的儒林

九、谈中学与西学的体用问题

第一堂 / 205

开场白〇百年的人与事〇龚定盦的预言〇戴鸿慈的资料 蒋梦麟的说法〇西学为体的百年〇西方的毒害

第二堂 / 218

认知科学与唯识〇想是想 思是思〇三世与因缘〇意识 健康 梦境〇第六意识的复杂作用〇性理与理性

第三堂 / 230

中国文化与生命科学〇静坐修养 端容正坐〇修定的三个方法〇听呼吸的方法〇观心法门 三际托空〇解疑释惑

十、经史合参研读班前言

炎黄子孙的起源○尧舜禹的公天下○夏商周开始的家天下○观今宜鉴古○治史要通才○六经皆史○孔子著《春秋》○《春秋》的内涵○司马迁著《史记》○读历史的眼睛○《史记》列传的深意○历史不是"载之空言"○四首诗说项羽

十一、谈人性的真相

第一堂 / 272

人类文化的心性问题○人性是善是恶○中外各家的观点○知行的问题○王阳明四句教○四句教的矛盾

第二堂 / 284

佛家的说法○禅宗六祖○两首偈子

十二、谈如何学佛

第一堂 / 293

佛教 佛学 佛法○佛的出身 佛的疑惑○佛的苦修与悟道○佛学中的宇宙观○佛学怎么看生命○三世因果 六道轮回

第二堂 / 306

贪 瞋 痴 慢 疑 恶见○十善业道○答问解疑

十三、谈神通与特异功能

特异功能不特异○是神通,还是神经○神通无用,价值有限○神通扭不过大势至

十四、谈"照明三昧"

引言○绝利一源用师十倍○在黑暗的光明中○照明三昧——生命的功能○对话与答问

十五、漫谈商业道德

第一堂 / 347
　　中学为体还是西学为体○什么是中国文化○出国看门道○要对商业反思○正确理解"重农轻商"

第二堂 / 359
　　居安思危了么○中国的传统美德遗失了○自我管理与管理人事○财富的用途

十六、谈文学与修养

第一讲 / 371
　　失心疯的社会○学习文化　注意文学○韦应物的诗○刘克庄的词○谈性情

第二讲 / 382
　　文化的重要性○谈思想○什么是真正的学问

第三讲 / 389
　　初学静坐的要点○不要怕思想情绪○修养仍需配合文学

出版说明

在纷纷扰扰的世事中，我们迎来了二十一世纪。中国人有句古话，十年河东，十年河西，说明人事多变，环境多变，而最令人心惊的，是人心的多变。

南师怀瑾先生常谓：立国之本是文化。中华民族历经千年万载，文化源远流长，在新世纪到来之初，正值世界瞬息万变之际，炎黄子孙何去何从，不免令人茫然若失，徒呼奈何。

南师先于世纪之初，因感文化教育之重要，撰文自诉，即本书第一篇"中国文化教育的自诉"。文中，南师从远古夏商周说起，直到抗日战争时期。在几千年的历史长河中，一脉相承的中华民族文化、历史、教育、生活，以及与政治、经济交互影响所产生的演变，叙述清晰扼要，发人深省，令人有拨云见日之感。

后因南师又屡经各方敦请，遂随缘讲课，内容涉及广泛，但终不离文化之根本。现将各篇讲记整理，集结成册出版，一则突显众所关心之话题，二则以飨长年热心的读者朋友。并盼大家为文化故，有志一同，则光明之前景，必定在望矣。

刘雨虹　记
二〇一二年四月于庙港

一、中国文化教育的自诉

二〇〇六年 香港

第一章 漫说上下三千年

夏商周的教育学制
春秋战国的诸子百家
秦汉时代的学官与学术
魏晋南北朝的名士与学阀
北朝的文化与教育
隋唐开科取士的考试制度
唐宋时代考试策论
唐末五代到两宋
两宋的守文弱主
宋代的书院
宋代理学家们开了孔家店
两宋的儒林和文学
明清的四书和八股文
明清理学的道德禁锢
明清文化的演变
文艺复兴时的明朝
清代文化教育的剧变

夏商周的教育学制

中国的文化与教育，在上古的夏、商、周三代，历史所记载其学制，有"夏曰校，殷曰序，周曰庠"的名称。但须知这三个学制的名称，并非如我们现代政府的教育官制，它们只是代表聚集士子的教育中心而已，并兼有习射、养老的用途，没有像现在一样设立专办教育的经费，亦没有专管教育的学官。因为在上古夏、商、周三代，做帝王的，做诸侯的，做官的士大夫们，都有身兼"作之君""作之师""作之亲"的任务标榜。此即古人所谓为官即是为民父母而兼师保的内涵。

至于生员的来源，大家首先不要忘记我们上古的社会是以农业为根本，以宗法（族姓）社会为中心。所谓受学的生员，是由农业社会的宗族中，从十人选一为士，进入官制的教育中，学习文事、文功的法制，所谓保国家而卫社稷，便称为"士"。再由士而优而选拔为从政的大夫，便称为"仕"。因此可仕者便出仕为官。"大夫"是上古时代官职的总称，故有上大夫、中大夫、下大夫的级别。

至于一般社会上的老百姓，统称庶人。要不要受教育，有没有读书，是各听自由，并非必须接受教育不可。

这种教育的风气和制度，直到周朝分封诸侯而建国，实行井田制度，建立了农业社会基础，仍是如此。

春秋战国的诸子百家

周朝中叶以后,尤其从春秋时代开始,民风渐变,井田公有制度也渐形衰敝,从士而仕的社会风气渐变,师道的尊严也渐形独立,于是便有民间自由讲学、私人传道授业的形式产生,其中影响最大的人物,就是大家称为万世师表的孔子。事实上,我们所知道春秋、战国百家之学的诸子,都是来自民间社会私人讲学所产生的自由分子,也即是古书上所推崇的特立独行之士,并且大多是"苟全性命于乱世,不求闻达于诸侯"的人物。你如不信,必须要冷静去研究思考一番,便可知道了。

春秋、战国这三四百年之间,在我们历史称作乱世。姑且不谈历史的统一观点,更不论政权的一统,单从社会文化教育自然发展来说,实在是很值得好学深思的一代。

在这三四百年中各种各类的学术人才,值得我们师法者,实在太多。但人才都不是公家教育所培养的,他们都是来自民间,是私人自学而成的。这岂不是历史上的一大奇迹!

秦汉时代的学官与学术

到了秦朝,推翻周代的封建,废诸侯,建郡县,统一天下而建立一代的秦朝政权,所用的将、相、官、吏,也都是由民间自学成才的人士出任,上自丞相李斯,下至当时被坑杀的博士们。但也不要忘记,在我们的历史上,最初所置的博士的学位之官,是从战国末期开始的,齐、魏等国都设有博士官,使学识渊博者任之,做参政顾问。因之,秦统一天下后,继续设立博士官。后来汉武帝建立"五经博士"的官称,并非是他新创,只是因袭秦制而建立。

汉朝四百年来的帝王政权,以我们历史惯例的称呼,分为前汉的西汉,后汉的东汉。唯一特出的,是汉武帝开始,创建了中国特有的"选举",就是用人才的规范和标准。所以汉代的"选举"(后世亦有称为"察举"或"荐举"),并非西方文化以及现代美国式的"选举"。汉代"选举"的特式,是以人品道德行为配合学术修养作标准,所谓"诏举贤良方正,能直言极谏者"为目标。其初肇始于汉高祖时期,再次成形于汉文帝,定制于汉武帝。

由此而知,两汉三四百年来的人才,皆非政府出资培养而成。在官制上,汉武帝开始设有"太学",设"五经博士"为教师。但如周代的"辟廱""頖宫",汉代的"太学",只是教育贵族子弟的机构而已。真正两汉的人才,大家比较熟知的,如董仲舒、公孙弘等辈,也都是来自民间,从社会中自学成才而选拔为国用。

汉初,在秦代"焚书坑儒"打击读书人、知识分子之后,遗民故老继起,以平生记忆背诵所学重新口诵授徒,因此后世得以流传儒家十三经以及诸子百家等书。

但因只靠记忆背诵口授遗文,难免有错,因此汉儒汉学兴起,以注重考注文字与解释言文的"考证"(亦称考据)为主,形成两汉学术特别注重小学(说文)、训诂(释义)的特征。

魏晋南北朝的名士与学阀

到了东汉末期,汉学与汉儒所形成的学术尊严与权威,已经迥然与社会政治遥相脱节。如孔融、郑康成、卢植等儒者,皆名重一时,但多无补于世变时艰。如仔细研究汉末及三国蜀、魏、吴史迹，就可知当时特别注重文学与谋略的曹操，在建安时期六七年间（西元二一〇年至二一七年），完全不顾人品道德贤良方正之说，曾经三次颁布"唯才是举"的明朗爽快而极尽讽刺迂儒古板的妙文，因此而开启建安七子的一代文学风气，促使魏、晋阶段青年贵族子弟开放思想，便有王弼注《老子》、郭象注《庄子》的玄学思潮等涌出。从此在我们的历史上，就有三百多年魏晋南北朝的分崩离析的局面出现。

在这一时期，南朝由东晋历宋（刘宋）、齐（萧齐）、梁（萧梁）、陈、隋二百七十余年，社会上的教育学风统由宗法社会名门大族学阀所把持。平民社会上，即使有自学成才的人物，如果不依附于权门阀阅，始终难以出人头地。魏晋时期，由士族权门所建立的官制管理"九品中正制"的施行，使此时在朝从政的读书士子形成"上品无寒门，下品无世族"的讥刺与无奈，即如宋、齐、梁、陈几代的皇权帝制，也不敢轻视这些权门名士。

北朝的文化与教育

在东晋初期开始，史称为南北朝的二百余年期间，北朝五胡十六国的乱华局面，都是汉、魏以来少数归化的边陲民族们为了争取汉化的称王称帝、争权夺利所引发的争霸战争。但对于中国文化，却演变为一种非常特殊的现象，因为北朝十六国汉化的少数民族，其文化习惯、根源，都来自西域之故。

此时所谓的西域，指的是现在天山南北的新疆及阿富汗到伊拉克乃至远及印度等地区，这些地区当时都是盛行佛教。因此，北朝十六国中，前秦的苻坚，后秦的姚兴，以及北魏政权的建立，都在大量引进佛教的佛学经典，集体翻译，与中华本土的儒、道两家参合对比。等于现在我们大量引进西方文明科学，一样是热闹无比的时代。因此隋、唐开始，形成以儒、释、道三家为主流文化，取代了自战国以来以儒、墨、道三家为主的地位。

略举其例而言，如秦王苻坚派遣大将吕光率领大军去征服龟兹国，后秦王姚兴派兵攻打后凉，都只是为了迎接一位西域高僧鸠摩罗什东来。鲜卑拓跋族自建立北魏以来，与南朝的东晋并策中国天下，成为南北朝并存的局面。北魏大兴佛教，乃至僧众二百万，寺院三万余座。今所谓的云冈石窟、龙门石窟、敦煌莫高窟、麦积山石窟、洛阳永宁寺等，多在此时所创始。当时所有参与翻译的僧俗等人，亦皆为民间自学成才之士，并非任何政权机构所培养的。

总之，南北朝两三百年间中国文化的演变，可以说是继战国以来诸子百家之后第二次学术人才的汇流。只是此时的社会人才，大多数是探索追寻宗教哲学与生命的认知哲学，大抵都与现实政治疏离，浮华有余，却与现实社会难以融洽。

隋唐开科取士的考试制度

一个国家民族的文化根本精神，是显现在文学的基础上。从中国文学的演变来说，由春秋战国以后，直到两汉的文章，确有其古朴而简练的特色。流变到魏、晋时代，由于曹操、曹丕父子文采风流的影响，加上建安七子的新文艺，直至南北朝隋唐之间，演变为词藻华丽、对仗工整的骈体文为主的学风。以致民间社会以及政府机构的实用行文，只顾音韵柔和优美，内容令人大有不知所云之感。类似现代一些注重逻辑的堆砌性文章，读后只感层层重叠，道理的言说虽多，也有不知所云的感受。观今鉴古，不禁使人想到文化文学的演进经常会出现扭曲的疲惫，这又是一种时代反映的畸形现象，实在值得深思反省。

所以在唐高祖李渊开国初期，就首先下令写公文要明晓通畅，不可用骈体文字。再到唐太宗李世民当政阶段，就扩充隋朝考试选举雏形，一变为正式开科取士的考试制度，以民间自学成才之士自动报名参加考试，得以进士出身为官从政的晋身初地。因此李世民在第一次实行考试之后，站在午门城楼上面看着考取进士人们的沾沾自喜，开怀大笑说："天下英雄入吾彀中矣！"他知道民间社会自学成才之士有了智识能力，如无出路，必会自谋出路，甚至不好驾驭，也许会造反；有了考试制度以后，可以猎获天下才子，一进入官场，便可减少因名利之心不能满足而引起的反动。"彀中"，便是射箭时把弓弦拉满的整个射程目标的范畴。

由唐太宗的"天下英雄入吾彀中矣"这句话看来，唐初考试进士真是唐史上一件伟大的举措和好戏。但考试制度真能一网打尽天下的英雄吗？事实不然。唐代许多知名成功的人才，很多是不经考试，而靠推荐保用出身的。除此之外，因唐朝受宗法族姓观念的驱使，钦定老子李老君的道教为国教，同时，又对佛教教外别传的禅宗备加推崇，因此而使民间社会许多自学成才的高士们产生一种跳出世网的观念。所谓"禄饵可以钓天下之中才，而不可以唉尝天下之豪杰；名航可以载天下之猥士，而不可以陆沉天下之英雄"。所以，唐代三百年间，出了许多隐士、神仙；禅宗"一花开五叶"的五个宗派中，更产生许多大德禅师，声名煊赫；又在考试制度之外，把丛林中参禅打坐的场地取名为"选佛场"，俨然别开一格。这就是唐代文化教育别具风标的特色。

其实，唐代用考试开科取士之外，同时还并行推荐人才的办法，并非完全只有考试取士的一条路。例如，文起八代之衰的韩愈（昌黎），在他未成名之前，到处写信，拜托前辈者的援引推荐。又如传为千古佳话的白居易（乐天）晋身的故事，都是蜚声唐代文坛的事实。白居易在年轻未得意时，誊写了自己的作品到唐代首都长安找门路。他去见当时文学辞章负有盛名的顾况。顾况看他很年轻，便说"长安居，大不易"，因为米珠薪桂啊！柴米的价格贵得像金子，不好生活啊！你这个年轻人，住在首都找出路，你能负担得了这里昂贵的生活费用吗？况且能不能有出路呢？讲完了，他翻了翻白居易的作品，看到"离离原上草，一岁一枯荣。野火烧不尽，春风吹又生"，就说：哦！你行，可以住在长安了。白居易由于前辈顾况的褒扬推荐，因此而成名为一代名宦而兼名士。在唐宋时代，由这样自学成才而经人提拔推荐的故事，在历史上有不少的记载。由此可见，人贵自立的榜样很多。有志之士，千万不要被这些框框圈圈所限制，反而把自己的天才埋没了。

总之，千古事务，有一个永远不变的大原则，那就是"法久弊深"的道理。唐初所建立的考试取士制度，是在勾引民间社会自学成才的有识之士为国所用，就像是民间有女自长成，丽质天生而被挑选入宫为用。但考试不能像选美，自幼童时一级一年考选试用啊！像我们现在流行的考试，是幼童入学前就要考试，入学之后，有月考、年考、毕业考、留学考、职业考，一考又一考，把一个好好的脑袋，一辈子放在考试上面考到死。

再说进入学校之前，以考试来决定录不录取，那学校教育民间子弟又有什么意义？更何况考试成绩好的便可入"名校"，不好的只能入差等的学校，这岂不是教育体制自暴其短的掩耳盗铃吗？教育的目标，就是要教导改变无用者，使他变成有用，使愚者变成聪明，即古人所谓使"顽夫廉，懦夫立"的道理。我们应该反省深思，不能单以一法而埋没具有聪明才智的人才。

唐宋时代考试策论

　　唐宋时代的考试，主要是由主考官出一个与时事政治有关或对照古今有关于治国亲民的题目，叫参加考试的士子们发挥思想和意见。这种文章，叫作"策论"。策，是包括有谋略、有计划、有办法的意义；论，就是文字言语上针对主题的发挥，并无一定规格，更无一定框架。除"策论"的内容外，也考试士子们的文学词章，包括毛笔书写的字体。并非如明清后代只考八股文，切莫混为一谈。你只要多读传统古籍，就可明白，不要妄作聪明就瞎说一套。八股文是明朝以后开创的考试陋习。

　　现在的考试则完全不同，是依照规定的教科书，或加主考者的自我解释，先定标准，再出题问答，对和错是固定的，没有你自己的思想和发挥。这用之于自然科学的声、光、电、化等物理科学，是比较准确的，但以此而概括人文的通才学科，那就有很大的不合理之处了。

　　总之，现在学校的考试方式，主要在于猜题，不管什么叫学问与学识，只要会猜题，就对了。而且猜题有时还如猜谜一样，靠运气。清人有对考八股文章取士的怨讽说："销磨天下英雄气，八股文章台阁书。"所谓"台阁书"，是考试所规定用公文上的小正楷，不是什么大书法家的书法。那么，现在的考试，就是"销磨天下英雄气，意识框中猜对题"了，岂不可叹而又可笑。

　　我曾碰到一个学生，学问并无长处，但她自小学读到外国留学的博士回来。我笑问她："你为什么那么厉害？"她说："老师啊！我根本不喜欢读书，可是我会猜题，所以每考必中，偏要把我送上读书的路上去，气死我了。其实，我读书是为父母家庭争面子，让社会上知道我有学位。我看，读书考试都靠运气，所以老师你讲曾国藩说靠运气是对的。"我听了，只有哑然失笑、为之首肯而已。

唐末五代到两宋

唐朝李家的帝制政权，在唐中期以后一百五十余年之间，先有北方藩镇、节度使等军阀的内乱，后有书生扮强盗的黄巢起兵，复有西南边疆与西北边疆归化的少数民族割据立国。首先是云南的南诏国（五代时变为大理国），接着，全国被拥兵称霸者共分十三处，因此形成后梁（朱温）、后唐（李存勖）、后晋（石敬瑭）、后汉（刘知远）、后周（郭威）等史称为"残唐五代"的纷乱局面。北方归化的少数民族契丹便在此时乘势而起，形成后来与宋朝相对峙的辽、金、元时代。

在这一段历史流程中，无论官府和社会，对于文化教育并无建树。整个的社会民生，只有忍受离乱、流亡、饥寒的痛苦而已。禅宗和仙道，深受人们敬信而昌盛；至于传统的治国、齐家、平天下的儒家学术，反而凋敝无力，几乎遭遇既不能救国、更不能自救的痛苦。唯一特别的，却有一两处开创石刻儒学的十三经经文，似乎以此表示对天下太平的渴望，以及对人道入世之学的复兴的期待。继此之后出现的，便是有名的赵家三百年天下的宋代王朝了。

两宋的守文弱主

大家都知道，宋朝是文风鼎盛的一代，也是过去历史上最尊重文人，而且最尊重相权的一代。贫民出身的宰相，可以与帝王政权的君主相对论道。绝不像明朝的宰相，只能站着向皇帝禀告，甚之，还随时可能被和尚出身的朱皇帝在朝廷上当众打屁股。所谓明朝，真是三百年来缺少明君的一代。清朝的宰相，也是站着说话，那是学明朝的榜样。

但是，宋朝也和两晋一样，三百年来分为北宋和南宋两截，而且根本没有把当时的中国恢复为一统的江山。站在我们历史习惯的正统观念而言，不能统一全国而治平天下的，几乎称不上正统，所以宋朝应该算是我们历史上第二个南北朝。

我们也都知道，宋朝的天下是由赵家兄弟（赵匡胤、赵匡义）二人，加上一个只读得"半部论语"便可治天下的同宗赵普，三人合谋，从陈桥兵变，黄袍加身，取天下于孤儿寡妇之手开始。赵家兄弟以职业军人而爱好读书，尤其是后来的宋太宗赵匡义，在兵间马上十余年，手不释卷，说了一句"开卷有益"的千古名言，完全是一个书生扮强人的角色。

所谓"知兵者畏兵"，在兵变回军征服中原以后，赵匡胤便采用文人政治。纵观北宋一朝，北方的燕（北京）云（山西大同）十六州始终为契丹所有；西北的陕、甘一带，也被少数民族大夏占据；云南有大理国雄峙西南；辽东（东北）一带的事，根本就沾不了边。虽然如此，但此时在唐末到五代百余年间，正值生民凋敝、受苦太深之时，大家只希望暂得一个有道明君，安定天下，也就心安理得。何况赵匡胤又是一个由前方统帅而叛得天下的人，最怕掌兵权的同袍学样重来，因此就专重文治而放弃武功，建立起文人政治，由文职的大臣指挥军政。后来如岳飞、韩世忠、辛弃疾等名将，不明白赵家天下这一祖传秘方，不是被处死，就是永被闲置一边，休想掌兵恢复中原。这等于是经商的公司老板，根本不想扩充发展，可是那些做职工的伙计们不明白，还拼命去开发业务、扩充地盘，岂不是大大触犯老板的忌讳吗？

宋代的书院

我们现在稍加说明两宋王朝情势，就比较容易了解，由于宋代重文轻武的文化教育，才会产生许多名臣贤相，以及很多的词人骚客，将唐朝三百年文采风流的诗律规范，改变成为宋代的词章和理学。

宋代建国之初，仍依唐制，以考试取士网罗天下的人才。初期贤相如王曾、王旦，之后便是名相晏殊，他极力提拔穷苦孤儿自学成才的范仲淹，而且他与范仲淹二人又特别提倡平民办书院讲学的风气。因此先有孙复在泰山脚下开馆授徒，后有胡瑗讲学吴中，提倡师道。而民间讲学之风由此大开，直到南宋末代不衰。范仲淹影响所及，培养出来的名臣良相，有寇准、富弼、文彦博等。至于光耀宋明理学的五大儒——张载（横渠）、周敦颐（濂溪）、二程（程颢、程颐），以及南宋理学巨擘朱熹，这些史称关、洛、濂、闽诸大儒的理学家的发迹，也几乎都和范仲淹有关，与私人讲学的书院制度更是息息相关。

举例来说，大儒张横渠，青年时到西北边疆投军，见到范仲淹。范仲淹劝他应当好好读书，成才报国，并顺手抓了一本《中庸》送给他。张横渠便拿着《中庸》回来，后来成为一代名儒，并有四句声震千古的名言流传后世："为天地立心，为生民立命，为往圣继绝学，为万世开太平。"

范仲淹可算是千古读书人的好榜样。大家都读过他在《岳阳楼记》中的名句"先天下之忧而忧，后天下之乐而乐"，并且知道他是宋代事功显赫的人物，却不太知道他在中国文化教育史上的大功绩。但他不是理学家，他是一个大儒、通儒，不可与理学家混为一谈。

宋代理学家们开了孔家店

我们为了浓缩叙述以往文化教育的历史演变,不敢牵涉太广,只以宋代兴起私人讲学的书院后,上述史称五大儒的理学家为代表,稍加了解他们所讲的孔孟儒家之道中的量变和质变。理学家们所开设的"孔家店",贩卖的货色质量,与孔孟老店的原来货品大有不同。二十世纪初期,中国学运要打倒的"孔家店""吃人的礼教"等,大多数是宋代理学家们加上去的弊病。当时打倒的风气暴发,一概将之归罪于"孔老二",实在有冤枉无辜之嫌。

简要地说,宋代理学家对传统儒学的解释,有些关键处,就好比欧洲中世纪天主教经院学派所解释的神学。但我说的"好比",只是限于比方,千万不可因比方又节外生枝。这比方只是说,理学家们的儒学,是把孔孟的学说变成经院化,变成宗教式的戒条化。更复杂的是,他们用理、气二元来解释"形而上道",又和人道的修为拉扯在一起,内容非常庞博而精彩,如果研究学术,也不可等闲视之。它之所以形成,影响两宋到明清,且锢蔽了中国文化近千年之久,也并非偶然,将来有机会、有时间,另当专讲。你们如要了解大纲,必须要读黄梨洲起始编著的《明儒学案》与《宋元学案》,还有禅宗的《景德传灯录》《指月录》,这四大巨著,其中大有可观之处,千万不要轻视。

理学家们的学说是怎样产生的呢?这个问题很大,很重要,这就和隋唐以来禅宗与佛道两家的兴盛有关。理学家本是坚持中国本土文化的儒家,坚决反对五百余年来风靡社会各阶层的禅佛和道家。理学家们因袭唐代韩愈的《原道》和《师说》之意,又受李翱的《复性书》的启示,起而援禅入儒而再非禅,援道入儒而又摒道。但其所称理学的"理",恰恰又是借用禅宗达摩祖师"理入"和"行入"的说法,再加上佛学的"理法界、事法界、事理无碍法界、事事无碍法界"而来。"理"就是道,就是禅。

孔孟儒家之道,本来就有胜于禅和道的内涵,不过是入世的,不是出世的,认为凡是离开人世现实而言禅和道,都非圣人之道。所以人人都可为尧、舜,人人都可成圣人。你只要读了宋、明儒的学案,就可窥其大概了。

在唐宋时代,弟子们记载禅宗大师们的说法,叫作"语录",因此理学家们便也有"语录"。禅宗大师们把个人学佛参禅而开悟的对话因缘叫"公案";理学家们便把个人的学养心得和师生的对话叫作"学案"。禅宗修禅定做工夫的方式叫"修止""修观"或"修定""修慧";理学家们则把修养主旨叫"主敬"或"存诚"。又如宋、明学案的巨著,更是仿照禅宗的集著的体裁,其用意是,你有酱油我有醋,你有醇醪我有酒,各家自有通人爱,谁也并不比谁低。但最重要的,是从中国文化发展史来讲,自宋儒理学兴起,也就是禅宗衰落的开始。这是中国学术演变史和中国哲学史上的大问题,在此暂且不谈。

但要知道,濂、洛、关、闽的儒家或理学,也是各有门庭设施的不同,并非一致,与唐末五代禅宗分为五家宗派的情况非常相似。而在宋代当时,理学并不像元、明三四百年间那般完全归于朱子(朱熹)的一家之言。例如南宋理学的最大而有趣的问题,便是朱(熹)、陆(象山)的异同之争。朱熹主张"道问学",陆象山却主张"尊德性"。换言之,朱熹的主张,相当于禅宗的"渐修";陆象山的主张,相当于禅宗的"顿悟"。这也是中国哲学思想史上极具风味的一个地方。

两宋的儒林和文学

我们现在只是针对中国过去的教育经验,着重在父师之教和自学成才,特别对宋儒的理学家们多作了一些说明。因为这与后来明清六百年间以八股文考试取士的关系太大,需要大家明白。除此之外,两宋三百年来,自学成才而考取进士的名儒和大文学家,也是非常之多,他们并非都是理学家。如众所周知的北宋名相又兼文史学家的司马光,以及欧阳修、王安石,父子齐名的三苏、黄庭坚(山谷)等,文学词章都非等闲之辈。他们每个人的身世历史都有一部好小说可写,非常热闹。

但宋代在文学词章方面,何以又与唐代风格迥然不同呢?这就是我在前面所提立国体制的原因了。

宋初立国开始,建都在丰腴之地汴梁(开封),基本上没有成功北伐渡过黄河,与漠北天南的开阔风光了不相关,所以在文学境界上,就远不及汉、唐的辽阔。而在政治经济上,只凭长期给敌国"岁币""岁帛"贿赂外敌而图苟安,两三百年来,好像是为北朝的辽、金、元充当经济资源的补给站一样。宋真宗赵恒在澶渊之役中急于议和,甚至说:"必不得已,虽百万亦可。"身在敌前的宰相寇准极力反对,私自秘密召见议和专使曹利用说:"虽有敕旨,汝所许过三十万,吾斩汝矣。"最后,曹利用以银十万两、绢二十万匹签约而归。如此这般,朝廷文弱可悲。但正好碰上社会人心思安的时候,也便可称为一时的盛世了。欧阳修的两句诗说:"万马不嘶听号令,诸蕃无事著耕耘。"读此真令人掩卷深思而不禁长叹了!

所以宋代的诗词文学,大多饱含天下承平的田园风味,农村的气息非常浓厚。最有名的是名臣杨亿等人,因喜爱唐人李商隐诗的风流蕴藉，而开创了西崑体的诗格。后来又有富于山林风味的"九僧"的禅诗，也突显了宋代承平文学的特点。南渡以后的宋朝，有名的诗人范成大和陆放翁，同样充分展现田园的风味。由西崑体而演变为依声谱曲的长短句，就出现宋代的词学风格了。

除此之外，到了南宋，也出了不少提倡实用学派的人才，甚至也有人公然反对俨然标榜圣学的理学；他们和朱熹虽然也是朋友，但学术的观点和意见截然不同，如史称为金华学派的吕祖谦（东莱）、陈亮（同甫），永嘉学派的叶适（水心）等。可是却唯独一生机遇特殊的朱熹，其所注的"四书句解"，竟然成为明清两代六百年八股文取士的固定意识形态，岂不是古今得未曾有之奇吗？

研究两宋时代的文化教育问题，特别不要忘掉同时要研究辽、金、元史，因为这时等于中国历史上第二个南北朝。在这三百年间，北方的辽、金、元也同样传承中国儒、释、道三家的文化教育，只是在帝制的政权体制上有别而已。辽、金、元和南北朝时代的北魏一样，比较崇尚佛教，但在中国整体文化来说，入世治国之道，他们仍然是注重儒家传统的。

北宋后期到南宋之间理学的兴起，在北方的儒者，却认为这如同儒学的怪胎，或是儒学的骈拇枝指。例如北方的名儒李屏山便著有《鸣道集说》，中和融会儒、释、道三家的观念而兼驳理学家的说法。金元期间，禅宗曹洞传法的高僧万松行秀以出类拔萃的声望而望重士林，终于振兴嵩山少林寺的禅风。金元之间的名士如元遗山、耶律楚材等，都是他的入室弟子。尤其在中国的医学史上，继唐代孙思邈的高风，到了金元之际，出了四位名医，其著作流传千古，至今仍具有医学上不衰的权威。也可说金元时代，出了几位对生命科学贡献卓越的医药科学家，那就是河间刘完素、张子和、李东垣,以及浙江义乌的朱丹溪,他们皆不同于南方的名儒理学家们高谈性命之说、坐论理气二元却不切实际的作风。

明清的四书和八股文

　　中国文化学术史上最为遗憾的事,就是自明初朱元璋立国以后,到后来明清两朝近六百年间,采用宋儒理学家朱熹注解的四书作为考试取士标准的思想意识形态,又将士子考试所用的文章体裁规定为八股形式。我们为了浓缩专题来讲,朱熹注解四书的是非、好坏、对错,牵涉到汉唐以来许多经学范围,事属专精而广泛,真是一言难尽,姑置之勿论。至于至今成为大家口头语的"八股文",其内容又究竟是什么呢?

　　大概来讲,所谓八股文,是根据朱熹注解的四书,任随主考官的意思,取它一两句书的内容,定出一个题目,密封以后,由进考场的士子们拆开。士子们根据自己所知四书中这个题目的内容,以及朱熹所注解的意义,自行发挥。首先对本题有个固定的规格,那就是先要"承题",再来"破题"。然后全篇文章,要有一定的"起、承、转、合";而在"起、承、转、合"的每一段、每一节,又需有正反相对称的文字韵律,可以琅琅上口,读来既有内容,又有音节。

　　我在年少的时候读书,虽然已经废除科举,不考八股文了,但我很好奇,想尽办法找了几篇八股文来看。读后,虽然认为废除八股文是对的,但也觉得它的规格内容不可随便鄙视。我很顽皮,有时候自当主考,出个八股文的题目考大家,题目是"何谓里美?"我又自做考生自诵承题而又破题曰:"子曰:'里仁为美。'里岂有其美者乎?盖美不在人,而但有仁而已。仁其美乎？仁不自美，而在人之所为而美，故成其美。"读了，大家大笑。笑完了，又故意用白话作错误的承题说："邻里有美人吗？不知道真有美的或是丑的。美的自然美，丑的当然丑。美的、丑的配在一起，那不是邻里中美丑都有了吗？"大家又大笑。

试想在明清两代，是由这样的八股文来考取秀才、举人、进士的三级考，你看，这是一个什么样的才子？可想而知，在这近六百年间的文人、学者、才子，有几个肯在他的文集中刻上自己当年考试时的八股文章啊！

过去有个笑话，一个考取举人的士子到朋友家里去，看到朋友在读《史记》，他就问，你怎么有空读闲书？朋友对他说：这是司马迁的名著历史书。他听了又问："司马迁是哪一科的进士啊？"

这便相同于现在进学校读书的青年，在一级一次的考试通过以后，谁又会因反复回忆自己当时所答的考试题目而得意呢？为了应付考试，在强烈的电灯光下读坏了眼睛，拿张文凭做进门钥匙而来找工作，学非所用，用非所长，这岂不又是一番新八股的大讽刺吗？

可是明清间许多名士大臣，例如明代的王守仁（阳明）、张居正，清代的曾国藩、左宗棠、张之洞、翁同龢，状元张謇等人，都不是由明清两代的官学国子监出身，他们当初都是由家塾或书院自学成才，再随俗走八股考试的功名路线而来。这也就是明清两代传统所说的"十年窗下无人问，一旦成名天下知"的自我苦读而成名的豪语。

明清理学的道德禁锢

明朝的文化教育，在注重理学家的儒学；而理学家的儒学观点，切守迂疏固执的礼节教条，大如宗教家的戒律。例如教导提倡妇女守贞节，便使还未婚嫁的女孩都要望门守寡，争取死后立个贞节牌坊。到现在你只要看贞节牌坊最多的地方，就可见到当地理学家教育的威望了。

至于一般读书人，要想去考科举功名的，必须要严加敦品励行；切信功名的考取与否，同人生行为的因果密切相关。所以从小读书开始，必须每天要有功过格，做了一件坏事，动了一点坏心眼，要在圈内点一点黑；做了一件好事，点一点红。每天要考察自己的起心动念，并且要熟读《太上感应篇》和《阴骘文》。

以我来说，从小就受家教影响，对于这些可谓耳熟能详。例如"救蚁中状元之选，埋蛇享宰相之荣"的话，就听得太多了。孙叔敖看见两头蛇会害人，就杀了埋掉，他因做了这件好事，后来做了宰相。另有一个读书人，看到天雨冲塌蚂蚁窠，动了恻隐之心，就把全窠蚂蚁救了。后来他考进士，在文章里写到"主"字，少了一点。主考官看他文章很好，但错了一个太重要的字，皇上的主字少了一点，所以不敢录取。但又舍不得丢了好文，再一看，"主"上又有那一点。他怀疑自己夜里看卷子眼花了，再仔细一看，原来是只蚂蚁。主考官明白了，这个人一定做了好事积德，就悄悄提笔加上一点。那是犯法的举动，但他做了。此人考取进士后，见面一问，果然不出所料。像这些故事也听得很多。又有说，考试的时候，也会有鬼来报仇的。如果你奸污了妇女或遗弃了情人，她死了，就会到考棚来使你头昏脑胀考不成，或者把你弄死。

还有传说，宋代欧阳修主持考试时，夜里在蜡烛灯下看考卷，总觉得左手边上有一个穿红袍子的人影站在那里。他每选定一卷，那个影子点了一下头，那就对了。有的他选取了，那个影子不点头,他就再三详审,终于不敢录取。所以他说:"文章千古无凭据,但愿朱衣暗点头。"这是真的故事吗?不知道,相传如此而已。

明清文化的演变

明朝三百年来的政权,虽然是在这种禁锢式的理学文化教育中,但朝廷的权力从头到尾始终离不开那些不男不女的太监们当权。甚之,在万历时期,废除天下书院为公廨,而且为了皇室的子嗣之争,下放禅宗的和尚憨山(德清)到广东,引进天主教神父利玛窦,终于形成儒学的东林党和太监们互相争权的斗争,导致满族入关而明亡于清。这岂不是中国历史上更大的讽刺!

我常说中国历代帝制政权很有趣,在汉代的皇帝,是与外戚女祸(后妃娘家的亲属)共天下。在魏晋的皇帝,是与权臣、学阀共天下。唐代是与藩镇(地区军阀)、女祸、太监一起共天下。宋代是与贿赂敌国共天下。明代是与太监共天下。只有清朝的初期比较稳妥,没有外戚(女祸)、藩镇、太监的跋扈,但却误于只抓小辫子、马蹄袖的八旗子弟,令关外东三省和八旗子弟只准习武,严禁汉化,认为以此即可镇守四方,但不知因此反而使东北的文化教育落后迟延。故而清代近三百年的文治,自上到下,都与绍兴师爷共天下。这些也正是中国文化教育史上的重要事实。清代三百年来做官府幕宾的师爷,是考不取功名或不愿考功名的读书人,但也都是由家塾或书院自学成才之士,并非从国子监的官学出身,而且多是律法专家。

你不要认为这些历史都已成为过去了。人,毕竟是人,人的聪明智慧毕竟不会太过高明的,此中有深意,欲说已忘言了!而且最可怪的,英雄们打下了江山,征服了天下,便说自己是"顺天应人"而称帝称王。但古今中外所有的英雄,几乎必然被英雌——女人们所收拾,非常明显。近代史上,眼见爱新觉罗的一族在三百年前由孤儿寡妇入关,建立大清十三代的王朝;最终仍由寡妇领着孤儿,收拾细软出关了事。

文艺复兴时的明朝

明朝中叶,在正德、嘉靖、隆庆、万历这四个年号的一百年间,正是西元的十六世纪阶段,欧洲文艺复兴运动开始,由此而改变了西洋文明,而使人类历史渐次进入世界性全球化。其实中国的文化教育史,在这个阶段的宋明理学,也有所改变,影响最大的就是王阳明一派学说的兴起,甚至正式涵盖了禅宗和道家的风气而使之衰落。因此就有李贽(卓吾)及袁中郎三兄弟公安派文学的崛起,意在反击王阳明等学派的猖狂。当时有人嘲笑明朝末期的理学家们,有"圣人满街走,贤人多于狗"之讥。至于阳明学说的是非高下,事属专题,而且比较复杂,姑置不论。但我们须知道,阳明学说的"知行合一"、即知即行的说法,在他过世二百年后,却被东方日本维新派完全接受,因此开启了日本明治维新的一代,甚而反转影响了我们推翻清朝的革命思潮。

还有最重要的,就是明代自学成才的民间学者,继元代的唱曲说戏之后,将文学形式扩展为章回小说的写作,若有意若无意地抗拒理学的禁锢。例如《三国演义》《水浒传》《西游记》《封神榜》《列国志传》《金瓶梅》、"三言二拍"等小说,成为明代文艺运动的代表,足以与汉文、唐诗、元曲、宋词等时代特色文学一脉相承。

清代文化教育的剧变

满族入关以后建立了清朝，一切文化教育制度全盘因袭承接明代，仍然用朱注四书、考八股文等。但自康熙、雍正、乾隆三代一百余年间，学者的风气却大有转变，汉儒重拾对经学（四书五经）的考证工夫，所以在清代两三百年间，另有对儒家十三经的各家考据大作出现，表示对朱注的积极反省。但又妥协宋明理学，而冠为义理之学。至于文学诗词，在康熙、乾隆之间的一百年来，又别成一格，与唐宋诗词各有千秋。这便是清代文化上的考据、义理、词章三大特点。但在乾隆、嘉庆之后，也渐形衰落，唯有"考据"一门，仍与现代的"考古"衔接而已。我们要知道，在清代入关后的三百余年中，也正是欧洲文艺复兴、西方文明席卷全球的时期。接着，便是咸（丰）同（治）开始中国文化教育演变和现在的关联了。

清朝两百八十余年的帝制政权，对中国本身而言，大概可分为两个阶段。前阶段鼎盛时期，是康熙、雍正的阶段，雍正十一年（西元一七三三年）特别颁发谕旨，提倡各省设立书院，此后雍正在位期间，中国的书院就从明朝的两千多所，迅速发展到三千多所。雍正之后到乾隆末年，无论文治武功，也都颇有胜场。因此，乾隆晚年得意忘形，自称为"十全老人"。其实，真正衰败的原因，早在他的晚期便已埋下根底。所以嘉庆接位以后，就开始衰落。况且当时的中国，上自清廷，下及全民老百姓，完全不知天下在中国以外还有《易经》所说"地火明夷"，许多外夷的天下，并且它们分分合合、断断续续，又连接在一起而有不同的文明存在。因此由嘉庆、道光到咸丰，初有鸦片战争，继有英法联军火烧圆明园等外侮，内有太平天国的内患，种种等等，都属于中国近代史的事故，大家很明白，不必多加述说。我们现在所讲的，只限于文化教育的专题。总的来说，从咸丰到同治时期，无论从我们中国人的立场来讲，或从清廷政权来讲，经过上述这许多的内忧外患，便如"游园惊梦"般大梦初醒，意识到自己的文化教育必须转变方向了。

因此在同治元年（西元一八六二年）设立"同文馆"，准备有计划地翻译洋书，几经转折而到现在，还始终不见如南北朝时期姚兴为鸠摩罗什法师开设逍遥园译场，或如唐太宗为玄奘法师成立译经院的百分之一的成就。接着又在同治十一年（西元一八七二年）开始，派出洋留学生。光绪廿一年（西元一八九五年），康有为在北京、上海设立了半公半私的强学会，由张之洞出资支持。光绪廿三年（西元一八九七年），湖南乡绅王先谦在长沙倡设时务学堂，由梁启超主讲。光绪廿四年（西元一八九八年）设经济特科。但须注意，这个所谓经济，不是现在学科所讲有关财政金融等的经济学。清廷官办的经济特科，是要考选对时局能振衰起敝，有经纶济世、安邦定国才能的经济之士。同时，又开办京师大学堂，也就是现在北京大学的前身。

光绪三十一年（西元一九〇五年），停止全国科举，不再用八股文来选天下人才了。政府设立"学部"，兴办学校，这也就是清末民初教育部的前身。清廷与民间关于改革文化教育这一连串的举动，好像还在写剧本，尚未正式排演出场，不料时势急转直下，到了宣统就退位下台。

西元一九一一年，推翻清朝的革命成功，同时也取消了几千年来的帝王专制政体，隔年改宣统三年为中华民国元年，称国家的元首为总统。当时有人对"民国"和"总统"的名称非常反感，写了一副对联，上联说："民犹是也，国犹是也，何分南北。"下联说："总而言之，统而言之，不是东西。"极尽讽刺的能事。

接着就有一九一九年的新文化运动了（一般习惯称为五四运动），号召全国只要民主和科学，打倒旧礼教，打倒孔家店，废除文言文，倡导白话文。

同年，又请来主张教育实用主义的美国教育专家杜威教授，在北京大学讲学，并在各地演讲，风靡一时而影响直到现在。其实，教育之目的，当然就是学以致用。如果只是为找工作谋生，或是看社会、政府需要哪一种专才，然后才办教育来造就哪一种实用的人才，那是属于专业教育或技能教育的范围。假使整体文化教育的目标和范围都跟着这种观念走，其流弊和差错就非同小可了。我们应当深思反省。

第二章 新旧文化交替的代沟

民初三十年的文化教育

抗战时期的文化教育

抗战时期大后方的形势和人文

一、中国文化教育的自诉

民初三十年的文化教育

如要研究我们国家民族在二十世纪这百年来文化教育的问题，就须了解推翻清朝而称民国到今年，还只九十五年；从五四新文化运动到今年，还只八十八年。如果按照传统古老的观点，以十二年为一小变数，称之为纪，三十年为一大变数，称之为世，那么，在这九十余年间，小变八纪，大变有三世而已。

借用这个数字来说民国以来文化教育的演变。我们必须要知道，由一九一二年（民国元年）到一九三六年（民国二十五年）这一阶段，国内正值军阀割据、互争权力的内乱时期。无论在地方或中央，除了少数留洋（多数留日）回国的革命党人之外，大体上仍是前清遗老，或是趁机而起的投机分子。这个时期上位的当权执政者，都是清末民初的军事学校出身的人士。领兵割据的，百分之八十都是北洋系所办的"保定军校"学生，极其少数是留学日本士官学校的人。至于下级军官，大半是在清末民初各省所办的初级军士学校出身；各省名称不一，有称为讲武堂，有称为武备学堂，也有称为陆军小学，甚至还有在军队中自办的弁目学堂等。大家试想，在这样局势中，只有古语可以形容它的大概了，那就是"豺狼当道，安问狐狸"。

而且当时正如孙中山先生所说的"民智未开"，教育更不普及。初期在北洋政府时代的一二任教育总长，和后来改称的教育部长，也正陷入政治斗争的漩涡中，几曾有暇为国家民族的教育

027

定出百年大计而精思擘划呢！即使有心，亦无先知远见，谁知半个世纪后的天下变化大势啊！

当时全国只有一个著名大学，就是由清廷的京师大学堂改制的北京大学。各地的公私立中小学还正在萌芽。唯一受人注视的，就是新办的法政学校与北京师范学校，因为法官和教师不可能由军人完全包办。除此之外，各省各地也有少数民办师范学校和高等小学，其目的都是先以普及教育最为重要。至于其他各地的地方首长，先有称为督军的，后有称为省长的，也有从清末举人或秀才出身的书生扮军阀的，都不少见。各级政府机构中的公务员，如果是提过考篮、中过秀才的，那就视为特殊人才了。少数新毕业的大学生或留洋回国的学生，也只好在军阀的帐下依草附木存身而已。

凡此等等，都是我童年耳濡目染非常深刻的印象。所以我亦自少要习武，要进军校，意在纵横天下，据地称雄；同时也想研究政治和法律，以求治平。到了国民军北伐的时期，有一位举人出身的老师对我说：什么军事北伐，那是虚晃一枪，没有用的。其实啊，军事北伐是空言，政治南伐是事实。我就问什么是政治南伐。他说，你还年轻，你看到吗？他们抢到了天下，懂得什么民政啊？！所谓刑名（即法治的刑律和民法），所谓钱谷（即经济、会计、统计），他们懂吗？还不是靠一班清末遗老来办公撑场面啊！你们年轻，骂清朝贪污腐败、割地求和、丧师失土，我看啊，照这样下去，将来的这些情形，比现在还严重。所以我告诉你，这便是政治南伐。这一番话，真把我听呆了，心里念着古文："其然乎！其不然乎！"我的天哪，中国的苦难还有多久才完啊！

到了民国十三年（西元一九二四年），外患内乱，还正在纷纷扰扰之中。孙中山先生和革命党人鉴于中国过去历史上非武功不足以统一的经历，正如杜甫诗所谓"风尘三尺剑，社稷一戎衣"，便在他到北京之先，在广州创办了黄埔军校，欲以现代崭新的军事教育，收拾北洋旧军阀们的恶势力。稍后，在文治思想方面，又开办了以三民主义为中心的国民党党校，以配合随军北伐的政治工作。但以当时交通和资讯的困难，又加上旧社会"好铁不打钉，好男不当兵"的老观念，全国青年，要艰难到达广州进入这两所革命大本营的学校，实在很不容易。尤其家族怕子弟到广州参加革命，那是杀头的事，多半阻止不前。所以对一、二、三期的黄埔同学而言，谁也没料到在一二十年前后就跻身独当一面的方面大员，资兼党政军三合一的文武重任，更借此而接替了保定一系老一辈的权力，岂非异数！

讲到这里，我也情不自禁提前插进一桩有关黄埔军校史料的事。时在一九八四年秋天，当时我情不得已，正值要离开台湾赴美国的前夕，黄埔军校第一期的资深同学萧赞育（化之）兄（湖南邵阳人）特别约我在台北一个咖啡厅见面，他对我说："时事到了这个时候，我有一件重要的心事，要想请你帮忙代办了。"他说：黄埔同学有一笔经费，由我保管到现在，我也年纪大了，又不能随便交托给人，大家正想编著一部黄埔同学的史实，我再三思维，只有你才能担当此任。我想把这一笔经费和这个任务，交托给你办。我听了便说：此事最好由令弟萧天石兄来做（他是黄埔八期的同学，也是我的好友）。他便举手阻止我说："君才……"我听到这里，也立即举手阻止他说："我知道你在引用刘备在白帝城对诸葛亮说的话：'君才十倍曹丕。'请你不要再说下去。一、我如答应了你，此事不是一年半载可以完成，我实在力不从心。二、第一期的前辈同学，还有几位在台湾，也许另有想法。三、我再直截了当地说，此事叫我下笔很难，因为修史要直言无隐。你知道宋儒张南轩是南宋名将张浚的儿子,《宋史》上的《张浚传》是和他主笔有关。但张浚对处理岳飞的事很有问题,因此古人说'为有南轩下笔难'。黄埔先后期的长官、教官、同学那么多,是非功罪,各有千秋。这个任务,我实在不能接受。"

最后,我告诉他,我也正要出走番邦以避地了。他听了我最后一句,目瞪口呆,几乎有泫然欲泪的样子。我也为之动容而深感难过。他是一个笑不露齿、木讷寡言的诚笃君子,他和邓文仪等素来担任政治工作有年,到台湾以后,他从中将转任立法委员。而且他受过蒋介石的训斥,曾经命令他到马一浮先生的"复性书院"去进修一段时间。而我与马先生又是师友之间的交情。所以当时我俩临别握手,彼此极其依依。这件个人的小故事,好像和本题无关,其实,"道是无关却有关",亦不必细说了。

抗战时期的文化教育

换言之,在民初到抗日战争开始的三十年间,我们的文化教育,正如孙中山先生所说的,还在"军政时期"。他那时所说的"民智未开",是说国人文盲太多,对于民权和民主,实在还没有个人自主的思辨能力,故要先求军政的统一,所以叫"军政时期"。同时,要积极提倡教育的普及,使大家明白真正的民主是什么,这便叫作"训政时期"。所以在这个阶段,随军所在的政治工作,也就到处办"民众识字班",张贴大字的"壁报",借此以开发民智,以补公私立学校教育的不足。这种"壁报",也就是后来诸位所讲的"大字报"的前身,有民间文艺,有民意言论等。当然,我所说这一时期,也有人叫它是大革命时期,是两党合作阶段的先后期,各地所谓"农会""工会""妇女会"等的成立,"地方自治""乡村自治"等的宣传推广,都在这个时期。

在这同一时期,外侮"蚕食"的侵略,与清末差不多,压力甚大。列强敌国的日本,随时都在施展"鲸吞"的外交手段,并非只求"蚕食"了。在这种时局情势之下,整个国家民族都处在寝食难安的状态中,异常紊乱,所以对于全民的文化教育,可想而知就更无余力能及了。祸患随之而来的三十年中,又有两党分裂,两党中党内有党,党内又各自有派系,而且党内党外知识分子的思想分歧,外来的学说和传统固执的意识,也随之莫衷一是,紊乱如麻。

这时,正反两派口诛笔伐的地盘,大多在上海一隅和香港,这两地几乎足以代表了全国。因为上海还有英法等外国租界的"治外法权",香港还是英国的租借地,可以借此以避祸害。所以在民初三十年间,一切正反派的言论报刊,都以上海、香港为革命或反革命的温室基地。

接着便是"九一八事变""七七事变"的发生,对日抗战的战火点燃了,终于迫使国民政府撤到大后方的重庆,将全国分为十二个战区,全民奋起而抗日。

这些现代史的事故,我想大家并不陌生,但细说其详,也非易事。至于这十二个战区的司令将官,大多仍是如前面所说,是"保定军校"出身的人物。因为人生际遇的不同,后来多位都与我有友生之间的关系。所以其中的得失是非,颇难细说了。

抗战期间,无论普通大学或中小学,除了在沦陷区之外,大部分的学校成员都变为随政府迁移到大后方的流亡师生,有的或转入"战干团"等进行各种战时军训教育,名称不一。这种流徙播迁文化教育的情形史无前例,我也几乎是亲身经历并目睹耳闻。

例如大学方面，在西南的，就成立了西南联大；在西北的，就成立了西北联大；在四川成都华西坝和望江楼的，便有金陵大学、齐鲁大学、朝阳大学等；在四川本土的，有四川大学、华西大学等。全国的老少菁英聚集，也可算是济济一堂，际遇特殊了。

至于在东南、西北各地，以及全国的中小学生，随学校流亡迁移，寸步维艰而到战地后方继续求学，那一幕幕的景象，一点一滴的艰辛血泪，也是史无前例地说之不尽、知之难详。

那些学生在流亡途中，自身背着书包、小板凳，随地上学，他们用的课本，虽然纸张不像纸张，装订不像装订，却又是哪里来的？这就使我要讲到后来在台北街上摆地摊出租武侠小说的一位朋友宋今人。他在战时担任正中书局的重要人物，负责出版中小学教科书。当时战地的课本虽然是粗制滥造，但他眼见青少年的爱国壮志，为了职责所在，他尽了无米之炊的最大供给能力了。所以我很佩服他，也为大家所不知而感激他。他到了台北，不向任何机构报到，不去求人，自己把随身所带最喜欢看的武侠小说摆地摊出租，维持最低生活。同时又发动同好写武侠小说，后来就成为出版武侠小说的老祖师，这便是我给他的封号。因此，我也戏笑他们为凭空捏造、乱了中国武侠文化的罪人。他们答复我说，那大多是从你著作佛道两门的书中所启发的，我们对武术一无所知，只好写左手打右手，捏造从无到有的武功啊！

为了保存文化，我把手边仅有的梁漱溟先生的《印度哲学概论》叫他翻印出来，以免绝版。我们两人还笑说，把梁先生的大作，交给出武侠小说的真善美出版社来印行，也是大变乱中的奇事。因为我怕前辈的心血就此丧失在乱离之中，未免罪过。

抗战时期大后方的形势和人文
——万众一心团结难

我们所谓对日圣战的八年抗战,正是前面所说民国成立的三十年阶段,也就是西元二十世纪初期一九三七年到一九四五年之间。

四川,古称"天府之国",从来便是中国的一个大省,共有一百多个县份。其实,四川有东川、西川的界别,成都是西蜀四川的首府,也是省会;重庆,是川东的重镇。可是从民国建立到抗战兴起,全国还在国民革命军北伐的内乱初定时期,无暇西顾。而在四川境内这二三十年中,各派系的军阀拥兵自重而互争地盘,如同全国缩小型的内乱。谚语相传有"天下未乱蜀先乱,天下已治蜀后治"之说。我在一九三六年的初冬到重庆,一九三七年的春天到成都,随时可以看到沿途的饿殍。据当地的朋友告诉我,地方军阀们已经预行征收全省的苛捐杂税到民国一百年了。秀丽雄伟的山川,对照一幅悲切切民不聊生的情景,当场的心境,只有无语问苍天。

当国民政府被迫西迁武汉,再迁重庆,作为抗战的根据地,在文宣的名义上,便称重庆为"陪都",这是中国文化正统观念特定的用语。

可是进四川,到重庆,就这么容易吗?不然!当时整个四川,由大军阀吞并了小军阀而存在的军头还有好几个。名义上接受中央节制而任省长的是刘湘,在川边新建省的西康省省长是刘文辉。其他如邓锡侯、潘文华等,都不甘心听命于刘湘,更不诚心臣服于中央。川东的重庆,则是老军头杨森的地盘。当时为了国家对日抗战,要杨森让位做抗日根据地,虽亦经过一番周折,但他毕竟深明大义，可以说是川军将领中值得赞许的人物了。因此，你就可想而知，在这八年抗战的时期，要粮、要钱、要兵，如四川这班老军阀们，真肯甘心输诚吗？

抗战时期，四川重庆的内幕是如此。那么其他各地呢？内在的形势也差不多。只是不明内情的不知道，所谓无知的老百姓，毕竟是善良的，知事少时烦恼少啊！云南、贵州、广西、广东、山西、陕西、甘肃、宁夏、新疆、西藏、河南、河北、山东等省的主脑军头，一言以蔽之，都是各怀二心，意存观望，谁也不愿以自己的全部实力投入战场，都不甘与强敌同归于尽。但是我们终于把日军的战线拉得这样长，把自己本身的战区也划分为十二个。若有意，若无意，抗日战争的坚挺苦忍，硬拖了八年。这真是历代战史上绝无仅有的一次可以大书特书的奇迹。

现在为了诉说中国的文化教育，不免稍微牵涉每一时代的情况，不可离题太远，所以只略作交代。我在少年时读书，大家经常会戏说一句成语："读兵书而流泪，替古人担忧。"因为身经八年的抗日战争，而又比较略知内在的形势，然后翻思唐史，才知道郭子仪的恢复两京，真正可说是千古表率的榜样，谈何容易！

唐朝在安史之乱时，玄宗出走，长安失守，各方藩镇拥兵自重，坐以观变。唯有郭子仪一接到诏令，立刻带领自家十八骑的老兵上马，一路走一路招收散兵游勇，随即成军，而赴前敌；终于收复两京以后，他便又潇洒痛快地交出兵权，优游于富贵林下。这便是读书贵在明理，学以致用，并非只是为做官或赚钱。可惜在我们八年圣战前后，为国家，为民族，能艰危受命，功成身退，提得起、放得下的并不多见。这都是数十年来军政教育的败笔，值得后人借鉴。

——大计持平筹策难

读书、学史，由现实的经历而体认学理，这是读书明理的实践经验。我每在行年九十的迟暮生命中反思，有时真会伤感一生的遭遇，有时却也庆幸一生的际会。例如讲到我们国家民族的往事，由幼闻推翻清朝到眼见北伐，继而亲身自历八年抗战的过程，等于实践了历史记述上的变乱和大战争实况。因为牵涉太多，并且不是本题主旨，只是略说其大概幕影而已。

但有两件重大的事故，必须告诉大家以及后人，备作重要决策的参考。大家须要知道，我重复述说国家民族所遭遇的八年抗战是史无前例的，然而当局者在战前及抗战期中，自己触犯了历史中难定其是非的过错。那是什么事呢？一是内政上实行保甲制度。二是军政上实行征兵制度。这两种制度，都是历史上强国的典范，一是从周朝土地国有的井田制度而来；二是在春秋时期管仲用以辅助齐桓公称霸，后来商鞅亦据此帮助秦国而使之富强。

书多读有用，但书读多而不知变化运用之妙，反而有害。从周朝建国，以及管仲的霸齐，商鞅的强秦，那都是社会变革形势初定的革命时期。犹如在残破的废墟上，正是需要开始建设的时候，当然是事半而功倍。但用在天下未定或安而不安的时代，如东汉时期的王莽改革新政，北宋时期的王安石变法，那便完全是适得其反了。

可是在抗战前后的当局者，先即在全国实行保甲制度，成立乡镇公所，下辖保长和邻长，遴选农村地方社会上的人士担任乡长、镇长、保长、邻长的任务。这在理论上很像民主的先驱，但在事实上，一切皆由农村社会强有力的特别分子所把持，逐渐形成农村地方恶势力的膨胀。甚之，到了抗战后期，更有各乡镇联保制度的产生，地方恶势力者，有的当上了联保主任，那种作威作福、鱼肉善良懦弱民众的作风，实在非常可怕。于是，真正的民怨沸腾，并统统归罪于最高当局了。

接着，抗战军兴，兵源确实成最大的问题。于是就废除募兵制而提倡全民皆兵的征兵制。当然事先也经过审慎的研究讨论，如当时的知名军事学家蒋百里、杨杰、史久光等人，皆曾参与讨论，各有专文。但终于决定实行征兵制，借以充实兵源，作长期抗战的决策。独子的家庭，当然可以免除兵役；一家三子，先抽一个服兵役，再从剩下的二子中抽一个服役。各省设立军管区，主管称司令。省以次的有师管区司令、有团管区司令。这在当时民智尚未尽开的中国，一边是日寇侵略，已是家破人亡，鸡飞狗跳；一边又是抽壮丁服兵役，等于家庭破碎。有钱有势的，便出钱买兵痞子来冒充替代；无钱无势的家庭，为了逃避兵役而被追捕的，便等于强行拉壮丁充军，那种景象，比起杜甫的《兵车行》所说"爷娘妻子走相送，尘埃不见咸阳桥"，还更悲惨。

乡保长，正是抽壮丁、服兵役的基层执法人员。秉公执法，就得罪于乡里，演变成仇恨；稍存偏私，便厚此薄彼，更加怨结。征兵制的抽壮兵，与卖兵痞冒名顶替的逃亡情形互相矛盾，终于形成天怒人怨，加重乱源。这是抗战时期的实况，足为鉴戒。

其实，保甲制与征兵制本身，应该属于善政，只是在行政的运用上，首先要把握时与位的关键，更要知道渐变与突变的要点。时代与社会的转型，是形势的趋向。一个大小的国家，在时代形势的转向中，必须先要了解自身所处的本位。我们的国家命运，在这一百年的大变革中，自身冒犯了突变的失误太多，这就值得在文化教育上深切反省检讨了。

例如保甲与征兵两种制度，为什么到了一九四五年以后，用之于台湾方面直到现在，虽经稍加修整，但并无如抗战时期的缺失。

一、台湾省人民经受日本管制统治五十年，已经比较惯于守法。接收光复之初，把这两种体制，照例用在当地，自然没有什么新旧变革的不同，认为这就是国家的体制，当然就安之若素了。

二、台湾地区，在清末，只是福建省行政体制的一个厅，等于是抗战时期江西赣南的一个行政区。地小，人口不多，自然容易施政。后来又经法律规定，到了法定年龄，人人均有服兵役的义务，除了生来不健康或有特殊残疾者，皆一律平等，没有话说。至于所谓"二二八事变"，开始是因小市民对烟酒公卖的反感，一经闹事，便受潜伏在台的日本浪人与别有野心者的怂恿，所以酿成祸变。这与保甲、兵役两制无关。

但法久弊深，邻里乡村保甲的体制，到现在已成为民主选举的重要"桩脚"，为票选胜负的基本影响，仍然属于农村社会中强有力者所可左右，不过流弊还未太深而已。至于受过教育的大专学生，必须要受军训，服满兵役，方可出国留学，亦已养成惯例，不足为异。只是高层次学历的知识分子在受军训时，对于政治意识，便另有观点，并不如以往的普通士兵们容易统率了。例如一个学生服完兵役回来，便说："究竟为何而战？为谁而战？"这样的问题，就非只靠军训教育中必须绝对服从的教条所能解答了。这也便是文化教育上的大问题，颇难预期。

——人文荟萃的川蜀

大家都知道，在现代史上，我们所谓的抗战，是指一九三七年起，日本发动卢沟桥事变开始侵略我国，因此而使全民奋起反抗。但从人类的国际史上来讲，先由日本发起侵略中国，同时也是日本先与德国取得默契，终于互相同盟，由德国发动对欧洲的侵略战争，就此而展开分为东西两战场的第二次世界大战。

　　为了应对全民长期抗日战争，我们将抗战的根据地定在重庆，同时将代表全国中央的国民政府也定都在此。除了已被日本侵略占据的沿线城市地区称为沦陷区之外，全国任何地方都是前线的后方，并非只有重庆才是大后方。概括地说，云南、贵州、广西、广东、湖南、湖北、四川、西藏、新疆、青海、甘肃、山西、陕西、河南、山东等地，都是整个的大后方。但在人们习惯的观念上，都只把中枢所在地重庆视为代表自己的大后方。于是不愿沦陷于敌区者，都竞相奔走聚集，尤其是四川的重庆、成都各地，成为战时人才荟萃之地。当时对人力、物力、粮食、资源等，负担最重、出力最多者，当然莫过于四川，由此也可见古称"天府之国"的名副其实了。有一位川军老将领还对我说，有人担心川军不可靠，当年宋太祖赵匡胤也有此想法。蜀中有一位书生写了两句诗献给他："君王切莫忧巴蜀，称伯（霸）由来非蜀人。"听了他的语意，彼此会心一笑。

　　我在八年抗战时期，经常往来于成都、重庆各地。过后思量，正是因此际遇，才结识了平时仰望难及的老一辈学者名人，交游新一辈的留洋学者，还有失意名宦，以及草莽英雄，乃至川军下野的将领，彼等大都成为忘年之交的好友。因此，有人笑我是年纪轻轻、辈分老大的小子。如果我会写小说，夸张一点来讲，可写一本现代的游侠传，或新的《儒林外史》，乃至宗教人物志。可惜我没有写文章写小说的天才。但我也常对同学们说，"读万卷书，行万里路"还是不够，要再加一句，"交万个友"，才可体会到"世事洞明皆学问，人情练达即文章"的内涵。这和人生的文化教育看似无关，却很重要。日本投降以后，大家忙着"复员"，还乡接收，我还在云南多留了一年，体会昆明与大理之间的史迹。

二、漫谈教育

二〇〇八年五月十八日

第一堂

开场白
《千字文》的学问
立德 立功 立言
家教与母教
教育先要知性情
先天禀赋 后天影响

二、漫谈教育

开场白

　　这一次我们讲教育，是为了老同学们，讲一点话让内部大家注意。我看同学们办教育越来越发心，越来越有兴趣，可是真办教育是个很严重的问题。

　　昨天我们提到，现在办教育是因为我们老祖宗几千年的中国文化快要断根了，命若悬丝，国家民族文化的生命像一根丝一样吊住，很脆弱很危险了。要怎么培养它，把它重新接起来？"承先启后，继往开来"，这是现在青年同学们的责任，因为我们老了，寄望在你们身上。

　　这几年我们老同学们，从大学起接触到我的，有好几位教育都办得很不错，他们有兴趣办学校，也真发心想为国家做一点事，但关起门来说句真话，自己本身不努力，不充实学问，我看了是越来越害怕。譬如所有老师，包括我们的同学们，十几年努力编儿童读经，自己认真读了吗？像《三字经》《千字文》《幼学琼林》这几本，有些大学教授都讲不通的，你们内容读懂了，能够讲通了，做中国文化的教授足足有余。但是你们只晓得鼓励大家读，自己却不读。

　　昨天我抽出《礼记》里头的《学记》，讲中国文化的精神。另一篇更重要，叫《儒行》，是讲一个知识分子受了教育以后怎么样做一个人，它建立了很多的人格方向，让你称量清楚自己要做一个什么样的人。这都是中国文化啊！搞教育的，自己都弄不清楚中国文化是个什么东西，那不只是大笑话，更是大悲哀！

所以我的感慨很多，看到你们几位年轻的老师这样努力，很感动我，可是有些话，我要跟大家讲一讲。我们自己内部要办学校，从校长、创办人到老师，每个礼拜至少进修两次，每个晚上应该自己读书。我讲儿童读经只要背诵不要理解，是因为孩子程度还不到，让他们先把这个本钱赚来放在口袋里，长大了拿出来用。可是我们做老师的不能这样。

《千字文》的学问

比如《千字文》，我讲过很多次，据说是梁武帝时代的周兴嗣写的，他犯了事，梁武帝气得要杀他，可是他人品道德学问都很好，又舍不得杀，于是把他关起来，罚他一夜之中用一千个不同的中国字，把上古到梁代的中国文化写出来，就能免死。他真在一夜之中用一千个不同的中国字，把中国整个文化，天文、地理、政治、宗教、军事、哲学、经济等，都清楚写出来了。第二天早晨，梁武帝看了非常感动佩服，但周兴嗣一夜之间须发皆白啊！

《千字文》你们背得来吗？懂得意思吗？"天地玄黄，宇宙洪荒，日月盈昃，辰宿列张"，前头四句从天文开始，是科学的，唯物的。"天地玄黄"，在中原看天，玄，青色的，假使到喜马拉雅山的高原，或者在蒙古、在海洋上看到的，是蓝天白云。地，中原黄河以北的黄土高原，是黄色的。"宇宙洪荒"，"宇宙"两个字代表空间与时间。上下四方谓之宇，宇是空间，这个太空有这样大；往来古今谓之宙，宙是时间；这个物理世界是以时间与空间为架构。爱因斯坦发表"相对论"，但没有办法把时、空两个统一起来，宇宙生命的来源究竟是怎么来的？他解答不了，因此最后老了，只好信仰宗教。时、空两个是什么关系？到底时间是由空间产生的？还是空间是由时间构成的？这都是科学的大问题。没有地球、没有人类以前是什么？"宇宙洪荒"，洪，非常广大，无量无边；荒，没有东西，这个宇宙之先什么都没有，但后来形成了宇宙万物。所以中国文化假定这个名称，不是上帝，不是阎王，也不是菩萨，是个洪荒的天地。

你们做老师的注意哦！我叫孩子们像唱歌一样背书，我还可以把它变成歌舞。有一次我在十方书院带领他们出家同学，临时灵感来了，我一边念《心经》一边跳舞，很轻松的，现在叫我跳我也跳不出来。《千字文》《三字经》都可以变成歌舞，我记得有两个人办学校，教学生《易经》，用跳舞教学生的，我很欣赏。

这个"日月盈昃"四个字难讲了。什么叫"盈昃"呢？我们中国人用的是阴阳合历，但民间对农业气候是采用阴历。月亮每个月阴历十五，一定从东方起来到西边下去，以中国文化来讲，圆满的时候叫"盈"。每个月初三从西南方起来的就是眉毛月了，譬如李后主的名词，"无言独上西楼，月如钩，寂寞梧桐深院锁清秋，剪不断，理还乱，是离愁，别有一番滋味在心头。"这"月如钩"怎么画啊？把月亮画成这样一个钩就成了。那是什么时候的月亮啊？每个月初三出来是和眉毛一样的月亮，月如钩。那么太阳呢？"昃"，太阳斜到西面，向西边落下。这都是科学啊！在过去，世界的科学领域里，中国的天文数学一路领先几千年，现在变成落伍了。

"辰宿列张"，辰是什么？辰星，早晨的星；宿，晚上的星座。譬如我们学军事的要上通天文下通地理，如果有一天在前方带兵打仗，或者在海上，或者在荒野里头，没有手表，也没有指南针，什么都没有，你怎么样断定方向呢？看天上，一看这个星星在哪个位置,哎呀!我现在大概在湖南北部哪里,方向在哪里就清楚了。我们小时候夏天晚上乘凉,躺在竹床上仰面看天,这是什么星?那是什么星?东方、南方、北方,看惯了就清楚了。怎么知道时间呢?我们两个鼻子的呼吸,一天到晚部位的感觉不同的,一闻,嗯!大概是什么时辰了。这些都是科学的东西,我本来不想讲这个,一上来突然讲到鼓励大家要读书,所以以后你们做老师的要进修。

立德 立功 立言

昨天讲到皇帝旁边经常请人上课,叫经筵侍讲,现在没有了。现在的人好像做个镇长就已经觉得地位、阶级很高了,就满足于自己的学问,不读书了。好笑话人的!

现在我们回到本题,讲教育这个问题。刚才有人还跟我讲要写出来,我说真正要写出来大概要一百万字,讲古今中外教育的,可是我不会写了,也不肯写。这一次是因为看到你们很努力,很感动。我说这个国家教育没有方针,也没有方向,前途茫茫;十三亿人口下一代的孩子,国家的栋梁,要怎么来培养?怎么来教育?

所以你们肯办教育,我很佩服,但我不干。我一辈子不承认自己是老师,这个你们知道的,你们叫我"老师",那是一个代号。你叫我"老头",你不大好意思;叫"老南"呢,我不愿意听;叫"小南",也没有礼貌啊;那你只好叫我"老师"了。但是我没有承认有学生,换句话,我很傲慢,目空四海,没有人有资格做我的学生,同时我也没有资格做人家的老师。孟子说过一句话,"人之患在好为人师",人最大的缺点,最大的毛病,是喜欢领导人,喜欢比人家高明,喜欢做老师,喜欢做老板。我从二十几岁起，就下了决心不做老师，现在也不是一个老师在讲课，不过是个老年人告诉你们这些而已。

那么讲到教育，中国的文化，讲人生的目的有三大要素，人生有三不朽，是什么呢？立德、立功、立言。

前几个月来了一两百个企业家，我上来就讲，中国根本没有企业家，你们是企业家吗？不像，你们只是这个时代里幸运的暴发户，开放发展以后，中国还没有真正的企业家。要做个伟大的企业家很不容易，古今中外历史上没有几个。做生意不是做事业，人生的事业是三个目标，第一是立德。千秋事业，流传千古，我们做不到。所以说我不做人家的老师，没有功德。什么人有功德呢？孔子、老子、释迦牟尼、耶稣、穆罕默德，这些人可以说是立德了。

第二是立功。做治世的帝王，真能称得上把天下治得太平了，才是立功。"功德"两个字是这样来的。中国还有一个真正立功立德的，就是孔子也很推崇的大禹。古书上讲尧舜的时候，我们整个国家地区，有九年都泡在水里头，大水灾——"浩浩怀山襄陵"，浩浩，形容那个水大；怀山，所有的高山都被水环抱住了，只有一个顶巅露在外面；襄陵，高山变丘陵了。这种情况，古文用几个字就形容完了，如果写一篇白话文章要多少字啊！这样九年，大禹治水，把长江、扬子江很多的水，引到太湖震泽这一边来，再到海里。所以这边有一个村庄叫震泽，我说震属雷，雷很多的，是雷区耶！刚才走在路上，我们几个人讲，怪不得今年天灾，震泽这里只有打过两声雷。

说到打雷，我岔开讲一下，站在峨眉山顶的雷洞坪看打雷，头上面是大太阳，脚下面是乌云，乌云里头那个闪电打雷，像水一样滚来滚去，到处都是，太漂亮、太好看了。震泽这里的雷，是地下打，"轰！"好像就在旁边打出来，很吓人的。我们读

《易经》晓得震为雷,所以我说这里的雷会很多很大,我盖的房子非装避雷针不可。他们说不会啦,这里老百姓都不装的。那是老百姓比我本事大,我胆子小。所以说大禹把水利治好,才建立了中国农业国家的基础,这叫作立功、立德,大禹的功德是真了不起!

第三是立言。老子、孔子、释迦牟尼、耶稣、穆罕默德啊,他们都立了言传之于后世。其实我们做老师搞教育的正在立言,教育的目的是把不行的人教成行,把无能的人教成能,把笨人教成聪明人。譬如昨天我们偶然抽出来讲《礼记》上的《学记》,日本学者认为这是东方文化最古老、最伟大的教育原理,没有错。日本人照这个教育路线走,所以日本人现在比我们要有礼貌,我们反而丢了。

因此有人提醒我应该讲一下《儒行》,来不及啊!一篇《儒行》可以讲好几天了,一条一条分析给你听,一个知识分子,一个学者受了教育,怎么样做一个人?它有一个方向告诉你——真正的管理,是管理自己,不是管理别人。

家教与母教

可是我们现在的教育,没有了!大家办学校的要注意了,传统上,中国的教育是从胎教开始,从怀胎就开始教育了。古时都有规定的,夫妻分房,然后家里挂的画、用的东西都要改变,胎儿会知道。生出来以后重要的是家教,是家庭父母的教育,不是靠学校的。我看现在人大都把儿童教育寄托在学校,父母家长自己本身却都有问题。依我几十年经验看来,许多家长都犯了一个大错误,把自己达不到的目的寄托在孩子身上,自己书没有读好,希望孩子读好;自己没有发财,希望儿女赚钱发财;自己没有官做，希望儿女出来做官。这个目的是很严重的，每个人都望子成龙，望女成凤，然后托给学校自己不管，自己的言语行为又大多是乱七八糟的，影响到孩子。这就是中国教育的问题，也正是家教的问题。

家教里头最重要的第一个，是胎教，母教，母亲更重要。记得当年我在辅仁大学上课的时候，有一次我正好担任哲学课的讲师，以为顶多五六个学生来听哲学，上去一看，坐满了一堂。本班有八十几个人，大都是女学生，因为我来上课，其他系的同学都来了，窗子外面站满了。我说你们疯了，怎么来学哲学了？哲学是疯子的学问啊！我说你们是联考分过来的吗？现在教育随便把你分了系，不管学生的意愿，也不管学生的成绩。他们说，是啊！我说，不得了，你们赶快转系，或者去谈恋爱吧！同学们哗然大笑。有学生问，老师，为什么这样讲？我说，现在的女孩子大学毕了业，看不起普通人了，至少要找个硕士、博士啊，比自己高一点的，东选西选，最后一个种田的都不敢娶你做妻子了，看到你大学毕业好可怕啊！你们先把人生目标、人生哲学搞清楚，读什么哲学啊！

这就是哲学！做女性，最难的是做一个贤妻良母。现在女性受了教育以后，出去做事了，孩子不会带，饭不会做，菜不会煮，衣服不会缝，家管不好。譬如生个孩子，第一流的家庭，受的却是末等的家教，把孩子交给佣人们去带，然后再把孩子送到学校里头，责任推给学校；要是犯了法，还推说这是社会问题。我说我不认同，我们都是社会一分子啊！他犯罪做了坏事，和我有什么关系啊？和大家又有什么关系？社会是个抽象的名称耶！怎么能把家教的问题推给社会啊？

我们有一位同学，她说想办女子大学，这更要注意《礼记》里头的《内则》一篇，还有《列女传》，是我们传统上关于女性的教育，包含对子女的教育，甚至性的教育，告诉你性行为是怎么一回事。性的教育很重要，古代都有啊！现在反而是逃避了。这些道理，必须要注意的。

教育先要知性情

现在我们不把问题扯开，回来说孩子们的教育，很重要的一点，是要先知道孩子的性向。注意，我们人的生命存在两个东西，性跟情。这个性情是什么呢？人性是从哪里来的？这是哲学问题，生命科学问题。地球上，我们人类最初那个祖宗哪里来的？人怎么会生人？男女两性怎么来的？是先生男的还是先生女的？在西方哲学里是问先有鸡还是先有蛋，因为西方六世纪以前都是宗教的天下，宗教说人类万物都是上帝创造的，它不准你问这种问题哦！我们中国不会，所以人家说中国没有宗教。但中国有大科学，不同于西方宗教的说法，上帝是谁生的啊？上帝是不是人？如果说上帝不是人的话，就同我们没有关系；是人的话，那他是从哪里来的？是上帝的妈妈生的吗？那么生上帝妈妈的妈妈又是谁？这生命的来源问题，到现在没有解决。

中西文化、科学的发展，现在最流行的两门科学，是认知科学和生命科学。美国开始讲的时候，我说，你们够不上，这个文化在中国，而且中国在我这里，我死了就没有了，只此一家，别无分号，你们赶快来学。

生命的来源是大科学问题。所以你对一个孩子、一个新进来学生的性情先要了解。

我们先看《大学》《中庸》。性在学理上叫作禀性，禀性这个"禀"字有写成"秉"的，这两个通用。禀是什么？孩子生来自己带来的，不是父母遗传的，等一下详细告诉你们。不但是人，甚至一条狗、一只猫，或者一只老鼠，每个生物的禀性都不同的，现在我们通常称之为个性不同。你们办教育，大家只晓得讲，哎呀！这个人个性很坏啊。但教育家就要是个科学家耶！个性不同是怎么来的？你教育一百个孩子，一百个个性都不同，这个禀性是哪里来的？要研究了。

禀性分两个方面，有些是生理上来的，身体有问题，譬如内在有病的，有的会非常忧郁，有的会非常狂放；有些是思想情绪来的，和我们大人一样，情绪是科学的问题，也是医学的问题。我们人内部的生理，心肝脾肺肾，哪一部分不健康，就会表现出不同的情绪，譬如这个人很忧郁、很内向，可能是肝的部分有问题，并不是指肝上长东西哦！而且这个机能有时是另外一种形态，譬如脾气特别坏的，也是肝的问题，影响了他的脾胃。

性跟情这两个一研究起来不得了，是大科学，科学家不能不懂，教育家也不能不知道。所以老板们有钱、有兴趣就要去办学校，自己本身不读书，也不投入身心进去，我根本就反对的。你是玩的嘛！赶时髦嘛！甚至把办学校当作商业行为，你没有发心做好事啊！你以为出钱办一个学校就行了？在我看来那反而是害人。所以我不办学校，只是一辈子喜欢骂人，也许我骂人是利人吧！我常常说你们怪我骂人，我没有骂哦！我只有两句话，"平生无长处，骂人为快乐"，对不起了，这是个性问题，所以教育要搞清楚个性的问题。

先天禀赋 后天影响

现在教育最难的是什么？大家说是怎么教孩子记忆。那么记忆力究竟在脑子还是不在脑子？记忆跟思想有什么不同？思想跟情绪有什么不同？管教育的这些问题都没有弄清楚，光是在功课、知识上教，那完全不对了。所以教育非常非常难的，第一个就是禀赋问题，这不只是对心理学的了解，西方也不懂的。

那么禀赋是遗传来的吗？也不对。我们中国古人有句土话，"一娘生九子，九子各不同"，同一个妈妈生九个十个兄弟姊妹，每个个性都不同，聪明与笨也不同，都是一对父母遗传的啊！所以说禀赋完全是由基因遗传来的，也不完全对。佛法、佛学讲得很清楚，禀赋是自己本身带来的种子，佛学名称把这个禀赋叫种性，他自己本身带来的种子。例如尧舜是圣人，也是帝王，但尧的儿子不行，舜的爸爸不好。优秀的父母生的儿女不一定好，很笨很差的父母生个儿女却非常了不起，现在解释说是基因问题，那基因怎么分类？怎么遗传来的？我常常告诉研究生理学的医生，基因不是究竟，后面还有东西，慢慢去研究吧！

所以是本身的种性带来禀性，而父母的遗传、家庭、时代、社会、教育的影响都叫作增上缘，增上缘是影响那个种性发展的一种助力。

大家看我们的国家就知道，近一百年来，推翻帝制以后，西洋文化进来了。有许多留学生重提"中学为体，西学为用"的问题。中国文化在哪里？我说我们现在中国人没有中国文化啊！统统是西洋来的，三民主义、共产主义、社会主义、无政府主义、法西斯主义、民主思想等，今天统治世界的思想，统统都是西方的，有什么是中国的？连中国的方块字都给改成简体字了！"吃面"，明明是麦做的面，简写成"面"，不是变成吃脸了吗？"子云"，孔子说，云是讲话的意思，李先生云，南先生云，本来是这个云啊！现在天上的云也简化成这个云，搞混乱了，明明我写的文章是"子云"，简体字转化成繁体字就变"子雲"了，对的搞成错的了。很严重啊！所以你们现在办教育，沟通古今中外的文化，要发心立德、立功、立言，要有"力挽狂澜"的精神。对儿童教育的认知，是为了我们中华民族的后代，要怎么培养？寄望在后代，成人很难改变了。这是谈到人性的性情问题，我是提个头哦！还没有详细发挥！

  关于儿童教育的重点，初步先增强孩子的记忆力。所以我常常笑你们，尤其现在的人，到哪里都靠电脑打字机，再不然靠笔记本，只晓得讲什么就记录什么。我从小很少带笔记本，老师讲的话，听的时候我就会记得的！我还可以眼睛看着老师，耳朵听他讲的话，同时手做记录哦！结果老师讲完了，我记录好了，拿给老师看，都没有靠电脑。所以培训孩子们的记忆很重要，大家现在的教育方法是叫他背书，怎么样使用这个脑力记住？记忆跟思想两回事耶！就像性跟情也是两回事一样，这些不是普通的心理问题，是个大科学问题，属于人文科学的理念，但是也牵扯到自然科学，包括医学、心理学、解剖学都有关系的。

  这一堂先到这里，大家休息一下吧！

第二堂

教育要注重文学
化民成俗的师道
什么是意志精神

二、漫谈教育

教育要注重文学

我们刚才讲到记忆力。为什么古人喜欢读诗？是增加记忆力的。至少在我，以及我小时候的同学们的经验，文学愈高、诗词愈好，记忆力愈会增强。但现在的人看书不是读书，光用眼睛看，变成近视，不是用脑子在看。昨天提出《礼记》里的《学记》，讲到一个字，"藏"，注意哦！入藏。我当年读书都要背书，老规矩是这样的：父亲也好，老师也好，坐到我们前面，我们站着把书本盖起来就背了。父亲说："嗯！背得很好，但你是硬记的，没有真的背来。"我很不服气，背得一个字都不差嘛！他说这样会忘记的。我说我没有错啊，父亲回我："是没有背错，但没有入藏。"我听了这句话更不服气，也没有注意。后来因为学了佛学和科学才知道，藏下去、藏在里头叫作入藏，用思想是记忆，这是一个关于脑的问题，古人说用心的心，不是心脏，是要把思想沉下去。

刚才我讲到文学重要，一个时代一个国家，文化的基础在文学。这五六十年当中，中国没有出过一个文学家，没有写好过一部小说，文学不行，只会写论文，写长的句子。譬如别人翻译马克思《资本论》时，我二十出头；到我二十四岁看《资本论》时，很痛苦。为什么？普通人在当时看这个是要杀头、枪毙的，但因为我在中央军校当政治教官，管政治的人非懂对方的思想不可，所以不得不读《资本论》。可是我看了下半句忘了上半句，马克思的文字不好，而且《资本论》是用德文写的，更不好翻译，加上翻译的人文学基础也不好，像现在的文章一样都是堆积拢来的。所以我说我们现在没有文学，只有手机上发的黄段子好像还有点文学的气味，可惜都是黄的，而且愈黄的文学气味愈重些，不黄的倒不行了。你看文化发展到这种程度了！

　　刚才讲到我带兵参与第二次世界大战以前每天过的日子啊！当年抗战的时候，我们在四川，常常看见小客栈一副对子，"鸡声茅店月，人迹板桥霜"，好听吧！文学很美。"鸡声茅店月"，这小客栈不是我们现在的观光旅店，完全是茅草的房子，我们当年带兵住的就是这样，身上衣服里都是虱子，但躺下来就睡觉了，跟牛睡在一起。鸡声，早晨听到鸡叫，大概是寅时四五点，赶快起来了，这叫"鸡声茅店月"；天冷还要向前面走，已经降霜了，"人迹板桥霜"。很好的文学，这些句子我们很熟的，也是亲身体验。四川的客栈里还有一副对子，"未晚先投宿，鸡鸣早看天"，天还没有黑，叫你赶快在这里过夜，不要再向前面走了，不然夜里看不见。还有清人两句诗，我们小的时候读过，"世间何物催人老"，人世间哪些东西把人催老了？"半是鸡声半马蹄"，半是鸡声，每天早晨天不亮，就被晨鸡叫着早起；半马蹄，不管天再冷，擦把脸骑上马就要走，把人都催赶着老了。这种日子我们过了好几年。现在的人我看也是这样，这个"鸡"字变成飞机的"机"，天天要赶飞机，"半是机声"同音的，"马蹄"两个字我改不了，变成"轮胎"，平仄不对，就唱不出来了。我们以前是"世间啊……何物……催人老，半是……鸡声啊……半马蹄……"这样用唱诵的。所以古人的诗有画境，诗中有画，画中有诗，这是中国的文学。教育要非常注重文学，所以中国以前讲礼教、诗教的，这个礼乐，乐包括音乐、跳舞、作诗都在内。

二、漫谈教育

化民成俗的师道

注意啊！要晓得中国文化分三道，师道、君道、臣道。师道是超然物外的，所以可以做帝王师；我们称孔子为先圣，也称先师。我说我们有几个老师，除了孔子，还有老子、释迦牟尼都是，耶稣、穆罕默德是副教授。这些圣贤都是我们的老师，是教育家。师道超越了做领袖做皇帝的君道和做宰相、做好干部的臣道，这三道本来是合一的。中国文化的教育，就是使你走这三条路，教育家走师道，以师道自居。古礼上，皇帝见到老师要下拜，老师不需要拜皇帝的，师道很了不起。我们想要以教育家、以师道自居，在人格的建立上就有所不同。像我们喜欢走这个路线，大丈夫不能立功于天地，不能使国家太平，只好走师道的路。

师道的目的是什么？就是传统文化上的"化民成俗"四个字。"化民成俗"是师道的精神，"不朝天子，岂羡王侯"，皇帝也必须要尊师重道。中国几千年讲私人办教育，现在是政府办学校。我常常给同学们讲，从推翻帝制以后，拿最好的学校来讲，你们知道北大第一名的同学有几位啊？有哪个人知道第一名是谁？清华第一名的几十年来有谁啊？他们做出了什么事业？你们现在看到每个学校毕业的同学，社会上能立足的、事业做得很好的，或者最有钱的，哪个是名大学毕业的啊？不多吧！不要迷信这个了，教育不是这个道理！不管哪一行业，社会上成名的人士，不一定是从很好的学校出来的。这就是性情，他的禀赋问题了。教育只是一个增上缘，我们做老师的尽量帮他、培养他，使他依靠自己的禀赋站起来，这是教育的目的。

我自己的感想，就像古人的两首诗，你们看看，诗的文学味也很好的：

> 雨后山中蔓草荣　　沿溪漫谷可怜生
> 寻常岂藉栽培力　　自得天机自长成

"雨后山中蔓草荣"，一阵大雨下来，山里头的草就长起来了。这是诗哦！文学哦！我们国家这一百年的命运，遭遇到这样大的一个劫数，就是所谓的雨后山中；而现在青年人、新的一代站起来了。

"沿溪漫谷可怜生"，沿溪满山谷都是草，这些草自然就成长了，那个草好可怜，可是它自己长得很快。我们生命活着，后代青年成长起来，也是非常可怜，靠自己成长。

"寻常岂藉栽培力"，寻常是平常的意思，"岂藉"，哪里是靠人家栽培的力量。世界上长得最快的是草木，平常没有农夫去浇肥料，也没有人管，它也自然成长。

"自得天机自长成"，我的一生自己就有这个感觉，不是谁培养我出来，是我自己成长起来的。其实受教育的孩子们，将来好坏他们自己会成长。我很感慨，一般社会上有成的人不一定受过好的教育，当然能受好的教育更好，我们并不否定教育。

还有第二首诗：

> 自少齐埋于小草　　而今渐却出蓬蒿
> 时人不识凌云干　　直待凌云始道高

"自少齐埋于小草"，你看自己教的学生，看不出他将来的成就，如果有先见之明看到，你真是一个好校长、好老师了。这小小的一棵松树，是跟草种在一起，一起成长的。

"而今渐却出蓬蒿",很了不起的、几千年的一棵大树,它在草里头慢慢自己长出来。

"时人不识凌云干,直待凌云始道高",当它和草一齐成长的时候,当时的人不晓得这棵树将来会长到天那么高,不知道它将来会变成万年的古木;一直要等到若干年以后,它变成大树、冲到天上了,大家看到,哎哟!好伟大,才受万人景仰,有些老百姓还要烧香礼拜,当成神木。

这两首诗就是讲个人的成长与教育有密切的关系,像我们同学里头有很多人今天都在社会上站起来了,"时人不识凌云干",当时的人看不出来,"直待凌云始道高",现在看起来真不错啊!教育就是这个道理。

什么是意志精神

我们对于教育的重点,刚才说过性情,性与情。那什么是思想?学教育的特别要把这一点搞清楚。我先不拿佛学来讲,那个太科学、太细了,就拿我们上古的文化《黄帝内经》讲。其实《黄帝内经》是我们最古老的医书,《黄帝内经·灵枢篇》,注重于经络,尤其对研究针灸的特别重要。《灵枢》卷二有个《本神》篇,这个本神的神,不是什么神啊鬼啊,是我们的精神,生命的禀赋是神,我们讲这个人有没有精神的神。《本神》篇"法风",法是效法,风是一股气的意思,生命这一口气,我们呼吸的气,一断了就死亡。

黄帝问他学医的老师岐伯,什么叫作人的意志精神呢?岐伯回答说:"天之在我者,德也。"上天,这个是代号,生命的本来,我们中国讲的天或者道都是代号,已经切断了迷信的观念,是科学哲学的来源。上面是什么,真讲起来是大科学,"形而上"的。什么叫"形而上"？宇宙万物都有形态、有现象，看得见、摸得着、抓得住的，但生命的本来，最初那个功能叫"形而上"，没有形象的，更不是唯物的；但你说唯心也不对，心跟物都是因它而起的。现在这个问题不谈，太高深了，属于大科学、哲学。

"天之在我者，德也"，这一句话怎么解释呢？中国文化讲"上天有好生之德"，上天给你的，禀赋来的。譬如这两天我们四川大地震，地球里头的气在震动了，这是大科学，可以生人也可以死人。所以"天之在我者，德也"，上天有好生之德。

"地之在我者，气也"，从妈妈肚子里出来以后，我们的生命得以维持，是靠宇宙以内一股能量。这个"气"并不是空气的气哦，也不要看成瓦斯气啊、电气啊，不要搞错了，这是一个代号。生命有一股能量的存在，要注意哦！

"德流气薄而生者也"，这要认得中国古文。像我们当年十几岁在庙子里读书，自己就看懂了，要是你看成气很薄，那就错了。"薄"者，逼迫也，我们小的时候读兵书，"兵薄城下"，这个兵快要到城边，就是用这个"薄"。"德流"，上天给我们生命是个流动的力量，它是动态的。"气薄"，后天的生命功能随时逼迫着我们的身体。就是这样，我们生命的存在，四个字"德流气薄"，上天给我们生命的功能，地球给我们生命的力量。所以中国文化里头有很多宝贝啊！你古文不好，古书就读不懂。

"故生之来谓之精"，讲到人的身体了。上天给我们生命的功能，地球给我们生命的力量，变成生命的存在，就产生精。精不是男女性交出精的精哦！精就是现在讲的细胞、基因，或者荷尔蒙，我们这里翻译不叫荷尔蒙，叫激素，这些都属于精。"故生之来谓之精"，所以老了、病了，人就瘦了，细胞出了问题。

"两精相搏谓之神"，有阴阳气在里头，它是讲唯物了。这个生命有两精,阴精和阳精,每个人本身有阴阳的精。"相搏",两个互相纠结合拢来,这个力量绞起来就产生神了。所以我们老了,眼睛老花,神不够了。像我现在还可以,因为我晓得养神,养精养神叫保养精神。

"随神往来谓之魂",脑筋的思想叫作魂,灵魂。在中国文化里,灵魂是唯物的吗?不是,但也不是唯心的,是唯物唯心两个同体变化来的。随神往来就是魂,我们思想是魂。所以看古书,或看古代木刻的画,人死了,这里出来一条线,上面灵魂出来了。做梦叫神游,我们古文讲自己做梦,神离开头顶去外面,魂出去了,先由脑通到心脏,全身通的,"随神往来谓之魂",它跟着这个神跑。以前老一辈子的人,会看老人的生存时间。譬如我有一个老师,有一次我父亲告诉我,你那个老师我看不久之客了。不久之客就是活不久了,在这个人世做客的时间没有多久了。旁边就有人问他,你怎么知道的?我父亲说,他的神已经张开了,像花一样张开了、散了,看到人茫茫然,所以就不久了。这是说"随神往来谓之魂"。

"并精而出入者谓之魄",魄是睡着了的那个气,我们睡着了身体还在动,会呼吸,呼吸同肺很有关系,这个叫作魄。魂、魄是两件事,你要研究中国字的不同哦!它们归于哪一类呢?归于鬼神这一类。什么叫鬼神呢?往下面去的叫作鬼,向上冲的叫神。"鬼"字旁边有个"云"字的叫魂,"鬼"字旁边有个"白"字的,一股气,叫魄,就是呼吸,就是心脏跳动。你们如果看过死人,到医院里看到快要死的人,他那呼吸,呵!呵!呵!(急促状)就是他的魄快要散了,呼吸快要完了;它同呼吸关系很大。

"所以任物者谓之心",中国文化中,精、气、神、心是分开的,这个心不是讲心脏哦!你把它当心脏看就错了。心,就是我们能够思想、能够记忆、能够作用的能，用一个代号叫作心。你看我们中国的"心"字很有意思吧！黑板上写的这个"心"字，同我们心脏解剖出来一样的，心窝子这里有个窝窝，空的嘛！像半个月亮一样向上，上面没有东西，里头也是空的。另有三点在外面，这三点是什么？精、气、神，这就是心了！我今天告诉你的是古文对文字的解释，如果把这个心当成心脏就错了，如果要当心脏，就要两个字连起来，"心"字加个"脏"字，才是心脏。

"心有所忆谓之意"，你们办教育要注意，教育儿童增强记忆，心要宁静，我现在重点给你们讲这个。心随时忆念，所以要你背书，要你背来。你们同学说我记忆力强，我现在比以前还更强，强在哪里？心有所忆，一个好的句子或者是好的问题，我留意了又留意，记了又记，是自己叫自己，不是叫脑，是叫自己这个主子你不要忘记了。怕忘记了就反复记，可是还需要帮忙的。他们跟我比较久了，他们知道的，有时我夜里想到东西要写，明天要打字，就赶快记下来，有时候电灯关了，我拿一张纸闭着眼睛就写了，懒得开灯。为什么？万一有一天老了瞎了也要写嘛！大概意思画出来。你问他们，我怕打扰别人睡觉，经常写好了放在门下面，他们隔天一开门就看见了，晓得这个要打字出来。不像你们记忆力散乱，一天到晚在玩，自己又都在闹情绪，没有恢复到先前的记忆。心有所忆，是回忆，随时回想这一句话。譬如我经常要背，"鸡声茅店月，人迹板桥霜"，已经有记忆就不要这个意志了，这个意志是分析的，能记忆就已经不需要分析。"心有所忆谓之意"，意跟心不同的哦！

"意之所存谓之志"，人要立志，很坚定的意志。学医的人，不管中医西医，希望病人跟你配合，怎么配合？告诉病人：放心，一定会好！增强他求生的意志。所以医生晓得这个病人救不了,但还会告诉他,"没有问题的,没有问题"。然后转过来跟他家里的人讲,"不行啊!准备后事吧!"不能给他听到,你要保存他那个求生的意志,给他希望,使他坚强。

"心有所忆谓之意,意之所存谓之志",意永远保存着谓之志,志跟意是这样的差别。中国字"心"字上面加个"士",士是知识分子、读书人,受过文武教育的叫作士,士的心叫作志,坚定的意志,"我要这样做"的意志。

"因志而存变谓之思",思和想两个不同。你看中国上古的医书里就有,并不是佛学来了以后才有的,可是一般的医生不读这些,可惜啊!所以医学不会再高明了。一个好的医生,他的意志、记忆、分析,一定很坚强。"因志而存变",知道内在的变化叫作思,这个是思想的思,不是想,想是粗的,思是很细的,所以我们文学上叫"沉思"。科学家发明,哲学家研究逻辑,都是"因志而存变谓之思"。

"因思而远慕谓之虑",大学之道讲安而后能虑,虑包括了思想,这和佛学不同了,它是科学的。因你的意志而存变,心里有这个观念求变化,是思想来的,因思想考虑很多,很细密,这个叫作虑。这个"虑"字呢?老虎的头,再下面是田,就表示这个身体的中心在胃这里,放在心里头。所以这个虑,是很内在的思虑。

"因虑而处物谓之智",智慧是最高的,它不是思想来的。因虑,因为他内在的思虑,研究这个问题,譬如我们讲,你要考虑考虑,我们中国话都是这里来,叫人家多想多研究,考虑完了,不用思想,不用意志,忽然一个灵光发现,那是智慧。所以智慧不是思想出来的,也不是心出来的,是神出来的,这又回到神了,所以说智慧可以通神。

这些就是告诉大家,教育是这样的道理。这里讲"心"

"意",还没有讲到佛学的"心意识",佛学讲的心意识就包括后面的智慧了,那个就是认知科学,生命科学。

"心有所忆谓之意,意之所存谓之志,因志而存变谓之思",我大概这样带领大家研究一下古文,读一下,它的内容很深的,你们自己背来,去研究。

"因思而远慕谓之虑,因虑而处物谓之智",处物,就是对付万物、对待世间人,如此能够做事了,这是智慧之学,教育的目标在这里,教育的作用也在这里。

所以我一开头就叫大家不要光凭兴趣办学,不管你是出钱的创办人,还是校长、老师,你本身必须要投入进去。不是说我办个学校名望很高,那开个豆腐店也不错啊!何必办学校呢?再不然开个按摩店也很好,每次给人家按一下也可以拿五十块钱啊!

好,我们今天先讲到这里。粗浅地贡献大家这一点意见,很多想讲的话一时讲不完,谢谢。

第三堂

办教育的人们
教育以变化气质为目的
师才难得
旧教育的教法

办教育的人们

——教导孩子感恩

张老师说她的经验,她说:

我跟同学们说,第一个从你的生活上做起,你们会不会说"谢谢"?会不会说"请你"?会不会说"对不起"?都会。我说你们有没有想到,我们要常常说谢谢。他们就说,我们也有说过谢谢。

后来我就跟旁边的那些领导讲,我说各位在座的领导,你们要注意到我随时随地在说谢谢。他们就点头。在吃饭的过程中,服务生端水来、换个盘子,我都说谢谢,那整个桌子上就我一个人在说谢谢。可是我发现服务生很开心。所以我就跟那些小朋友讲,我说我们不要光想说人家该为我们做什么,人家帮我们做的事情,我们都要感谢。一般都认为说我付钱来吃饭,没有道理跟他说谢谢。可是我们要从另外一个角度想,他帮我们做了事情啊。我说大家要时时用这个方法提醒自己,训练自己多说谢谢。

我举个例子。我住的那个小区,后面有个擦鞋、修鞋的鞋匠,有时候我拿着皮鞋去擦,擦了以后我说,谢谢你,你辛苦了!那个擦皮鞋的是个年轻人,三十来岁,我对他讲了谢谢以后,他瞪着眼睛看我,说我可不可以跟你谈谈。我想是不是我说那声谢谢对他心理有什么触动,结果他就搬他的小凳子让我坐，他一站起来的时候，我看到他是个残疾的人。他说我从小就小儿麻痹，行动不方便，所以在外面常受到欺负，而且人家对我非常歧视，我心里对我母亲很怀恨，恨我母亲为什么要把我生得残疾，我恨这个社会为什么要瞧不起我。他说今天我赚你的钱，应该我跟你说谢谢，你怎么反而跟我说谢谢呢？

后来我就告诉他，我说我非常敬重你，我在外面看到很多不残疾的人，他们在讨钱，甚至是假装残疾来乞讨。你虽然有残疾，没有向人家乞讨，你以擦皮鞋来维生对不对？我说这就是你作为社会的一分子，对你个人负责，对社会负责，你没有把自己变成社会的累赘或渣子，这一点我很敬重你。再一个，我从你擦的这个鞋子上来看，你把鞋擦得很干净，连鞋底都擦得干干净净的，可见你对你的工作非常专心，是用心在做事情，从这一点就可以看出，你不是应付客人，随便骗客人的钱，你是真心地把这个事情做好，也就是说，你对你的工作负责，对不对？我说这一点我也非常敬重你。第三点，因为你把我的鞋擦得很干净，我穿在脚上很开心，你让我开心就是对我做好事，所以你不要以为说做好事要钱来做。我说你只要把自己的工作做好，使人家开心就是做好事了，所以我要谢谢你。同样的，因为我谢谢你，你也很开心，你今天跟我讲的这些话表示你心理有很多障碍。

他说是啊！他说我听了你的话心里面很震撼，而且我很感动，我觉得还是被人尊重的，不是说被人家歧视。我说，所以一件事情要从各个角度来看，你认为说你收了我的钱应该跟我说谢谢，可是我不从这个角度看，我从另外一个角度看，你把我的鞋擦得很漂亮，让我很开心，所以我应该谢谢你，我从这个角度看的话，就处处在尊重人家，处处在为人家着想，处处在制造一个很快乐的气氛。我说大家都从这种角度来看事情的话，我相信这个社会就很祥和。所以我说你不要认为自己残疾，你今天有这种感觉是不是心里很温暖？他说对。我说你的心现在很温暖，你的心门在打开，就是你以前的心胸很瘀塞，现在你是不是觉得很松了，好像要打开的样子？他说是这种感觉。我说你的心门一打开，视野就不一样，观念也会改变，你看事情就会从好的角度来看，而不会去钻牛角尖。你一时钻牛角尖就会埋怨这个埋怨那个，对人很不服气，就会恨人家。我说你同样过一辈子，快快乐乐地过也是过，整天愁眉苦脸怨恨也是过，你为什么不快快乐乐地过？我说你碰到一次这样的人，可以影响你的生命观念，在我来讲我就觉得功德无量。所以我也希望你们可以想一想张老师今天跟你们说的话。

我举出这个例子跟那些同学们讲。我说你们在学校，要用这个方法来训练自己，告诉自己说那些事是他人为我做的，不要想说这些事是他的工作，他帮你端一杯水，或者同学们帮你递一张纸，或借一个东西给你，你都要随时说谢谢，而且要很真心地感谢。这样的话，每天晚上睡觉前你回想一下，今天说了多少的谢谢？我说你一定说了很多谢谢，你说了很多谢谢，就表示有很多人帮忙你对不对？他们说对。

有些孩子，不是孤儿就是家庭非常穷困，这些同学心理多少都有偏差，可是如果能这样想的话，你会觉得自己并不孤单，还有那么多人在关心我对不对？你就会感觉很温暖，就会像我刚才讲的那个腿残疾的叔叔一样，心门就会打开，你的观念就会不一样，就会感恩。所以为什么张老师跟你们讲"感谢"这两个字，不是只是一个行为，而是在这个行为的过程中,互相学习如何做人做事。我说由这些行动,张老师教你们,你们会学会感恩,会觉得自己在这个社会上还是有很多人在帮助你,你不要光想不好的那一些,你要尽量想这些好的,这样调整了自己的心态,那你就可以与人为善。在学校里面每个同学都这样子做,就会造成一股善良的风气,学校形成一个气氛,有了校风以后,就会有人来学习。

——品德问题

张老师又说:

第一个我叫大家多说谢谢,第二个多说对不起。我问他们,我说你们如果在操场上玩的时候,同学互相撞到会怎么样?他们说会吵架,会打架。我说我在美国看到两辆车子相撞,从来没有见过两个师傅下车在那边吵架,弄得整条街交通阻塞的。他们下来都会彼此问,你有没有受伤?你车子哪边撞坏了?如果可以和解的,他们自己赔一点钱就和解了,不能和解的就让警员和保险公司来处理。不像在大陆,下了车就在那边吵架。然后我跟他们讲,可不可以把车子移到路边去谈,不要影响交通,他们就讲,这是我们的自由,你管什么?我说各位同学你们有没有考虑到,这就是文明的问题,我们中国有五千年的悠久文化,号称文明古国,可是我们自己反省想一想,我们真的文明吗?

我再举个例子。上次有事情到北京,有一位记者约了我要采访,因为我住在朋友家里,不好让记者到人家家里来,外面又吵杂,那个记者就说,张老师啊!到我家来好不好?我家人都在国外,我一个人住,再把另一位女教授也约来,就在我家里谈,这样子就不受时间地点的限制。我说好。于是我从朋友家出门，到外面拦计程车，在马路上拦了两个小时，我居然上不了计程车。我说到这里就问了，各位同学你们猜猜看是什么原因？他们都猜不出来。我说早上高峰期空的计程车很少，每当我好不容易拦到车，后面就突然跑出一个年轻人跳上去，每一次都是这个样子。我心里很感慨，我这个老太婆不能到大陆来生活，因为我抢不过人家。我想因为奥运，北京一直在宣传说要有礼貌，可是我自己实际碰到的这个情况，并没有因为政府的宣传，北京的市民就有改进。所以这个问题在哪里？我说这是品德教育的问题。

我谈到这个事情的时候，旁边那些领导也在点头，他们就讲张老师说的确实是这样，而且很严重、很普遍。中央的政策我们抓不到重点要怎么做，可是今天张老师讲的这些确实是可以做到的，只要我们有耐心，坚持来推展这个方法，对小孩心理会有影响。

我就对他们讲，所以我们要表现我们自己的文明。你们说要报答张老师，那你们就要听张老师今天交代的，好好坚持去做，训练自己多说"谢谢"，多说"对不起"，多说"请你"。你们请同学帮你做事，递一张纸给你也好，借个橡皮擦也好，多说个"请"；你加上一个"请"，对方的感觉就不一样。像现在我们推动和谐社会，我说如果大家都这样做的话，这个气氛就变了，所以不需要任何口号，从生活上这些小事情来做起，培养这些孩子们宽容、包容的心，能够谦让，这样子的话，整个社会就和谐了。

教育以变化气质为目的

刚才是由张老师讲起的，办教育是改变气质，不只是教学生知识，我的想法，我的经验，都是一致的。古代书院里头，是以创办的人为标准，例如朱熹在福建办紫阳书院，是以朱熹为标准，进行人格的教育，对老师有要求，学生要进修，老师也要进修。刚才讲的，如果老师自己本身不能修正，空口说白话，对学生的教育就没有用。

所以老师的问题很大，不是你办个学校就解决的。你办孤儿院，办学校，我始终惋惜你，我也晓得你有这个愿力，你的愿力是对的，但是你要想改变孤儿的教育很难，孤儿和艰难困苦的孩子，长大了只有两种情况，一种是非常感恩这个社会，想办法做个好人，会报答这个社会，就像你一样的，千万人中只有少数几个；其他一大半以上对社会是埋怨的，你对他再怎么好，他心里的根上（下意识）总有埋怨，这一点很难改变的。不仅孤儿教育是这样，普通的教育也是这样，这是人性最基本的问题。

教育是以变化气质为目的，但是变化气质是非常难的！我教了一辈子，等于说二十几岁起，就看通看透了这些，可是我没有放弃，还是朝这个方向在努力。我为什么说不敢写书？譬如大家都讲跟我学佛，是否有人有成就我也不知道，我这个话是客气话，跟大家客气。我说的几乎没有人听，没有人真去做的，所以对教育我始终是很灰心，一辈子讲教育无用论。孔子的一生，三千弟子，七十二个贤人，但是真正成就的，十来个人而已。释迦牟尼佛一生也是这样，尽管经典讲的那么闹热，真成就的只有十大弟子。教育是个牺牲，很难有成果；可是虽然如此，它的影响还是非常大。

我现在听你们几位讲办学，都是请老师的问题。当然请校长也很难，孔子来给你做校长，你不晓得请不请他，也不知道他会不会答应。所以讲到教育，我是深深佩服文中子的，你们没有读过文中子的书吧？这里有几个同学听我讲过就知道。文中子的名字叫王通，是隋朝人，我们读《古文观止》有一篇文章，写《滕王阁序》的王勃是他的孙子。文中子王通一开始有志于天下，后来不干了，在隋朝那个阶段退下来，讲学河西，在山西一带，培养出初唐开国时期的好几个文武名臣，譬如房玄龄、杜如晦、魏徵、李靖等，这些都是他的学生。他自己本身不出仕，而把帝王之学教授给学生。他有一部书叫《中说》，很有名。中国三部有"中"字的书，一个是子思的《中庸》，一个是王通的《中说》，一个是翻译过来的龙树菩萨的《中论》，都是很特别的书。文中子这三个字的谥号并不是帝王封给他的，是他的弟子们对他共同的尊称。文中子是继孔子之后，在隋、唐之间承先启后的一个人，是教育成功的一个人物。

我看你们的报告，都讲了一段。你们缺校长，缺教务主任，我想在湖南、湖北找恐怕很难。大陆教育这五六十年，已经很难改变、很难转型了。大陆出来的学者很多，人才也很多，但是它的思想教育，在这六十年当中定型了，很难改变。

师才难得

刚才那个同学报告的有一点你们注意，她是在偏远地区办孤儿院，那边是我在抗战时期经常活动的区域之一。少数民族各有特别的个性，要善于了解与教育。

我过去给你们讲课，提到过清初有两本书，一个《天下郡国利病书》，是顾亭林的著作，第二个《读史方舆纪要》，是顾祖禹的著作，两部合称二顾全书，都是很值得一读的，里面把中国每个地方的山川、地理、物产、人情都讲到了。

现在我们讲请校长，你在湖南、湖北找，恐怕很难。照你这个选法，留学回来的不愿意给你做校长，你们几位自己都是海归，叫海归来他不愿意的。土鳖呢？他讨厌你是海归，也难办。

校方老师：因为我们是私立学校，所以我们在师资的招聘会上遇到非常非常大的困难，就是成熟的老师不太愿意放弃公家的铁饭碗到私立学校来教书。一方面我们提出相当优越的条件来吸引他们，另外一方面我们也招年轻的，也就是刚毕业的老师来教书。三年下来有一个很深的感触，就是在教书上，有经验的老师跟没有经验的老师，在课堂的掌控上实在差别太大了。但是另外一方面，没有经验的老师他如果很投入，在一年两年以后，他带出来的班会比有经验的老师带出来的班还要好，特别是男的班主任。

那就是说油条还是要嫩一点好，老了就是老油条了，对不对？

校方老师：是。办了教育以后最深刻的感触，就是如果从事这个事业的人有这份心的话，确实是一分耕耘一分收获。看到老师用心带孩子就很高兴。但是老油条有时就会耍大牌啦，好像自己不得了，他的班简直翻天了。

我们今年要进入第四届招生，还继续在找校长，可是很难找。完全不懂教育的，本身有相当大的障碍；但学教育出身的，就有前途上的或者其他想法，年轻的会想在公立学校出人头地。这里面有一个很大的毛病，就是对私立学校的政策，国家在这一方面目前是不平等的。

世界上很少有人愿意一辈子只做老师，很诚恳从事教育的，很少很少，我看到有几位。其他的若只求职业倒也还好，但有好胜求名的心在，就很难了。

旧教育的教法

刚才讲到传统文化的教育，再给大家提一点，譬如《三字经》《千字文》，你叫他背书，不是会背就算数。我的经验，还是照旧的方法，背完了默写。可以买毛笔给他默写，一方面认识繁体字，另一方面书法也练习了，三样合在一起做，时间只花一次，其实都会了。毛笔字练好以后，钢笔字、圆珠笔字自然漂亮。要用繁体，你们自己买《康熙字典》或者《辞海》，好像有两个老师在旁边，两本就够了，来翻、来念，你自己也跟着很快进步了。没有别的方法，我这个方法是旧方法，非常快的。照新的办法是很难，光背还不行，要默写。

另外，叫他们背诗，背什么诗呢？重要的都有编出来，比如《笠翁对韵》，要多唱念，然后告诉他们怎么作对子，"天对地，雨对风，大陆对长空，山花对海树，赤日对苍穹"，这样把一本书唱歌一样念下来，一边默写一边背，很轻松。这样唱起来念诵，将来还可以培养出作词家、作曲家，作出好听的文学词曲艺术。

还有要用珠算、笔算教算数，不是数学哦！算数跟数学有差别的，初步的加减乘除这个是算数，数学就高一点了，三角、几何、微积分啊，那个叫数学。你把初步的算数背来，背什么呢？先背九九乘法表，都是老的，九九乘法表背会了，加减乘除也会了。我们这里有一位老师会教珠心算的。这个会了以后数学很容易上去了。

讲英语，暂时先不管英文文法，把普通的英语先认得，会讲会写，这个会很快。

旧的教法就是这样。政府规定的课本你不要丢，其他科学的东西，将来再想办法在政府规定的课以外加进去，现在还达不到。政府规定的考试，一样考啊！我贡献你们的意见是这样。你去实验，我讲的这个是旧的办法，是最快速的成就。

好了，差不多了，今天晚上就是闲谈一下，我向诸位同学请教。

（整理：牟炼）

三、对学生家长研修班讲话

二〇〇九年十月九日至十一日

第一堂

乱世出圣人
十六字心法
孔子一生的修养
《大学》提出的方法

诸位家长第一次见面，我们就都不客套了。很抱歉我这几天眼睛不大好，正在治疗当中，看大家看不清楚。古语有一句话叫作"雾里看花"，我现在的眼睛看一切东西，就像在云雾里头看花一样，只有个影像而已。

乱世出圣人

我看到我们这里为大家安排了静定的课程，这件事情我要特别声明一下，静定不是修道，也不是学佛，而是中国传统文化几千年来，对于自己人生修养最基本的一个东西。在两千多年前，这个阶段奇怪得很，东西两方都出了圣人。中国有老子、孔子，印度有释迦牟尼，欧洲有苏格拉底，这个阶段是出圣人的阶段。差不多在同一个世纪当中，像太阳一样，白天从东方升起，晚上就到了西方。我们现在是二十一世纪，如果拿这个观点去研究一百多年来世界的历史，那是非常有趣的。

我们现在叫这些古人为圣人，在我的观点看来，凡是时代最乱、最衰败的时候，就会出圣人。所谓圣人也不过是时代的医生，整个时代有病了，就会出现了不起的人做医生，治时代的病，也是治人类的病。我这个观点差不多是个定律了。再回过来看东西方的历史文化，一个时代衰乱到极点就会出圣人，出现了不起的人。其次就出英雄，英雄比圣人差多了，英雄是征服世界，虽然也有安定的作用，但不及圣人，不是根本之道。圣人不想征服世界，只想使世界人类能够平安。

我们现在在这里静坐，就是求证自己身心的一个修养，这是中国文化从上古开天辟地以来，一直流传下来的。大家都听过四书五经，我们第一部讲历史的书叫《书经》，也叫《尚书》，里头讲上古文化，自黄帝以后，唐尧、虞舜、大禹，这三代我们历史上称为"公天下"。因为这三代的政治文化正如现代人所讲的民主、自由，虽然有君王，但是唐尧、虞舜、大禹这些君王是公众选出来的。那时候不叫民选，叫推举，由老君王让位给大家推举出来的人。唐尧传位给虞舜，虞舜传位给大禹，大禹治水，使中国农业社会打好了基础，这三代叫作禅让的时代。所谓禅让，在古文是四个字，"推位让国"，自己年纪大了，觉得没有余力，不能有所贡献了，就选拔另一个人出来接手。

唐尧选拔了虞舜，舜是孝子，你们讲儿童教育要注意哦，唐尧、虞舜、大禹这三人的家庭都是问题家庭。唐尧是圣人，可是他的儿子"丹朱不肖"，做人不像样叫作不肖。舜的父亲也是一个乱七八糟的人。古来圣人、孝子、忠臣，多半是出在有问题的家庭。譬如我们讲二十四孝中的孝子，你听二十四孝好像很了不起，你研究一下，二十四孝都是出在有问题的家庭。正如《老子》的两句话，"六亲不和有孝慈"，家庭有问题才出孝子，为什么要求有孝子啊？家庭没有问题自然个个都是孝子嘛！不用再特别要求有个孝子。"国家昏乱有忠臣"，为什么需要忠臣啊？一定是国家出了问题，国家不出问题每一个都是忠臣嘛！所以老子的话讲得很彻底，"六亲不和有孝慈，国家昏乱有忠臣"。你看历史上许多人物就是这样出身。

我讲到这两句话，同时也告诉各位家长，不一定要望子成龙。我常常说家长们有罪过，把自己一生的缺点、遗憾都拿来要求自己的后代，加强他们的负担，这是很罪过的。我本身很感谢我的父母，只管着我不要乱来，不要求我别的，甚至还要求我不要读书、不要出去做官。我的祖母、我的父母都是这种想法，只要我规规矩矩做个人，有口饭吃。我是独子，没有兄弟姊妹，可是我硬要出来到处游学，他们也没有坚决反对。

十六字心法

因为讲到圣贤，前面这一段把话扯开了，现在讲回中国传统三代关于静定的修养。尧传给舜，舜传给禹，把国家交下来，这是公天下。大禹死前也想推位让国，可是找不到合适的人。大禹死了以后，全国人民把他的儿子启推举出来，大禹以后从此变成家天下，一代一代传下来。所以我们中国文化推崇的，是三代以上主张的公天下，你看孔子、孟子，儒家、道家，随便哪一家，都是推崇公天下的。

尧、舜、禹三代除了传承国家政权以外，也传心法，这个心法就是我们说的修养。怎么样修心养性，也就是静定的道理，不要看到静定就认为是学佛修道，在中国文化中，修心养性的方法简称叫心法，由唐尧传给虞舜，虞舜传给大禹。他们传位的心法只有十六个字：

人心惟危，道心惟微，惟精惟一，允执厥中。

"人心惟危"，现在国家给你去管了，你要注意啊，世界的人心是很危险的，人的心理有善恶，是相对的，不善则恶，所以说"人心惟危"。古文很简单，中国文字几千年保存下来，几个字就包含了很多的内容。"道心惟微",你做皇帝要修养自己。做家长也同做皇帝一样,要先修养自己,修养自己心性的学问,太难了。"微",你看不见摸不着的,自己的思想情绪太微妙了,这个微是代表微妙。等于印度释迦牟尼佛的佛经翻译过来,什么叫作微?"不可思议",你不能想象,也不能讨论,我们这个心性的活动、这个思想情绪是摸不着、看不见的。在古文是那么简单的两句话,传位时就告诉继位的人:你注意哦,做国家的领袖,"人心惟危,道心惟微",要找出自己修养中不可思议的那个道德方面的功能。

"惟精惟一",这是本身内在修养的工夫了,你心念不要乱,万事要很精到。这个精字解释起来很难,你看到的是精神的精,但什么叫精?我们小的时候读书,同学们讲笑话,什么是精啊?吃了饭就精嘛,为什么?青字旁边一个米嘛,饭吃饱了就精了,这是小时候我们同学讲的笑话,因为精字很难解释。我们都晓得精细,这个讲起来容易明白,"惟精惟一",修养方面是唯一,心性自己要专一,要是有一点不小心,我们这个心性就容易向恶、向坏的路上走。后来佛学传过来,古代禅师也有两句话,"染缘易就,道业难成",社会的环境、外界物质的诱惑,容易把我们自己清明自在的心性染污了,一个人学坏很容易,就是"染缘易就"。"道业难成",自己回过来想求到"惟精惟一"这个修道的境界,很难成功,太难了。这是借用佛学的话,解释我们自己上古传统文化的"惟精惟一"。

"允执厥中",善与恶,是与非,好与坏,对与不对,世界上一切的事情都是相对的。譬如刚才我来以前,那位李老师给我念一篇家长的报告,讲做善事、做事业的辛苦。其实,善与恶是相对的,我们没有智慧做事情,有时候因善因而得恶果,做善事变成很坏的结果;有时候无意做了一件不大对的事情,却有很好的结果。这个里头的道理太难了，做人处世，并不是一定说做好人就对了，那世界上好人都对了，坏人都不对了吗？不是这样。治理国家、做人做事、讲自己的修养，都很难，所以要"惟精惟一，允执厥中"，把握中道。要治天下，有时候要用看似不善的方法来做。如何用看似不善的方法达到善的目的呢？这个是智慧了。

这四句心法就是尧传给舜、舜传给大禹的三代修养的口诀，出自《书经》里头的《大禹谟》，谟就是谋略，也就是现在国家重要的文告。

尧传位给舜时，自己已经一百岁了；舜传位给大禹的时候，也快要一百岁了。因为大禹治水有功，舜把国家传给了他，自己渡过长江，到湖南、广西去了。现在历史上还有一个疑案，舜据说死在湖南九嶷山一带，究竟死了没有？道家的《神仙传》上说他在这里成仙了。

舜的两个太太娥皇、女英是尧的女儿，她们为了找舜，就过了长江来到湖南，准备到广西寻找舜，结果得知丈夫死在湖南。湖南洞庭湖有一种竹子叫湘妃竹，传说是娥皇、女英思念丈夫，在那里哭啊哭啊，泪都流干了，泪水流到这个竹子上，留下斑斑的痕迹，所以这种竹子叫作湘妃竹，故事很美。后来道家的书上说，她们两姊妹死后变成了湘君，管理洞庭湖。这些都是无法考证的神话故事，但是你仔细研究，透过它的内容，里面有高深的道理。

孔子一生的修养

我现在闲话讲多了，不要离开本题，不要把静定看成学佛修道，它是讲身心的修养，过去是这样传下来十六个字。

到了春秋战国的时候，天下乱了，那个时候不但中国乱，印度、欧洲也在乱，都一样的。因为我们现在的人书读不多，只知道中国有春秋战国，那个时候的欧洲，一样是混乱的时代，印度也是，这个地球的命运是很有意思的。这个时候，孔子出来整理了中国几千年来的古书，集中起来叫作六经，现在我们传下来的有五经。比如《诗经》，社会乱的时候老百姓心里有许多讲不出来的话，就用唱歌啊、作诗啊，来讽谏政治。孔子整理的时候，有些太低俗的不要了，把好的集合起来叫《国风》，代表某一个地区的风气，某个时代的情绪。

孔子整理了《诗》《书》，《书》就是刚才我讲的《书经》，是中国第一部重点记录历史文告的书，记载了心法的传统。最后孔子自己著一部书叫《春秋》，讲春秋时候天下变乱的历史，是他记的账，只记账哦！譬如说"二零零九年，秋天，太湖大学堂跟大家聚会"，孔子只这样记，至于内容是什么，没有写。他后来的学生，根据孔子的记载加以发挥，再记下详细的内容，就有了《左传》《公羊传》《穀梁传》这三传。

从传心法讲到孔子，孔子用一段话讲自己心性的修养，你们注意哦，心性修养很难，不像佛家、道家讲打坐、飞升，没有这个事。孔子一辈子做学问，他说"吾十有五而志于学"，十五岁就晓得立志了。孔子是个孤儿啊！生活环境很可怜的，年轻时很辛苦，父亲早逝，家里很穷，他什么最苦的差事都干过。圣人是从苦难中磨炼出来的。你们诸位太幸福了，每个孩子都是皇帝、都是公主，哪有这么好的？我小时候都没有经验过这么好的生活，我也是自己磨炼出来的啊！同样的道理，孔子说"吾十有五而志于学"，十五岁立志求学，"三十而立"，到三十岁确定了学问、人生的道德修养是这个样子，真正站起来。

从十五岁到三十岁，这十五年间，孔子痛苦得不得了，所以他说自己三十而立,这个人生磨炼出来的学问,在三十岁确定了。"四十而不惑",三十岁确定做修养的学问、磨炼自己,有没有怀疑?有怀疑,摇摆不定的。自己生活的经验,有时候明明做了好事,却得了很坏的结果,很受不了;有时候心里反动,就要发脾气了。所以古人有两句话,"看来世事金能语,说起人情剑欲鸣",这两句话怎么讲?看来社会上只有钱会讲话,大家只要送钱就好了,拿钱给人家就一切好办,"看来世事金能语",要做官拿钱去买。"说到人情剑欲鸣",讲到人的心理啊,刀剑就要拿出来杀人了,世上人心太坏了,会气死人的。我引用这两句话是说明孔子三十而立,再加十年用功做人,十年读书,十年修养,"四十而不惑",才决定要做一个好人,不能做坏人。虽然"三十而立",但看法还会有摇摆,可见修养之难啊!

四十而不惑,再加十年做人做事,"五十而知天命",这才晓得宇宙观、晓得人生命的意义和价值究竟是怎么一回事。我们人怎么会生出来?人为什么生来是男是女?为什么在同样的环境,每人的经历不同?为什么有的人一辈子很享受,有的人永远很痛苦?这里头有个道理,"五十而知天命",换句话说,孔子讲自己到五十岁才晓得宇宙万有有个本能的因果规律的作用,都是十年十年的磨炼。

再加十年的修养磨炼,"六十而耳顺"。我们小的时候读书,老师讲的也听不懂,什么叫耳顺?有同学告诉我,孔子以前大概耳朵听不见,到六十岁挖耳朵挖通了,这是小时候同学们讲的笑话。其实耳顺就是看一切好的、坏的,听人讲话对的、不对的,听来都很平常,都没有什么,就像做饭一样,修养的火候到家了,好人当然要救,坏人更要救,这是耳顺,"六十而耳顺"。

再加十年,"七十而从心所欲不逾矩",得道了。你们现在教孩子们读古书,看看孔子几十年的修养,到七十以后,他真正的大彻大悟了，是这么一个过程。

《大学》提出的方法

我现在为什么提到孔子一生的修养呢？他死后，继承他心法的弟子是曾参，曾子作了一篇文章叫《大学》，我前些年出了一本《原本大学微言》，就是讲这个。现在好像很多人提倡读古书，今天有家长带来一本书，叫什么《私塾手册》，里面收录我讲的话，但我根本没有讲过，这是不对的。而且现代人为什么要提出私塾两个字啊？这很奇怪。要知道我们推翻清朝到现在只有九十几年，还差两年到一百年。这是把历史分一个阶段，因为民国元年以前都是帝王政治。

推翻清朝以后，民国元年开始，我们学西方文化的政治体制、教育体制，成立了教育部，把所有的教育由国家包办，推行普及教育。所以学校是国家办的，如果私人家庭办学，就叫私塾，政府会干涉你。过去没有私塾，私人办学叫蒙馆，私塾是学西方文化体制改制来的通行名称。中国过去几千年的教育，政府没有出过一毛钱，都是老百姓自己家里开蒙馆教出来的，不用登记申请，因为政府不干涉，而社会公认、许可。现在为什么写一本书叫作《私塾手册》？为什么要跟时代来对立？妨碍自己干吗呢？这个不通嘛，从书名就不通，还乱出书，会害死人的。而且还说引用了我讲的话，我没有讲过私塾了不起的话啊！我虽不同意现代教育的体制，但现在我也在搞教育，可是我有遵守时代法令、登记备案的啊！我们自己的国家、自己的政权，不管这个政权怎么样，将来交给历史去评论就好，我们做当代的人，就要遵守当代政府的法令，遵守当代社会的规则，要改变也是慢慢地改变，非办私塾不可是行不通的。而且现在儿童读经也在乱读，把孩子读坏了。

现在我们回过来讲曾子。曾子受孔子的教导,著了一本书叫《大学》,你们都读过的。大学是大人之学、成人之学,就是讲身心修养,这就是中国教育的基本。我常说我们这一百年来,教育没有方向也没有目的,究竟想把我们的孩子教成什么样子?没有一个方向、没有一个目标,方法也有问题,所以我们要重新思考。像《大学》这一篇,就确定了中国教育的目的和方法。什么是教育的目的?就是教做人。做人从什么开始?从心性修养开始,做一个堂堂正正的人。

"大学之道在明明德,在亲民,在止于至善",这是纲要,明德、亲民、至善,古人叫"三纲"。下面修养的程度有七个阶段,"知止而后有定,定而后能静,静而后能安,安而后能虑,虑而后能得",这个"定"不是讲静坐,不必盘腿,随时站在那里也好,坐在那里也好,在生活行住坐卧四个形态之间,就是修养心性的定。"知止而后有定",知止、有定之后呢?"定而后能静,静而后能安,安而后能虑",才能发生智慧,"虑"是自己内在的智慧,"虑而后能得",得到什么?得到"明德"了,大彻大悟,见到生命的本来面目,曾子把这种心性修养的成就称为"明德"。所以《大学》里头讲,"自天子以至于庶人,壹是皆以修身为本",这七个阶段就是学问修养的程序。

注意"知"跟"止"这两个字,人一出娘胎就有个知道的作用,譬如婴儿生来,肚子饿了就晓得哭,要吃奶;冷热过分了,他也晓得哭,这个知性是天生的。但是"知止",注意哦!"知止"并不是说把能够感觉知觉的这个作用停止了,这就错了,是要自己引导知性向一个最好的路上走,选定一条心性宁静的路给自己走。

083

第二堂

社会文化变乱的时代
让孩子能自立
洒扫应对的生活教育
学佛应以佛为师

你们诸位最多不到五十岁,在我的眼中是年轻人,就算超过五六十岁的人我也叫他是年轻人,六七十岁是生命中最好的年龄,我想你们大多更年轻一点,因此我就很直地跟你们讲话。

社会文化变乱的时代

你们诸位家长跟我一样,生在一个社会文化都发生大变乱的时代。尤其在我们中国,是几千年未有的巨变,旧的文化打倒了,新的文化还没有建立,是很麻烦的一个时代。现在的你们所感觉到的麻烦痛苦,不如我的深刻,我是从小看到现在。所以我说自己经过了五六个阶段,一切看得很清楚,但很不幸的我还活着,活在九十多年的忧烦痛苦中,看自己的国家,看自己的民族,总是希望自己的国家民族走上最好的一条路。

我们在这里办了这个太湖大学堂,实际上的目的是沟通。沟通什么?沟通东西文化,东方与西方,把西方科学与中国人文的文明相结合。我们这一百年来的文化是输入的,都是从外国搬进来的,用得对不对,不知道。几十年前我就说过了,从我开始,中国文化要输出,向外传出去。至少你们有机会在这里碰到,有些外国的著名学者,都来这边找我,这是文化的出口耶!过去我们中国人崇洋媚外,对外国文化崇拜得不得了;你们现在也一样,也都想要孩子们出国念书。可是你看这一批外国有名的老科学家、学者却来找我,实际上他们是来找我们的中国文化,想带回去融入西方,挽救人类社会。你们这次刚好碰上几位,在这里是常有的事。我说这些话的用意,是说中国人要自强,自己的文化断根了,要怎么去建立,这个题目太大了。

现在我看诸位,你们还是年轻人,都寄望儿女的教育好,记住我前面讲过的话,不要只是望子成龙、望女成凤。你们现在都只生一个,娇惯得不得了,已经害了孩子。你们的孩子在这里,你们是家长,我们等于一家人,我讲句在外面不大好讲的老实话,我寄望的是后一代能站起来,这一代是没有希望了。但是我们这个愿望是不是做得到,不知道。所以我认为现在不单是孩子教育的问题,家长更要重新受教育。我讲话很直,请大家深刻地了解,不要只是望子成龙,不要只是望女成凤。你们每个人心里都觉得自己的孩子了不起,要好好培养。我不是讲过嘛,做父母有个错误的观念,把自己的缺憾、一生做不到的事,都寄望在下一代身上,这是一个罪过,不可以的。

让孩子能自立

我的经验告诉你们,对孩子们不要这样溺爱,举一个小的例子给你们听。中国商业发展到今天,在历史上有名的大商人,一个是晋商,山西的票号很有名,第二个是安徽的徽商,扬州是安徽徽商的天下。从古代到现在,徽商对文化、工商业发展的贡献,可说是第一位。你们没有研究,也没有看过这类书籍,中国有十大商帮。讲到做生意,徽商是第一,晋商第二,宁波是近代的,江南有龙游商帮,广东有广东商帮等,这十大商帮大大影响了中国的经济。安徽的人不止对经济财经的发展有贡献,对中国

三、对学生家长研修班讲话

文化也有贡献，尤其是安徽的妇女。你们家长之中妇女很多，我常讲中国文化能够维系五千年，是靠家里有一个好太太，有个贤妻良母，不是靠我们男人。现在我简单跟你们讲一个例子，就是安徽妇女的贞节牌坊。贞节牌坊以前在中国是了不起的，现在留下来的在安徽最多，家庭中的妇女为中国文化挑起了担子。

说到安徽人，我们经常说笑话。我的朋友很多，各地都有，看到湖北人，哦！你是九头鸟啊！开玩笑的，九头鸟不是骂人，是讲湖北人了不起（因为明代有个时期出了八九个耿直的大臣）。我说十个九头鸟抵不过一个江西老表，十个江西老表抵不过一个九江老，十个九江老抵不住一个安徽老母鸡。这是讲笑话，但民间的笑话是真话。

他们安徽朋友告诉我，安徽人很辛苦啊，对自己出身很感慨。你们注意听，重点在这里——"前世不修，生在徽州，十二三岁，往外一丢"，古代的孩子是这样，父母对孩子用心培养，忍心把十二三岁的孩子送出来当学徒，绝没有像我们现在父母对孩子这样溺爱。我们当年也是这样。像我十九岁离开家，十年后抗战胜利才短期回家，以后再没有回去过啊！也没有靠兄弟父母朋友的帮忙，都是自己站起来的。一个孩子要自立，只要希望他有一口饭吃，不要做坏事，出来做什么事业是他的本事与命运。

你们看安徽的朋友，十二三岁就去做学徒了，跟着学商，到外地发展；长到十七八岁或二十岁回来，家里给他订婚了，旧时订婚男女不必见面的。讨了老婆，过个一两年又出来了，出来七八年，甚至十来年才回去一趟。所以安徽的男人对这些好太太都非常感激，老了为她们修个贞节牌坊。

我也是十八九岁自己混出来的，我不是伟人，你看那些伟人们都是自己站起来的，没有什么教育，都是自学出来的。我再一次跟你们讲，不要只是望子成龙、望女成凤。现在讲爱的教育，中国古文有一句话，"恩里生害"，父母对儿女的爱是恩情，可是"恩里生害"，爱孩子爱得太多了，反过来是害他不能自立了，站不起来了。

现在没有时间，简单明了四个字，"语重心长"。你们不是要读古书吗？教孩子们读经，你们自己先要会。我以前讲话，只要说我这一番话是"语重心长"四个字就完了，不要说那么多。话讲得很重，很难听，我的心都是对你们好，希望你们要反思。并不是叫你们不要爱孩子，哪一个人不爱自己的儿女啊！我也子孙一大堆啊！我让他们自己站起来。

大家晓得我的孩子有在外国读书的，有一个还是学军事的，是西点军校毕业。不是我鼓励他，也不是我培养他，他十二岁连ABC也不认得就到美国去了，最后进入军事学校。他告诉我："我不是读军事学校啊，我是下地狱啊！"我就问他说，那你为什么要考进去呢？他说："爸爸啊，我离开家里时向祖宗磕了头，你不是说最好学军事吗？我就听进去了。街上的西点面包很好吃，所以我就想到读西点军校。但是好受罪啊！"没有办法，他也是自立的啊！要靠自己努力出来的。

洒扫应对的生活教育

话不要说长了，现在你们大家都讲读经，讲老实话读经是我发动的，悄悄推广开来，因为中国文化的根根断了，想把它接上去，到现在二三十年了。初期是李素美老师跟郭姮晏校长她们到全国各地去推广的，送书给买不起书的家庭，提倡读经，《千字文》《三字经》啊，是这样开始的。一般人搞错了，以为我们提倡读经，事实上我们是主张读不起学校的贫穷孩子在家里自己学、中文、英文、数学，一齐来，并不是要中国专出诗人。现在到处提倡读经、办私塾，这是错误的，读了经什么学校也不进，科学也不知道，孩子只要会背《大学》《中庸》《千字文》《三字经》《弟子规》啊，就觉得了不起了。这不得了啊！我们没有提倡这个，这叫读死书，死读书，读书死，一定糟糕。

像我们这里，读经也很重要，但是要配合现代的教育一齐来的。你看我们有好几位教外文的老师，孩子们日文也会一点，英文也会一点，这些都要会，我们没有光提倡读古书啊！现在外面提倡，你们千万不要犯这个错误，这样搞，孩子以为自己书读得很好，其实什么都不懂。

教育的目的在生活，孩子来我们这里，先教怎么穿衣服，怎么洗脸，怎么端碗，怎么吃饭。现在的社会，连大人们都没有这些规矩了，鞋子乱丢，东西乱放，自己都成问题，怎么教孩子呢？譬如我们这个地方，前一次办活动来了一两百人，我那个孩子也来了，我走了几圈，碰到他三次，就见他在那里团团转，拿个吸尘器到处吸，说这里的人怎么那么不守规矩啊？地上都是脏的。他看到哪里吸到哪里。我说你不要这样啊，在这里搞不完的。他说他实在看不惯，我说这是生活教育没有做好，鞋子乱丢，垃圾乱丢，穿衣服没有规矩，做人也没有规矩，讲话没有礼貌……这些都是儿童教育最重要的。所以中国文化讲教育啊，小时候的重点在"洒扫应对"，这是古文了。你们希望孩子懂古文，你们自己先要会，洒扫应对是生活，早晨起来要怎么样扫地，怎么样清洁房子，等等。

像这里有位大老板，他大学一年级的时候来我那里，要求参与听课。我不准他参加，因为他上的是最好的大学。我说你好好地去念大学吧，到我这里干什么？他说我已经考上在那里读书了，我到你这里来是学文化的。我说要交学费，学费很高的。他说我没有钱,还有别的办法吗?我说有啊,你在这里打工,因为我晓得考取名校的那个傲慢心理。他答应了,说好啊!就来打工。

他一来,我就让他去洗厕所,洗完了,我亲自检查,跟他说这个厕所没有洗干净。他说马桶里刷不到,我就用手去掏给他看,他一看就傻了,问我:老师啊,你是这样做的吗?我说清洁卫生就是这样做,尤其这一班人乱七八糟,烟头都丢在这里,卫生之乱,你用水冲不掉的。还有洗茶杯,我说这个玻璃杯也没有洗干净。你们洗茶杯,放在水龙头底下这么一冲就好了,茶杯最脏的是嘴唇这里啊!要把这一圈洗干净,洗好还要对着光照一照,看看干净了没有。他现在是上市的大公司的老板,学位也读到外国名校的博士,在我面前他一样给人家倒水,他是接受这样的教育的,这叫"洒扫应对"。

孩子们主要要教他们学会谋生的职业技能,不是读名校,读名校出来又有什么了不得的?那个我们看得多了。生活的教育最好从家庭做起,尤其你们是家长,教孩子更要注重生活的教育。你们不是都读了《大学》吗?自己正心诚意,修身齐家,治国平天下,从本身做起。这是临别赠言,我讲话很直,对不起啊,这是我所看到的现象。

学佛应以佛为师

还有,这几天他们学校好意,晓得你们大家心里的需要,让我给你们贡献了一点静定的方法,就是我前天讲的《大学》,根据中国儒家传统来的。你们之中有学佛的,不要乱学,我摸了一辈子,什么密宗啊、禅宗啊,我都深切地参透过。为什么?我十几岁就出来,求学几十年了。譬如你们说,传授各位"心中心

三、对学生家长研修班讲话

咒"的是大愚法师的徒孙,大愚法师是我的好朋友,他是太虚法师的弟子。抗战的时候,他在四川成都隐居。佛门早晚课诵有十个小咒,其实都是大咒。你们只学了一点儿,不要说自己学了"心中心"了,或者说学黄教密宗了,不要搞这一套啊!修身养性不是搞迷信的,你们要研究就好好去研究佛经,研究《楞严经》《楞伽经》啊,我写的书都有,好好研究。

大家连书都没有读清楚,都想随便问问题,用功也没有好好上路。静定修养是修身养性之学,不要搞宗教迷信,什么禅宗啊、净土宗啊、密宗啊,这个法师啊那个和尚的,你们学佛,佛经自己有嘛,所谓佛经就是当时佛的弟子们问问题,把他的回答记录下来。佛的弟子们问佛的问题,也同你们诸位一样,自己身心修养有问题,当面请教,当面记录下来,流传后世,就叫作佛经。你如果找了什么老师,说这个人有什么了不起的修行,我不相信,你必须找佛嘛,释迦牟尼佛是各宗各派的根本上师,去看佛经嘛,不要迷信了。

我们学佛的人有一句话,南无本师释迦牟尼佛。我说东西方文化有五个老师,老子、孔子、释迦牟尼、耶稣、穆罕默德,都是我们的老师。我们学佛称佛为"本师",根本的老师;中国人称孔子为"先师",最初的那个老师,这个道理要懂啊。现代人常常讲,这一个得了道了,那一个有工夫,哎呀!你如果问我某某法师怎么样,我不会答复你,我只有一句话,你不要问我,大家都要吃饭。你们懂了吧?留一条路给人家走,这个话聪明人一听就知道很严重了,所以你不如自己看佛经,不要乱听,关于修行修养的方法要多去读书。

今天就我所看到的来讲,修行、学佛法,什么是佛?心就是佛,不管密宗、禅宗,最高的佛法,此心就是佛。不是这个佛像哦!我现在为什么在这个台子上摆一个佛像啊?这个是象牙佛,做样子的。为什么做样子？因为有许多学佛的人来上课，很执著，要向我拜拜。我一辈子不接受人家礼拜，因为我是一个普通人，很平凡的一个人，绝不愿意为人师，所以我摆个佛在前面，你拜是拜它，不是拜我，同我没有关系，是这个意思。我在这里放一个佛像，你也拜，我也拜，大家拜的是本师释迦牟尼佛。我不接受人家恭敬的，接受人家的恭敬，人家说南老师你了不起、起不了，最后自己真的起不了了，不要搞这一套。

这次很有缘看到诸位，我这些话讲得不好听，但语重心长。学校的李老师带领你们，讲到了静定，我是怕你们又走上学佛学工夫的路线了。学工夫不是那么简单的，什么叫工夫你们知道吗？我告诉你一个定义，先有一个方法，加上信心信念，再加上练习，加上时间，再加上实验的结果，这么一个程序叫作工夫。并不是说学会了某个秘密的法门，明天就能够成佛得道，不是那么简单的，等于你读书一样。

你们家庭都很好，生活无忧，尤其是妇女们，回去要研究，怎么样建立一个融合新旧文化的家庭。至于孩子们的教育，放心，你们的孩子都很好，将来孩子的前途，他做圣人也好，做英雄也好，靠他自己成长。

（整理：赵培珍）

四、对学生家长讲话

二〇一〇年一月廿五日至廿七日

第一天

请注意两本书

三纲——明德 亲民 至善

八目——八个方向

格物 知 定

四、对学生家长讲话

诸位请坐,不要客气。

人老了一切都糊涂,这一句话是笑我自己。我们为了中国后一代的教育,所以在太湖大学堂办这个国际实验学校,实验我们儿童教育的理念,是希望承先启后,继承自己中国文化的精华,并吸收西方各地文化的精神,建立一个新的教育风气,以开启我们后一代的兴旺太平。

因为郭校长他们很热诚,从上一次开始,办了父母跟孩子的亲子活动,我都赞成,这是好事。那么这次又办活动。不过现在一听,发现原来诸位是对打坐修养身心这一套有兴趣,这是个很严重的事了。全世界只要讲到修身养性的道理,都很容易迷倒人的。我怕大家走错路,今天又对郭校长说,我以为这个亲子活动只是关于父母跟孩子教育的,结果牵涉到大家个人的身心修养,这当然也是一个重大的教育问题,但你搞大了,麻烦也大了,因为这个问题很严重啊!

我年纪大了,直话直讲,我认为现在的教育出问题,不在孩子,而在家长。对不起,先请大家原谅,我这个人讲话很直爽,我认为现在中年以上的家长本身就有问题。我们中国近一百年来,传统文化被自己推翻了,又被西方的科技工商发展弄迷糊了,整个国家上下近一百年来很茫然,教育也好,人生也好,没有方向了。现在是跟着利益跑,唯钱主义,有钱就好。我们居然走上这样一条路线，真是非常严重的问题，但也无可奈何。

我发现大家有个错误观念，以为南怀瑾是个学佛打坐搞修道的人，想跟他学一点修身养性，如不能成仙成佛，也至少祛病延年。这个观念错了，不是这样一回事。我从昨天晓得以后到今天，就自己反省，我太马虎了，郭校长他们太热诚了，这活动本来是个好事，可是搞严重了。

请注意两本书

大家真的要学，就千万不要认为这一套是长生不老之学，什么健康长寿、成仙成佛，不要存这个希望。我活到九十多岁，一辈子都在找，也没有看到过仙佛。那么有没有这回事啊？有，但是找不到。

仙佛之道在哪里？今天正式告诉大家。我的著作很多，大家要学修养身心，重点是两本书，请诸位听清楚，一本是《论语别裁》，讲圣贤做人、做事业的行为。书名叫作"别裁"，是我客气谦虚，也是诚恳真话；我不一定懂得中国圣人之道的传统，不过是把我所了解的解释出来，其中有许多解释与古人不同，有的地方推翻了古人，很大胆，因此叫作"别裁"，特别的个人心得。譬如一块好的布，裁缝把它一块一块裁剪了，重新兜拢来做成衣服。我在序言里也讲到，我不是圣贤，只是以个人见解所了解的中国文化，做人做事是这样的。所以你不管学佛修道，先读懂了《论语别裁》，才知道什么叫修行。

现在有个流行的名称叫"粉丝"，据说外面我有很多粉丝，其实都是假的，他们自欺欺人，我也自欺欺人，他们连《论语别裁》都没有好好看过、好好研究过。因为我这一本书出来，之后外面讲《论语》的多起来了，各个大学都开始讲《论语》，我也很高兴。《论语》真正是讲圣贤做人做事的修养之道，也就是大成至圣先师孔子的内圣外王之道。孔子是中国的圣人，在印度讲就是佛菩萨，在外国就叫作先知，在道家叫作神仙。可是儒家的传统上，只把大成至圣孔子看做是一个人，不必加上神秘外衣，他就是一个人。

《论语别裁》是我很重要的一本书，另一本非常重要的是《原本大学微言》。诸位如果说对我很相信，请问《原本大学微言》读过吗？不要说读过，翻过吗？看得懂吗？要问打坐修行修养之道，《原本大学微言》开宗明义都讲到了。

今天我仔细反省的结果，不要给大家一条错误的路线，因此我叫郭校长发给大家《大学》这一篇，你要先把这个搞清楚。我从八岁起就读《大学》了，从这个宗旨来讲，佛的道理不离它的。

（师朗诵）"大学之道，在明明德，在亲民，在止于至善。知止而后有定，定而后能静，静而后能安，安而后能虑，虑而后能得。物有本末，事有终始，知所先后，则近道矣。"这是第一节，要会背，你们教孩子要会背，自己也要会背。每个人朗诵着读，不是唱给人家听，朗诵的时候自己要晓得。

《大学》之道是大人之学。中国古代的传统，周朝以前的教育是八岁入小学，到了十八岁由童子变成大人了，开始教《大学》，教你如何做一个人。

三纲——明德 亲民 至善

我刚才读的《大学》第一节有三个纲要，叫作三纲："大学之道，在明明德，在亲民，在止于至善。"怎么解释呢？我们几千年来很多人解释这一本书，在中国文化中，它是内圣外用之学，由一个普通人变成圣人，就是超人，超人就是仙、就是佛了嘛。但儒家不加宗教的花样，仙啊、放光啊、神通啊，都不谈的，只是说如何做一个人。"大学之道，在明明德"，什么是明德呢？明德就是得道；明德以后去修行，起行，做济世救人的事就是亲民；止于至善是超凡入圣，变超人，天人合一了。这是讲从一个凡人成为知道生命来源的圣人的三个纲要，叫三纲。

大家要学佛，对不起啊，我请问一个问题，不是质问，是请教。哪一位朋友简单明了告诉我，什么叫佛？想学佛嘛，佛学要懂哦！先要知道什么是佛。自觉，觉他，觉行圆满，叫作佛。佛在印度文叫 Buddha，现在的翻译叫佛，老的翻译叫佛陀，也就是我们唐朝的音，意思是明德，亲民，至善，自度度他，自利利他，功德圆满，智慧成就。不懂这些基本原理，一味盲目地打坐修行，你成个什么佛啊？

"自觉"是自悟，自己悟了，所谓证得菩提就是悟了，找到生命的根本；"觉他"是度一切众生。在《大学》呢？明德就是自觉；亲民就是觉他；自己悟了，证得菩提，行为、功德做到度一切众生，利益大众，这些都完成了，止于至善，这样叫作觉行圆满，就是佛。换句话说，自利，利他，功德智慧圆满，就是"大学之道，在明明德，在亲民，在止于至善"。所以佛学跟《大学》所讲的一模一样，不过大家不懂得自己的文化，中国本来就有的啊！讲佛也好，神仙也好，都离不开它的范围。自己没有中国文化根本的基础，想去成仙学佛，搞打坐，那是干什么呢？自误误人。

不过反过来讲，学打坐也对啊。他说"大学之道，在明明德"，怎么明呢？道怎么得呢？怎么明白生命的根本意义呢？"知止而后有定，定而后能静，静而后能安，安而后能虑，虑而后能得"，这不是都讲得明明白白吗？就此一路过来得到那个明德，得道了。好！你看他的方法，也就是打坐的方法，知、止、定、静、安、虑、得，一共七步工夫，七证。所以后来佛学说修禅定，这个禅定的翻译就是从"知止而后有定"来的，用《大学》的啊，所以禅定也叫作静虑。

这一段，大家要背来。"大学之道，在明明德，在亲民，在止于至善。知止而后有定，定而后能静，静而后能安，安而后能虑，虑而后能得。"这个修养工夫的程式，也就是求证大道的学养步骤，都跟你讲完了，一步一步，就得到道，得到明德了。这是讲内圣之学，自己内在的修养工夫。

八目——八个方向

跟着三纲还有八目，就是八个方向。怎么样能够达到打坐工夫的境界，达到圣人的学问和修养的程度呢？"致知在格物，物格而后知至，知至而后意诚，意诚而后心正，心正而后身修，身修而后家齐，家齐而后国治，国治而后天下平"，这叫八目，格物，致知，诚意，正心，修身，齐家，治国，平天下，八个大项目、大方向的外用之学。

这一段内容，你可以当成咒语念，是真的哦！我书上提到过这个故事，现在讲给大家听一下。

我年轻的时候同大家一样，到处求师，求神仙，拜菩萨求佛，要修行，找门路。当时去大后方，经过长江湖南的边缘地带，有一派修道的人，里面有个神仙，徒弟很多，据说有神通，本事很大，很多人生了病找他，他会画符念咒，拿一杯水，嘴里念，手在水上画，喝了病就好了。真厉害，好像小病都喝好了，我心里想，这是什么咒啊？是不是出家人的观世音菩萨大悲咒啊？所以我非拜门不可，非求这个法门不可，磕头花钱，向他求了半天。我这个膝盖太容易了,我说骗人最好用的,一跪磕头,叫一声师父,就把他哄死了,什么都告诉你。但是我自己一生不上这个当的,大家不要跟我磕头,我不是佛,也不是圣人,更不是神仙,我是专门给别人磕头的。

转回来讲,拜门吧,花多少钱都要学。他说:"六耳不同传啊。"什么叫六耳不同传?你磕了头花了钱,过来跪在旁边,只对着你一个人的耳朵讲。先传你五个字的口诀,这个是秘密、密宗,然后传你咒语,你也会画符水给人家治病。诸位学会可以去试验啊,但是不能对外讲的,我现在关起门来告诉大家(师微笑作神秘状)。我规规矩矩跪着,原来五个字的诀是"观世音菩萨","南无"都不要念了。

哎哟!我一听,这个我祖母就会,我妈妈也念,还等你教我?"咒呢?""大学之道,在明明德,在亲民,在止于至善……自天子以至于庶人,壹是皆以修身为本。"就是这一套。我一听,整个心都凉了,这我八岁就会了,还要你传我这个咒?!我想我给人家念一定不灵,因为我不信嘛。

当时我年轻,学了以后笑一笑,也磕头谢师,不理这一套,拿现在讲法,这玩意骗人的。不过我错了,学佛以后明白他没有骗人,为什么?佛法说"一切音声皆是陀罗尼(咒语)",《大学》也说"意诚而后心正,心正而后身修",我的意已经不诚恳了,所以不灵,意识一诚恳就是精神起了作用,所以《大学》这段话也是咒语,真话!

这是我年轻时经历的一段故事。所以念咒子啊,找这个仁波切,那个活佛,拜那个师父,统统都是形式,只要你诚意,正心,修身,齐家,就可以做到"致知在格物"。大家打坐,这里酸那里痛,心里根本没有诚意在打坐啊!你是在管自己的身体,想练出一个什么工夫来,意不诚呀!

那怎么叫"致知在格物"？研究这一段吧，"古之欲明明德于天下者，先治其国，欲治其国者，先齐其家，欲齐其家者，先修其身，欲修其身者，先正其心，欲正其心者，先诚其意"，注意这个"意"，"欲诚其意者，先致其知，致知在格物"，然后"物格而后知至，知至而后意诚"，反过来说了。现在我抽出中间这两段，一正一反，一来一去，要特别注意！致知、诚意这两个就是学习静坐，乃至成仙成佛、健康长寿，这是一切修养工夫的基础。

现在大家手边有这一篇吗？我们一起读一下，背一背。（指某人）你领头来念，念到天下平。

（众念）

格物 知 定

什么叫"致知"呢？"知"就是知性。诸位都是父母、家长，总算带过婴儿，我们自己也做过婴儿，当时的情况忘记了，但现在应该可以回想得起来。

我们生来就有个知性，做婴儿的时候，肚子饿了晓得哭，冷了也晓得哭，这个知性本来存在的。这个知是思想的来源，就是说，这一知，我们普通话叫天性，没有一个人没有的。当我们入娘胎，变成胎儿的时候已经有了，先天就带来的，只不过在娘胎里十个月，出生的时候把这十个月的经过忘记了。同我们现在一样，做人几十年，许多事情会忘掉，尤其娘胎里的经过，几乎每个人都受不了那个痛苦的压迫，都迷掉了。但这个知性并没有损失，当一出娘胎的时候，脐带一剪断，知道冷暖与外界的刺激，就哭了，哇……受不了一哭叫，知性就起作用了。然后旁边的大人把我们洗干净，用布包好，衣服穿上，喂奶，舒服一点，不哭了,都知道的。所以饿了就会哭,就要吃,这个知性是天性带来的。

打坐怎么样得定啊?致知。刚才念过"致知在格物",对不对?那么什么叫格物呢?不被外界的物质所引诱牵引,叫格物。我们的知性很容易被外界的东西所引诱的,譬如我们的身体,打起坐来酸痛、难受,身体也是个外界的物啊!

大家马上可以做个测验,当你坐在那里腿子酸痛、一身难过的时候,突然你的债主拿把刀站在前面,非要你还钱不可,不还就杀了你,你立刻都不痛了,为什么?你那个知性被吓住了。身体的痛是物,何况身外之物啊?当然一切皆是外物了,所以"致知在格物",就是不要被身体的感觉以及外境骗走。

"物格而后知至",把一切外物的引诱推开,我们那个知性本来存在的嘛。你打起坐来,知性很清楚,不要另外找个知性。所以先把这个知性认清楚了,再讲打坐。为什么要打坐呢?知性要打坐,我想打坐;为什么来学这个呢?因为我追求一个东西。这样一来你已经上当,被物格了,不是你格物,是物格你,把你格起来了。所以"致知在格物","物格而后知至",把一切的感觉、外境都推开,你那个知性清清楚楚在这里,姑且可以叫作像一个得定的境界了。

"知止而后有定",这时候,你那个知道一念清净的,就是知性,一念清净就是意诚,念念清净,知性随时清清明明,不被身体障碍所困扰,不被外面一切境界所困扰,也不被自己的妄想纷飞所困扰;"意诚而后心正",什么都不要,这个就是心正;"心正而后身修",这样我们身体的病痛、障碍、衰老,慢慢就会转变过来。转变过来以后,打坐起来当然有反应,但如果拼命只管身体的反应,就没有格物,又被物格了。这样听懂了吗?"意诚而后心正,心正而后身修",这些都是工夫啊。要修多少时间呢？不一定的。

"身修而后家齐"，这个明天再讲，里面包括大家怎么教孩子。

修身，正心，诚意，后世的儒家称之为天人之道，天人合一。现在，我给大家讲我们中国文化本有的儒家的道理。我几十年都懒得讲，因为几十年来大家忘了根本，只喜欢看我写的那些佛经之类的书。我那些书不是弘扬佛法，讲佛经也不是弘扬佛法，是叫大家不要迷信，这一套我们自己本来就有的，是大家没有搞清楚。

中国文化讲修身养性，是身和心两个方面。静坐修心是一方面，这个要有一定的工夫才能做到；一般做不到修心的，就必须起来应用。所以这一次我们实验学校的郭校长，与教少林功夫的王老师配合，教大家易筋经。什么道理啊？就是修身。身的方面是合理的运动，不是强烈的，强烈运动有时候伤身体，譬如西洋的运动，跑步，跳高，打球啊，有时候比较剧烈。像中国少林武当这套内养的功夫，是修身的道理。所以有一句话"动以修身"，运动是在修身；"静以修心"，打坐是修心；"身心两健"，身体健康了，心理也健康了；"动静相因"，动是静的因，静也是动的因，动静互相为因果。

今天我们反省下来，要回转来走自己文化的旧路，就是我们中国几千年来的传统文化。给大家的这一篇是孔子传给学生曾子记下来的《大学》，是四书五经之一。我们当年受教育，八九岁就读这几部书，《大学》《中庸》《论语》《孟子》，都是讲内圣外用的修养之学。

前面先给大家提一点知性，至于你身体的障碍，坐起来这里不舒服、那里不舒服，对不起，要注意了！大家到了中年，身体都有问题，同我一样衰老了。小孩子年轻，身体障碍小，但心理躁动不安静；人到中年，心想安定，但身体已经不答应了。为什么不答应呢？因为大家玩了那么多年，吃喝玩乐，坏事也做得不少，好事却做得不多啊，是该受一点果报了，所以会痛一下，酸一下。那就赶快做运动，再求静坐。

先介绍《大学》这一段，大家回去要多读《原本大学微言》。找我的人多半是看佛经的，这一本《原本大学微言》出版以后，没有人提出来向我讨论；出书到现在十几年了，没有一个人问过我，你就可想而知了。这是文化的根本啊，很可怜吧！问我的都是怎么样打坐啊、前面看到光啊、下面放个屁啊，都是这一套问题。没有人问过我什么是大学之道，什么是"物格而后知至，知至而后意诚"这些内容。

今天先讲到这里，休息一下，还有王老师《易筋经》的课。

第二天

生死问题
认清名称含义
谁能掌握自己的生死
修行初步——诚意 正心 知止
保持文化的女性
家庭教育的重要
达摩与格物之道

我们昨天晚上提到中国传统文化的根本——大学之道，同佛学是一样的。大家好像学佛的很多，想打坐修行的很多，不晓得大家读了《大学》以后有什么感想？因为时间很短暂，明天只有一天，后天大家就打道回府了。我想告诉大家的太多，时间来不及，所以我们留个十几分钟的时间，大家有什么问题现在可以提一下，有什么问题没有？

（大众默然）

生死问题

我想问题很多啊！刚才我在那边，李素美老师告诉我，大家大致都想念佛，或者念咒子、念准提咒，想问的是这些问题。我一听笑了，那就说明对于《大学》还没有搞清楚。我没有答复她。李老师又告诉我，有人问，为什么古代修行的人，要死的时候，自己先晓得时间？他们生死之间，生谈不上，当然做不了主，死的时候，盘腿打坐或者是不打坐，如何能预先知道要走？她说有人想问这一些问题，她又很谦虚地说，老师啊，我也答复不了。她把问题留给我，把皮球推到我的手里来。

这些问题就是《大学》讲的诚意正心的道理，不管他是修佛家的、道家的、密宗的、禅宗的，修到了知止而后有定，普通都能做到"预知时至",晓得死的时间。当然这是指那些专修的人,多半是出家人,或者在家的老太太、老头子,而且还是女性多一点。男女有差别的,男人聪明,讲道理、求智慧容易一点;女人比较内向,讲打坐得定比男人强。男人是定差一点,女人是慧差一点。

大家现在问的是死的问题,没有问生的问题。孔子早已说过"未知生,焉知死",你看,没有一个人知道自己怎么来投胎的,所以生死问题是两头,佛学对生死讲得最透彻了。

认清名称含义

很多人喜欢学密宗,什么仁波切、活佛,我叫大家不要迷信。说到学密宗,密宗的红教、白教、花教、黄教,我统统内行,还不止内行,是被认定有资格做上师的。但是我不来这一套,很不喜欢玩这个形式,因为我这些都很清楚,所以才叫大家不要随便相信。

仁波切是西藏的名词,就是法师的意思,现在也称大师,称善知识。大家学密宗不要迷信。活佛是元朝开始受中国皇帝册封的,承认这个人是前生有修行,再来投胎的出家有成就的人。封他藏文名称叫"呼图克图",翻译成汉文就是肉身菩萨、肉身佛,换一句话说是"再来人"。中国历史上真正被称为呼图克图的没有几个人,最初封活佛的是大宝法王,元朝的八思巴是第一个,是元朝封的呼图克图。大家现在迷信,看到喇嘛就是活佛,我说大家是糊里糊涂,不是呼图克图。学密宗如果随便认个喇嘛当成上师、当成佛,或者随便认一个出家人是现在佛,那是犯戒的。真的学密宗很严重哦!随便当人家老师是有罪过的,随便收徒弟也有罪过的,随便拜人家为师也有罪过的,是害了别人,戒律很严格。

为什么讲到这些？因为呼图克图就是生死自由的再来人。怎么叫再来人？入胎不迷，自己有意来投胎的。譬如释迦牟尼佛来投胎，有意来的，自己清楚，没有迷；住胎也不迷，在娘胎里十个月，等于在禅堂打坐，他清楚得很，没有昏迷过；出胎也不迷，当妈妈生他的时候，出胎是很痛苦的，但他没有迷掉。佛经上讲释迦牟尼佛一出生，当下就走七步路，他一手指天，一手指地，讲了两句话——"天上天下，唯我独尊"，然后不讲话也不走路了，又同普通小孩子一样。这是有名的佛经故事，现在人不会相信的，可是真的哦。

佛法讲无我，那么释迦牟尼佛讲"天上天下，唯我独尊"，不是很傲慢吗？不是！人的生命有个本来的我，这个肉体不是我，肉体是个影像。找到生命本来的真我，就叫得道，就叫证得菩提，大彻大悟。真我是本来的我，所以说释迦牟尼佛出生的时候，已经把佛法讲完了，"天上天下，唯我独尊"。学佛的目的是找到自己的真我，不要被肉体的假我骗了，也不要被这个物质世界的假象骗了，才能生死来去自由。

谁能掌握自己的生死

如何能生死来去自由？这个问题问得太大了，那种修行是要专修的。不过我告诉你，不只出家学佛做得到，道家的神仙同样做得到，儒家的圣贤也做得到。

大家读书太少，所以不知道，以前许多在家人，如宋明理学家，读完儒家的《大学》《中庸》，既不学佛，也不修道，只走《大学》这个路线。譬如有名的明儒罗状元（洪先），江西人，父子两代都是状元，他后来不做官，专走儒家这个路线，也等于出家人一样。传说他死了以后几个月，有人在别的地方碰到他，不晓得他死了，还跟他讲话，"状元啊！你怎么在这里？""是啊，我来玩玩的，你家里都好吗？"两个人随便讲些客气话。结果这人回到家乡才知道，罗状元已经死了好几个月了。儒家的这种修行，有记载的也很多，这就是生命的真我修到了。

怎么修到的？就是大学之道，"知止而后有定，定而后能静，静而后能安，安而后能虑，虑而后能得"。"得"就是达到这个境界，没有什么稀奇，可是要专修。那么在家有男女关系，有家庭关系，可不可以做到呢？也有。大家读书太少，中国历史上蛮多的，我也看到过。我说我一辈子读书，最佩服的是乡下那些老太太、老先生，一个字不认识，诚诚恳恳做一辈子老实人。你说，阿婆啊，你这样好辛苦啊！"哎呀，你们好嘛，我们是这个命嘛。认命，命就是这样，我不苦，命不好，我的命就是这样。"就是这一点信仰，诚意，正心，而做到来去自由的很多。

最怕是像我们大家似通不通，尤其现代人受的教育，似是而非的，知识很渊博，欲望也非常大。生在这个时代大家很有福报哦！你看科学的发展，有这个灯光，这个建筑，以我来讲，做梦都梦不到。我是乡下出身的，从小读书，哪有电灯啊！也没有煤气灯啊！是在三根灯草的青油灯底下读书的呀！后来天上有了飞机，那时不叫飞机哦，叫飞轮机，很稀奇啊，外国有人会在天上飞！轮船也没有见过，我是海边人，后来听到海边"呜……"全体跑出去看，是火轮船来了。我从小在最古老的生活里出来的，到现在人都上天了，到月球了，你看这一百年的变化多么大。

大家生在这个时代，知识很多，欲望烦恼更多，然后又想打坐成佛，想知道生死来去，太严重了！所以以我看来，这一代人更可怜，困在物质享受、求名求利之中，要健康、要卫生，这个是维他命、这个维你命、这个维我命，这个不营养、那个营养……哎呀！我们那时哪里晓得这样！大家说水要干净，我就笑，我们那个地方水就脏得很，河里头上面洗马桶，下面在洗米呢！我还是这样长大的。我就从来没有太讲究卫生，吃饭苍蝇到处飞，赶一赶就是了。嘴里骨头吐在地下，下面狗啊猫啊一起吃的，我说我从来没有觉得什么不好啊。你到普通老百姓去的菜市场里看看，有些卖肉卖鱼很忙碌的老板们的小孩子，在那个阴沟上面爬来爬去玩得很开心，一脸黑黑脏脏的，但是他们长得非常健康啊！倒是大家太讲究了，反而很多病。

这个时代的变化太大了，所以问到生死问题，先跟你讲这个。当然我也没有死，这个经验还没有。当年我们跟日本人打仗，我的一个朋友，黑龙江人，是东北义勇军马占山的一个参谋长，十九岁出来当义勇军打日本人；当时东北是日本占领的沦陷区。我说，你十九岁怎么打日本人啊？他说，恨死了！我们要做义勇军，没有枪，没有弹，我们拿把斧头，三个人爬到城墙上，看到两个日本兵站在那里，到了半夜，我就拿一把斧头跳下来砍死一个日本人，再一斧头又砍死一个，两把枪拿来开始当义勇军。他非常勇敢。

然后谈到生死问题，我们一起带兵嘛，我说，你老兄，我真的很佩服你勇敢。他说，死有什么可怕，我现在人生什么经验都有了，就是缺乏一个经验，死；我正想求这个经验。多可爱啊！我还有机会看到自己怎么死，喜欢打仗死在战场上。当时我们一边吃饭一边谈，不是吹牛的，都是真话。最后到了晚年，他自己还是挡不住物质的诱惑。我就笑他，你带兵打仗有千军万马不怕死的经验，却受不了物质欲望的引诱。我讲得他眼泪掉下来了。

他沾了一个不好的嗜好，我要他戒掉，他不肯戒，我陪他七天七夜，把门关起来，不准他离开我前面一步，但是到最后我对他还是无能为力了。所以，能不怕生死，却不能抵挡物质欲望的诱惑，这是很严重的问题。

修行初步——诚意 正心 知止

这次没有很多时间跟大家多讲，现在回到《大学》。"知止而后有定，定而后能静……"这一段大家昨天回去都读过吧？还是不问你们吧，我假定诸位都读过了。

你看下面，"古之欲明明德于天下者，先治其国，欲治其国者，先齐其家，欲齐其家者，先修其身，欲修其身者，先正其心，欲正其心者，先诚其意，欲诚其意者，先致其知，致知在格物。物格而后知至，知至而后意诚，意诚而后心正，心正而后身修，身修而后家齐，家齐而后国治，国治而后天下平。自天子以至于庶人，壹是皆以修身为本"。中国传统文化同佛法一样，把上自天子皇帝，下至庶人普通老百姓，都看作是一个人，都要先以这个文化做根本，这就叫内养之学，佛家称为内明。

"其本乱而末治者，否矣"，没有做到这个根本学养，只求外面的知识，那是舍本逐末。换句话说，一个人没有内圣修养的工夫，却想齐家治国达到天下太平，没有可能的！所以这些内容大家必须仔细参究，它本身就是一个大悲咒。

"此谓知本，此谓知之至也。"知，就是知性，刚才大家问生死问题，我讲世界上有些修行人，预先知道自己死的时间，这叫作"预知时至"，这就是知性问题。知性修养好了，打坐工夫有定力了，知性就清明；知性清明诚恳，意诚了，一念专一就会有神通。儒家《中庸》也告诉你可以有神通,"至诚之道可以前知",达到诚意正心,什么都可以预先知道了。

先大概答复一点刚才李老师代表大家问我的问题,但我今天来,主要跟大家讲话的目的不是这个。我有一本书,昨天讲过的《原本大学微言》,大家都说看我的书,都喜欢学佛打坐,如何盘腿修行,这个是末,不是本,本是"修心养性"四个字。儒家讲修心养性,学佛的叫明心见性,道家神仙叫修心炼性,都是一个道理。我写《原本大学微言》,讲一个重点的问题,大家回去找这本书看一看,这些修养工夫都在上面,我讲如何知,如何诚意,如何修身,花了很大的精神。

保持文化的女性

我这本书又有个重点,是批评中国三千年的帝王朝代,以及现代人讲的民主自由问题。我还提出来,中国文化得以保持三千年,很大程度上有赖于女性,这个很重要了。

大家没有好好看我这本书,一个家庭有个好主妇、有个好妈妈,才可以讲齐家之道。男人是英雄,征服了天下就做皇帝,但把这些皇帝的账算一算,除了周朝的天子周文王一家,没有几个好皇帝好家庭的。秦以后,汉、唐、宋、元、明、清,大家可以翻开历史来对证看看。不过中国历代都有好的主妇,所以讲到中国的教育,齐家之道,母教最重要,有个好的女性很重要。像影响我很大的是我的祖母和我的妈妈,当然父亲影响也大,但是不及我的祖母跟母亲。现代女性教育很普及,可是女性反而很难做好贤妻良母,将来就更难了。所以我在《原本大学微言》中,把历史上这些王朝以及家庭大概拿来批判一番,是为了让大家知道母教的重要,女性的重要。

大家学佛，虽然读书不多，但念过《金刚经》吧？佛是转轮圣王，转轮圣王就是治世的帝王，所以释迦牟尼佛生下来，算命看相的说，这个孩子将来长大应该做转轮圣王，统治全天下，则天下太平；如果不做转轮圣王就要成佛。成佛是干什么呢？走教育、教化这一条路线，也就是师道。

中国文化三个道路，一个是师道，做老师教化、教育，超然的；一个是君道，做治世的转轮圣王，那是好的帝王，不是普通的领袖；再一个是臣道，做个好的宰相，辅助圣君使天下太平。君道的转轮圣王是非常重要的，第一个条件就是要有个好太太；转轮圣王有七宝，第一宝就是女宝，好的夫人，这太难了。所以我写《原本大学微言》提出来，中国这么多皇后，算是好皇后的，第一是朱元璋的太太马皇后，第二是刘秀的太太阴丽华，当然唐太宗的皇后也不错。所以齐家之道是最主要的，要有好的教育。但要做到齐家是非常难的，我预言过，二十一世纪起，不止中国，整个世界都没有婚姻制度了，将来都是拍拖一下就好了，没有家庭了。

齐家之道在女性，因此一个家庭要有一个女性主持。不止中国，你看十九世纪以前，西方的法国、德国、意大利，还有美国、英国等也都有好主妇啊，可是儒、释、道三家，以及天主教、基督教都是重男轻女的，包括佛教在内。佛教说女人不能成佛，我不认同，佛经上明明说过有女人成佛的啊！又说女人不能出家，我也不认同；即使释迦牟尼佛现在再来，我还可以跟他讲，这个怎么搞的？你可以方便说，但不要搞错了。诸位，现在整个人类社会已经在变了，时代女性受了教育以后，所谓"男主外，女主内"做不到了，贤妻良母也做不到了。未来没有家，也没有夫妻制度，生活都乱了。所以讲女性的教育，与带孩子的关系问题，实在太严重了。

家庭教育的重要

　　大家都希望对后代好，崇尚西方文化讲求爱的教育，可是对孩子不一定是爱才好哦！大家也晓得读经，《三字经》读过吧？"养不教，父之过，教不严，师之惰"，养孩子不晓得教育，是父母的过错、罪过，所以"养不教，父之过"是针对父母，尤其针对母亲；"教不严，师之惰"，教育不严格，是讲老师的问题。

　　现在西方文化拼命讲爱的教育，什么是爱啊？大家现在太爱孩子了，望子成龙，望女成凤，说明没有懂得儒家的道理。《大学》上告诉我们，"人莫知其子之恶，莫知其苗之硕"，一个人不晓得自己儿女的坏处，更不晓得自己儿女的缺点，因为自己被爱心蒙蔽了；一个种田的农夫，虽然自己种的稻子天天在长大，但他也看不出来。所以爱心太过，反而会害了孩子。其实孩子的缺点就是我们的缺点，这是基因的遗传来的。教育要靠自己的智慧，想要孩子好，不是光有爱心，一味的偏爱，光知道原谅孩子；孩子发表意见，可以有他的自由思想，但不是完全绝对自由。因此教育的问题不要完全寄望于老师或学校，而是要寄望在自己身上，寄望在自己的家庭。

　　中国的教育从胎教开始，这已经给大家讲过了，佛家同儒家讲的一样，一个孩子在娘胎里就要开始教育。《礼记》里早有记载，依照中国上古的道理，女性一怀胎，习惯就要改，看的书也不同了。其实胎儿在娘胎里三个月，已经知道了，五六个月以后，父母吵架等种种行为，好事、坏事，他都清楚知道，这是知性，意识已经成长，不过他出生就忘记了，可是那个影响染污得很深。所以中国文化教育是从胎教开始，父母两个的意见，一切言谈、行为,不断地影响孩子,这种影响就是教育,就是我讲《大学》的齐家之道,是要靠我们自己,靠自我内圣的修养来完成。

顺便讲二三十年前我在台湾遇到的一件事。我的一个学生从师范大学毕业,去做老师了。有一天他回来跟我讲教育的困难,他说看到有个孩子在学校里爱骂人,国骂。所谓国骂,台湾当时术语叫三字经,"他妈的",连对老师说话也是"他妈的",对校长讲话也是"他妈的"。这个老师受不了啦,跑去访问他父母。他父亲出来,刚开始还非常客气,一坐下来就把大腿裤子一拉,袜子一脱,一边抠脚一边说,老师啊,对不起,他妈的我儿子实在不好,我对儿子说:他妈的,你是不是在学校骂人啊?儿子对父亲说:他妈的我没有骂人啊!他妈的现在就骂人了。他妈的我现在没有骂啊!这个老师赶快拔腿就跑了。原来他家里就是这样,父子两个,你一句他妈的,我一句他妈的,都觉得没有骂人啊!这就是教育。所以大家寄望学校来改进教育影响孩子,很难。

教育从胎教开始,孩子的生活行为与父母家庭的教育关系太大了。譬如一对父母都忧郁内向的,那个孩子在旁边长大很难受啊。后来我告诉我的学生说,我有经验,我父母都非常好,是了不起的父母,可是有一次我在书房里看书,我父亲跟母亲不晓得什么事吵架了。我难得听到他们两个人吵架,那时候我还很小,记得很清楚,他们吵得很厉害,我正在看书看得痛快的时候,看到父母两个吵架,一下子火来了。我往吵架的父母两个中间一站,说:不要吵了,你们两个人吵什么东西!当时是莫名其妙,我自己也不知道怎么发了这个坏脾气,就站在中间两手一拦,对父母好像对普通人,吵什么!我父亲是非常严厉的人,非常威严,我这样一吼,他真愣住了,瞪着眼睛看我,讲不出话来。我母亲也不敢讲了，把背转过去，两人就不吵了。

当天晚上，我父亲告诉我：你长大了，现在你犯错误什么的，我不会打你了，只给你讲道理。他后来对我讲话态度非常慈悲，也非常庄严。听了他这样讲，我眼泪也掉了下来。（师讲到此处，音声哽咽）现在我讲到这一件事，好像回到当年与父母相处的情景。当时我眼泪掉下来，不晓得为什么，觉得是很严重的一个问题，心里讲不出一个道理来。我的父亲看见我掉眼泪，他笑了，过来帮我把眼泪擦了，说：去读书，好好看书去，没有事。我这个话就说明家庭教育的重要，父母的行为，会影响到孩子。

西方教育方法讲爱，但教孩子不能完全单纯靠爱心哦！我们的古书里有一句话要记得，四个字，"恩里生害"，父母的恩情就是爱，过分的恩情，过分地爱孩子，反而会害了孩子。该严厉的时候严厉，不严厉的时候用爱，这是讲齐家的道理，有诚意、有正心。我想告诉诸位，不管是做家长还是做老师的，都不要过度偏向于爱的教育，也不要偏向严厉，而是要先检点自己，反省自己，这个就是大学之道，"致知在格物"。

下午郭校长过来说，太老师啊，我原来认为《大学》"致知在格物"的"格物"，是对于物理这个东西要把它弄清楚，我昨天听了您讲，才晓得错了。我说，你这个思想同王阳明当年读书时一样，王阳明那么了不起的一个大儒家、大哲学家，年轻时对于《大学》的"致知在格物"，也是你这个观念。你看王阳明的传记，他为了这个"致知在格物"，怎么格啊？他是浙江虞姚人，拿个竹子放在前面，对着竹子研究格物。格了很长时间，非常用心，研究得吐血了，他才晓得错了，格物不是这样的道理。

达摩与格物之道

格物之道是什么呢？除了佛法，我们儒家传统的这个东西真的很了不起，但是五四运动，大家推翻了传统。其实几千年前，佛学过来以前，儒家就搞得很清楚，"致知在格物"就是《楞严经》上讲"心能转物，即同如来"一样的道理。

修行上，"致知在格物"是什么呢？就是达摩祖师告诉我们，禅修的时候"外息诸缘，内心无喘，心如墙壁，可以入道"。注意这四句话，"外息诸缘"，把外面物质世界的一切引诱、一切情绪都潇洒地放下，就是格物了，不被引诱。"内心无喘"，不是不喘气的意思，是心念知止而后有定，到诚意就是无喘了，呼吸也跟着自然静止。"心如墙壁"，到此时，好像内外分离，外物影响不了内心了，就是初步的格物。"可以入道"，如此打坐修行，慢慢深入进步，就可以入道了。

此前大家问李素美老师念佛、念咒子的问题，关键在诚意、致知。如果念一句佛号南无阿弥陀佛，把其他杂念妄想都清净了，就是初步的致知格物，念咒子也是同一个道理。

先休息一下，明天有时间我再给诸位作报告，希望大家先把《大学》这一篇好好背来。

第三天

生于忧患的我们　生于安乐的你们
打坐念佛为什么
有义语　无义语
富兰克林十三条
咒语
打坐切忌

四、对学生家长讲话

这三天大家都辛苦了。我感觉我们学校里的人，每次举办这个活动都很紧张，因为深怕对大家的生活、身体健康、心情好坏没有照应好。最紧张、担心的是我，为什么要搞这个啊？我给郭校长开玩笑，也是真话，我说我下一次再也不听你的了。她很热心，她妈妈李素美老师、舅舅李传洪董事长（薇阁中小学）对办这个活动都很热心，希望对大家有好处，又怕大家得不到好处，所以来跟我商量。开始我鼓励他们，大家做好事，可以把球丢给我，怎么丢来我就怎么接。她很高兴，说要记住哦！结果她抛了好几次球过来，我现在后悔了，今天告诉她，你以后抛球我不接了，太操心太辛苦了。

大家讲到打坐修行学佛，经常会有问题，可是很恭喜诸位，你们没有人出问题。出问题的人有发疯的、生病的，各种怪像都有，大家没有经验。我七八十年的经验，知道那是非常严重的。其实大家在这里过得还可以，我是昼夜在担心，真诚希望佛菩萨、神仙、上帝，一切圣贤保佑大家平安、得好处，所以这个心理负担很重的。

当然大家也辛苦。我原来以为是亲子活动，或者是讨论家长如何教育孩子这么一个活动，结果他们安排的内容不是这样啊，原来大家是要求身心修养，这就变成一个很严重的问题了。因此我觉得搞这一套，负担太重，对大家要负责任的，因

119

为办学校不是做生意。

生于忧患的我们 生于安乐的你们

  我没有跟诸位接触，但我大概总结一点大家的心理——开始来的时候很高兴，中间听得很乱，现在有一点茫然之感，不知所从。又是静坐，又是大学之道，又是达摩易筋经，美国那个同学包卓立还讲什么命运的改变，然后大家还提出来念佛啦，准提咒啦，乱七八糟的，两三天下来不晓得是在干什么。我站在诸位的立场有这样的看法，也许我的看法不对，也许大致上差不多。

  诸位注意，这一次主要提出来的是《大学》，没有第二个，也没有多的法门。诸位都是中年人，我是老年人，而且我这个老年人，生活在中国历史上一个大变化的一百年里，大家不会懂的。像我这一生，出生时距离推翻清朝没有几年，接着五四运动，然后是北伐，都在变乱，童年在天下大乱的当中度过。刚刚成长又亲历第二次世界大战，日本人侵略中国，全体老百姓都在灾难中。接着八年抗战，说是八年，前后加上十几年，那真是家破人亡，这个国家民族支离破碎。刚刚结束抗战，我们国家内部的党派意识有纷争，又发生内战。此后我几十年避世远行，漂流在外，这样一搞，我一生的时光就没有了，报销了。所以我说我这九十多年是生于忧患，死于忧患，没有一天安定过。

  诸位不同呀，出生到现在最多也不超过六十岁，大部分三十多岁，生长在一个社会安定的时代。我常常说，不要忘记哦，因为诸位不大懂历史，我们从小注意历史，几千年来，中华民族从来没有像这二三十年这样生活安定的，你们的运气最好。

四、对学生家长讲话

大家也许还是感觉乱，对时代还是不满。但是我可以告诉诸位，任何一个国家，任何一个社会，没有哪个老百姓对于自己的时代是满意的，人类社会永远是这样。中国有两句古文，就是儒家的孔孟之道，也是道家的道理，叫作"兽怨其网，民怨其上"。我常常告诉做官的人，搞政治要小心啊，要懂得中国文化，古人告诉你"兽怨其网"，你看养的鸟、养的狗，动物园里头的动物，多好的优待，它舒服吗？不舒服。鸟养在笼子里有吃的，但失去了自由，动物关在动物园里，并不比在森林里头舒服，鱼给人家养起来准备杀的，鸡给人家养起来也是准备杀的，它们心里不舒服的，"兽怨其网"，埋怨有个网把它圈住了，丧失了生活的自由，而且生命没有保障。"民怨其上"，这个民就是人民，现代白话就是老百姓、一般人，都埋怨他上面的人。譬如孩子们，女儿也好，儿子也好，都埋怨父母，因为父母爱他，爱他就会管他，他不自由。老百姓呢，对上面的任何一个政府，任何一个政治制度，任何一个官吏，永远都是埋怨的。任何时代都没有什么民主自由，什么共产主义、社会主义、资本主义、帝王思想，都是空话，因为这是人性的问题。

你们这二三十年非常幸福，但我们近一百年的生命，经过多少波澜。刚才说由推翻清朝开始，再征讨北洋军阀，接着是党派纷争的内乱，还有外国的侵略，这样讲我算经过六个朝代了。我们小的时候唱的都是"打倒列强，打倒军阀，中国一定强"，列强是指外面的国家，欧洲、美国、日本，看不起我们、要打我们的都是敌人。

我跟诸位生长的时代不同，所以看法有差别，思想有差别，教育有差别，文化也有差别。这个时代的差别，一个老头子希望大家要认识自己的文化，又要与西方科技文化配合，才能了解如何能得到修养。有修养要干什么？四个字，"安身立命"，身心

121

能平安,看通一切,看明白一切,安身立命。这一次,大家讲要打坐修行,我觉得这是很严重的问题,所以我想引一个正路给大家,特别提出中国传统文化的这个《大学》之道,三纲八目,再加上七证,如何修养的七步工夫,如何打坐修心,佛家道家基本上也都离不开这些,事实如此啊!

大家在这里这几天当中,听了比较多的课,也许搞乱了,有茫然之感。其实不乱,是统一的,只有一个东西。所以我叫诸位把《大学》这一篇抓住,就是"知止而后有定","致知在格物",注意啊,这是与仙佛之道同一的根本。

打坐念佛为什么

至于说要打坐、念佛、修行,请问为什么?诸位想修行了生死,跳出现在的世界,修成功,成仙成佛,那是远大的目标。世界上有没有仙佛?有啊,但我到现在还没有看到过。以我的决心,什么都学过了,真找一个仙佛,我觉得有问题,不要盲目迷信。所有仙佛修行之路,都是要从人道做起的。

大家都说看我的书,可是这两本书没有注意,第一本是《论语别裁》,讲菩萨圣贤做人做事修养行为的。第二本是《原本大学微言》,从身心上开始讲修养,到如何正心诚意齐家治国平天下。所谓仙佛之道也就是这个根本,希望大家仔细参究清楚。

我的话是真话,不会骗你们的。人没有做好,想学佛法,是错误的。我们举一个例子,大家这两天怀疑,譬如社会上学佛的,念南无阿弥陀佛,好不好呢?当然好。念佛法门同安那般那呼吸法、静坐法配合起来更好。怎么配合呢?据我所知,李素美老师这两天也与诸位谈过一点,谈她的经验。可是大家把它们连起来没有？不知道。

譬如说这个准提法，我几十年前开始出来讲，我有个准提法的仪轨，分成两个部分，一部分是生起次第，一部分是圆满次第，同西藏的密宗、原来汉地的密宗，以及后来留在日本的密宗，都不一样。少数同学学了，自己还没有学好，就在外面做大师了，也许是传法的错误，现在变成外面很普遍在修这个法门，我也无可奈何。这个准提法是必须要专门修持的，所谓专修，是人出家了，直接修这个；在家也可以，但需要真正放下外缘专修，才能走上成佛之路。不过准提咒不同，不需要管吃素与否，它这个咒语的威力很大，很特别，不管你在家出家，只要诚恳地念，专心一志就得感应。

所以不要自己乱搞，找麻烦，又迷信把修准提法当成做生意的观念，假使得了灌顶，就自以为很了不起。这没有什么了不起，只有起不了。达摩祖师有几句话告诉大家，"诸佛无上妙道"，佛法是无上的大法，"旷劫精勤"，不是这一生修的，是多生多世修行累积起来的。"旷劫"这两个字，代表多生多世所累积起来的功德。"精勤"，是多生多世很精进勤奋地修持，所谓精进，求得福报的成就，这才跳出了世间法，成佛。达摩祖师对二祖说，"诸佛无上妙道，旷劫精勤，难行能行，非忍而忍，岂以小德小智，轻心慢心，欲冀真乘，徒劳勤苦"。他是骂二祖，你跪在这里求法，说吃了多少年素，修行了多少年，做了多少好事，来求大法，你这是小忠小信，轻心慢心，把佛法看成这么容易啊？自己认为了不起，岂能成功？就这样骂他。

大家在现在这个环境，都很有福气，生活无忧，或者忧少一点，比我们几十年在大风大浪中打滚好多了。像我们碰到战乱的灾难，随时准备为国家牺牲，还要去修持，那个难了，不像诸位有这么好的福气。

有义语 无义语

那我再讲一点给大家听听，譬如念佛，南无阿弥陀佛就是大密宗。世界上有两种修为的大路子，诸位不是学佛学打坐吗？所谓修持的方法，一种是有义语，一种是无义语。有义语是什么？有意思，有道理可讲，你看得懂，这叫有义语，是有意义的话；一种是无义语，没有道理的话，就是密宗，禅宗里头也有无义语。譬如禅宗说什么是佛？庭前柏树子。什么是佛？干屎橛（干的狗屎）。这个干的狗屎与学佛有什么关系？毫无道理，是无义语，你要去参究。又譬如准提咒语，"南无飒多喃，三藐三菩陀，俱胝喃，怛姪他，唵，折隶主隶准提莎诃"。什么意思啊？你懂吗？再如基督教祷告，最后说"阿门"，什么意思啊？这些可以说是无义的，也可以说是有义的，但是是很深奥的义。如果你不加分别意识诚恳地念，它的功德、功效就出来了。可是大家呢？学这个密法的咒语，又求这样、又求那样，又相信、又怀疑，这不是给自己开玩笑吗？

观世音菩萨《普门品》里讲，应以何身得度者，即现何身而为说法。像观音菩萨化身二十一尊度母，有红度母、绿度母、黄度母、白度母，因为众生有这个需要嘛，有人想升官发财再成佛，有人想出家再成佛，各有各的需要，佛菩萨就化身千万，告诉你很多的无义语，让你去修，引导你，这就是教育的方法。他不是骗人哦，你修到开悟了，就懂得那个无义语的意义了，那是在没有道理的话里头有最高的道理，这就是密咒，密诀。

譬如一句南无阿弥陀佛，整个是大密咒。梵文"南无"翻过来是"皈依"，不翻过来是秘密咒。我姓南，初到台湾时，台湾的文化、佛教都很衰微，我发动鼓励一个同学印经，然后提倡起来，把中国文化带起来。当时有人怀疑我根本不姓南，说"他为什么姓南呢？因为他学佛嘛，南无阿弥陀佛啊"，我说我真的姓南，他说"我知道啦！南老师你不要骗我，你是南无阿弥陀佛的人啊"。好吧！他们讲阿弥陀佛跟我同宗，同宗就同宗吧。

梵文的 Namo 翻成"南无"，是唐朝的音，现在广东话、客家话、闽南话，这个"无"念"某"，也是唐朝的音。台湾话"有"字发音是"无"（wu）。无（wu）啊某（mo）啊？某（mo）啊（台湾话：有没有？没有）。所以"南（Na）无（mo）"两个字，你念"南（nan）无（wu）"就错了。

刚才讲"南无"两个字是什么意思？皈依。先把这个有义语拿开，只有四个字了，阿，弥，陀，佛，实际上是三个字，三个音，它既是有义语，也是无义语，要是不给你翻译，你只管诚意念下去，一定得度，一定得救。

"阿"是开口音，梵文"啊……"整片光明起来了，"阿"代表什么？无量无边。"弥"是什么呢？弥是寿，时间。"阿弥"，无量寿，没有生死的，这个时间是永恒的存在。"陀"是光明。所以"阿弥陀"是无量寿，无量光，自性光明得到了，修持成就，不生不死。"佛"就是大彻大悟，成道了。"阿弥陀佛"是这么样一个秘密，都是大科学、超科学的。

大家这些密咒学了很多，我就笑，不要学密咒了，大家不懂。譬如有些咒语，观音菩萨的大悲咒，"娑啰悉唎"，那是在下雨呀，天上甘露下来，"娑啰娑啰，悉唎悉唎"；又如念普庵咒可以超生一切的小虫，咤咤鸡呀鸡呀，咤咤鸡呀，鸡鸡咤啊，那是鸟在吃虫耶。所以佛告诉你"一切音声皆是陀罗尼"，一切音声都是咒语。

我劝大家不要搞这个，一边忙着顾生活，又想发财，又想生孩子，又想儿子做官发财，望子成龙，望女成凤，还一边念佛。拜了佛，吃了三天素，又想上西天，又想回来买股票，买不到股票，又说阿弥陀佛不帮忙，又埋怨。这个是干什么啊？一切众生没有办法。不要浪费时间啊，除非你剃了光头出家。不过，不是出家这辈子就能修成哦，准备三辈子、七辈子，慢慢修吧！修到大彻大悟成就。

富兰克林十三条

归纳起来，教你大学之道，"致知在格物"，所以你要知啊！这样无知、盲目地去搞这一套干吗呢？

这几天美国的同学包卓立也很发心，跟我们郭校长一样，一心想贡献大家。他很慈悲，他是美国人，也跟我一二十年了。人自己生命怎么改变自己？他昨天提出《了凡四训》改变自己，这个是修行；他又提出来富兰克林，今天也查了，富兰克林有十三条自己反省的戒律，看了很令人佩服。这个大家可以抄起来，要就抄写，不要就算了。郭校长会把资料放在学校的网站上，大家可以自己去看。

这十三条反省，合乎大学之道诚意正心的道理。所以希望大家这次回去，理解参究这个道理，就是如何修证自己，做人做事要诚意正心，朝着齐家治国平天下这样的道路走，先从自己开始做起，慢慢影响这个社会。

大家注意，刚才提到这二三十年，是中国历史上几千年来没有碰到过的太平时代，大家该满意了啊！如果大家自己不晓得保持这个安乐、太平，再糊涂乱来，可要会变乱的啊！古人有两句话，"宁为太平鸡犬，不做乱世人民"。我们七八十年都在这个乱世里头，自己修过来的，至少像我在乱世里头，自己搞懂这个道理，如何完备自己，如何坚强自己站起来。这个就是修持，就是心性修养的道理。

我内心感觉很对不起大家，郭校长她们好心办的这个班，可是在我觉得，大家在外面玩得很痛快，跑到这里受罪，搞了两三天，莫名其妙地回去，这个不是造了业吗？所以现在有抱歉、难受的意思。

我今天晚上作了一个总结论，大家回去打坐修持，需要记住《大学》的"古之欲明明德于天下者"这一段，"致知在格物。物格而后知至，知至而后意诚，意诚而后心正，心正而后身修"，要特别注意，这个就是咒语。

不过大家看了会不注意，很轻视的，因为它是有义语，有道理给你讲，有条路给你走。人很奇怪的，愈骗他，没有路给他走，他愈去摸索。明白告诉他这一条路，反而不走了。叫你念个咒子，传给你，很高兴哦，拼命修，因为无义语嘛，愈不懂，愈摸不清楚的，反而愈重视。

千万要注意，念佛也好，念咒子也好，有义语也好，无义语也好，这些秘密都给大家讲了，我几十年辛苦的秘密都告诉你们了。还有，世界上有两个东西，一个自力，一个他力。学佛学禅宗是自力，靠自己的心理意志解脱出来，站起来；信仰宗教是他力，靠信心。譬如天主教、基督教、佛教、道教，世界上很多宗教，大家晓得的这几个是大宗教，实际上全人类、全世界存在的大小宗教还有几百个。印度有印度教、耆那教，各种教都有；还不止印度，基督教、天主教也分门派。信仰宗教就是靠他力，靠主宰，靠上帝，一切理由都不问。佛教也是，有时候人对自己没有信心，求一个佛、一个菩萨的他力帮忙，所以念准提咒、念阿弥陀佛、念大悲咒，都是靠他力。密宗到最后也是自力，先从他力咒语把你带进门，最后靠自力解脱，大彻大悟成佛。所以真正到了最高处，最后都是自他不二，并不矛盾的。

咒语

今天很坦然地把秘密都告诉大家了。譬如中国人很流行的一个咒语，就是观世音菩萨传出来的白衣大士神咒，大家现在大概都不留意。像我的母亲活一百岁，她一辈子念这个咒。我十九岁离开她，后来就没有见过面，我对她很歉然。但是她很放心，她知道我在外面做些什么，在这个大风浪、变乱当中，一切非常放心。她悄悄告诉孩子们，我在外面干什么她都清楚。后来她一百岁了，临终以前告诉一个孙子，她说："你不知道的，我夜里睡觉，梦中有个很威严的天人，有胡子，他会告诉我儿子在外面做什么，所以我很清楚，一点都不怕。"你看抗战八年，都没有消息啊？我们那边也沦陷了，不能通信，不知道生死存亡。后来国内变化，我到台湾，三十六年彼此也没有通信，但她很放心，因为她念白衣神咒。

这个秘密，是我的孩子告诉我的。我母亲原来不认识字的，她学白衣神咒的时候还问我这个字怎么读，我小的时候读书认得字，我就告诉她这样这样。

我的太太是九十多岁去世的，她一生到临终，都念我教她的一句"嗡嘛呢呗咪吽"，最后安然放心而去了。

打坐切忌

大家今天难得碰到一次，办这么一个活动要使人人得好处、得平安，所以我心理负担真的太重了。

这里最后还有一个问题答复。今天有人说，有一位年轻朋友，打起坐来眼睛看到东西。这样的人不少，你们打坐要注意。有些人有时候打坐坐好了，眼睛前面会看到东西，慢慢地看多了，会知道一些事，小事很灵，但大事不准。这有些是前生修持经验带来的，实际上是脑神经科学，这个气经过了视觉神经，通过眼睛可以看到东西。大家千万不要走这个路，如果普通道理不懂，光在眼睛上注意，会着魔的。最好将它关闭了，关闭就是不理，把眼睛的视力精神回过来到后脑，看空，可以关掉它。否则必然出问题，不要迷信。

眼睛为什么有这个作用呢？大家试验一下看看，眼睛注意看前面，不要眨，马上紧急一闭，前面的影像还留着吧？有没有？大家都有这个经验。其实眼睛看到前面东西是过去的影像留在这里，这是唯物的，视觉神经发起来，然后配上迷信的观念，就变成眼睛看到影像，这不是真的眼通哦！真的眼通要明心见性，空念头以后，身体空了，所以是另外一个作用。现在答复了这个问题，好了，再见，祝大家前途无量。

（整理：刘雨虹）

五、对学校新生家长讲话

二〇一〇年六月廿一日至廿三日

第一堂

适才适性　人贵自立
聪明难　糊涂亦难
平安是福

吴江太湖国际实验学校马上要放假了,诸位家长又在这里见面,还有些家长是新来的。郭校长一定要我讲话,我主张把上一次我对学校老师们讲的话放给大家听一听,可是她要我亲自跟大家见面讲一下。

我的年龄比大家大,从推翻清朝到现在九十九年,当中的变化太大了,差不多我都经历过。"经历"两个字不容易哦,不只是眼睛看到,耳朵听到,而是亲身经历灾难与痛苦,这些历史,你们是搞不清楚的。

我们国家改革开放到现在三十年,你们太幸福了,幸福到大家都不太清楚是怎么过来的,充其量也许在二十多岁以前受一点小的辛苦,但也不是当年环境里我们受的那种痛苦。譬如说推翻清朝以后是北洋军阀,全国各个军阀割据内战,然后是党派纷争,又有日本人打过来,我们整个国家三分之二都被占据了,一条很长的战线。我那时只有十九岁,就出来带兵作战,没有考虑前途,只想怎么样跟敌人拼死作战。那种日子不好过啊!我常常警告大家,你们要珍惜啊!以我的经验,像这三十年的安定,是很难得的,不管它是真的还是假的,这种安定幸福,是历史上几千年从没有过的,真的没有。所以我认为现在的年轻人,都是温室里长大的花朵,更不晓得国家民族痛苦的经历和社会的变化。

适才适性 人贵自立

我们在这里办的学校叫实验学校。老实讲，上至大学、博士、博士后，下至幼稚园、小学，我对现在整个教育都不满意。别人不可以这样讲，我可以这样讲。这二十多年以来，有三十几所大学，每年都发放"光华奖学金"，没有停过。"光华奖学金"是一九八九年成立的，钱是尹衍梁同学出的，但是他硬把我推为董事长，所以我很清楚教育的变化。尤其现在都是独生子女，男的就是家里的太子，女的就是公主，父母和两边的祖父母及所有长辈，大家捧在掌心疼爱，太过分关心宠爱，这下坏了，未来这些人怎么教育？国家民族怎么办？这是大问题。

我也是独生子，原来家里环境很不错，但是我十二岁起就晓得什么是困难。当时家里被海贼抢光，从此以后没有钱读书，我就立定志愿，不靠家里出钱。当时在战乱中，可我还是要读书，还要起来救这个国家。我的父母没有像诸位做父母的那么关爱子女，难道是他们不关心我吗？他们当然很关心我，但是教育方法不一样，由我自由发展。我十九岁出来做事带兵打仗，因为太年轻了，就留个胡子冒充四十几岁。后来我的家乡也被日本人占领，音讯隔绝，家里人生死如何都不知道，有国破家亡之痛，我就靠自己站起来。这些人生的经历，统统与教育密切相关。

我认为古今中外的教育，大部分都犯一个错误，父母往往把自己一生做不到的愿望，下意识地寄托在孩子身上，可是却忘记了自己子女的性向与本质。做父母的应当思考，如何正确地培养与辅导孩子，让他们成人立业。如果只是一味地要求读书、考试、上进，希望出人头地，是极大的错误观念。这样爱孩子，其实只会害了他们。

我简单明了告诉大家，《大学》上说"人莫知其子之恶，莫知其苗之硕"，父母对儿女有偏爱，所以只看到他的优点，而不晓得他的缺点。我们做父母的，要注意这两句古圣先贤的告诫。但是古人有另一面的说法，叫作"知子莫若父"，指出很重要的教育重点，是父母需要懂得自己子女的禀赋性向，因为老师和别人不见得真正全盘了解每一个学生。现在父母对孩子们的教育，只是过分宠爱关心，反而对子女的禀赋性向都没有深切关注。

我个人的经验，看了古今中外，全人类几乎都一样，都会犯这个错误，不过外国人好一点，中国现在这一代太过分了。"知子莫若父"，实际上，对儿女的禀赋性向，做父母的不一定看得清楚，因为有偏见，有偏爱。刚才讲这两个观点，看起来相反，但不尽然，我在《论语别裁》的书中，曾经有过比较详细的解释。

刚才讲过，我是独生子，没有兄弟姊妹，一辈子靠自己站起来。我也有儿女啊，我的儿子讨了媳妇，姓什么，叫什么名字，我都没有印象。孙子来看我，我说："你是谁啊？""爷爷，我是你的孙子。"我的学生看了都笑我。而今孙子也有孩子，已经四代了，我一概不管。为什么不管？天下儿女都是我们的儿女，为什么我家里的孩子一定要好？那别人家里怎么过啊？所以我对天下人的子女，都是平等看待。我只吩咐孩子们，不要一定想升官发财，一定想做什么大事业，一定想读什么名大学，只要好好学个谋生技术，可以生活糊口，一辈子规规矩矩做事，老老实实做人就好了。发财做官，都是过眼云烟的事。我对孩子的教育是这样，一切要他们自立发展，这就是古人所说"人贵自立"的道理。

聪明难 糊涂亦难

我再引用清朝一位才子郑板桥（郑燮）的名言，叫作"难得糊涂"。他是江苏人，出身也很贫寒，自己站起来的，没有考取功名以前，靠卖画教书过活。那个时候教书待遇很低，我们过去家里请来的老师也是那样，不像现在做老师有很好的待遇。所以古人讲"命薄不如趁早死，家贫无奈做先生"，家里太穷了才出来教书过生活。

郑板桥后来考取功名，做山东潍坊的县令，潍坊是很有名的文化地区。我曾看过他给家里写的信，对我影响很深，这个就是教育。他叫家里的子弟们不要一定想多读书求功名，读书读出来，有学问，有功名，又做官，不一定有什么好处。他是个才子，琴棋诗画无所不能，所以他说我们郑家的风水都给我占光了。以后的子弟们要像我这般样样都会，是做不到的啊！你们只要规规矩矩，学个谋生的技术，长大了有口饭吃，平安过一辈子，就是幸福。所以他写了"难得糊涂"四个大字。怎么叫难得糊涂呢？笨一点没有关系啊，但是做人要规矩。他对自己写的"难得糊涂"四个字有注解，你们必须要留意，他说"聪明难，糊涂亦难，由聪明而转入糊涂更难。放一着，退一步，当下心安，非图后来福报也"。

老实讲，哪个父母晓得自己的孩子够不够聪明？像我看我的孩子，跟我相比都马马虎虎，不够聪明。我告诉孩子们，不要学我，充其量读书读到我这样多，事情文的武的都干过，有什么好处啊？没有好处，只有更多的痛苦与烦恼。知识愈多，烦恼愈深；受的教育愈高，痛苦愈大，我只希望你们平安地过一生。

昨天有个孙子打电话找我，我问："你是谁啊？""我是你的孙子啊！""哦，我知道了，什么事啊？""我的孩子要考某个中学，分数差一点点，他们告诉我，请爷爷您写一封信就行了……"我说："你的孩子男的还是女的啊？"（众笑）我真的不知道，他说是男的。我说："你叫我爷爷对不对？你是我的孙子，你难道不知道吗？为自己的子孙写信，向地方管教育的首长讨这个人情的事，我是不做的，你怎么头脑不清楚啊！""是啦，爷爷！这个道理我懂，可是我被太太逼得没有办法，一定要给你打个电话。"我说："你告诉你的妻子，随便哪个学校都可以出人才，你看我一辈子都靠自己努力，这事绝不可以做。"

今天我这个孙子又给我打电话："昨天爷爷的教训，我都跟家里的人讲了，大家都明白，您是对的。"我说："我知道你心里也不舒服，但你们去反省，读的学校好不好有什么关系？你看世界上的英雄，像毛泽东、蒋介石，哪个是好学校毕业的啊？你说历代的状元，每个大学考取第一名，有谁做出了事啊？那些做大事的人，譬如美国的汽车大王、钢铁大王，都不见得是大学毕业的，为什么要这样注重学历啊？"

所以郑板桥说"聪明难，糊涂亦难"，真做个笨的人，也不容易，就怕孩子不笨，真笨了倒是真规矩、真老实，不敢做坏事。聪明的人容易做坏事，反而有危险，所以"由聪明而转入糊涂更难"。注意第三句话，很聪明，却要学糊涂，这就更难了，一切听其自然，好好努力，这是郑板桥"难得糊涂"的几句话。

再说中国历史上的圣人尧、舜、禹，后代都不好，并不是坏，是不够聪明，这就讲到现在科学所谓基因的遗传。我也做过父母，还四代同堂，我晓得孩子不够聪明，这四代聪明给我占完了。你们看水果树，有一年长了很多果子，接下去就要休息好几年。你们都是了不起的聪明人，不要再往孩子身上加压力，这个里头的深意很大了。孩子生下来身体强弱、脑力够不够、个性好坏，遗传自父母的占百分之三十，所以做父母的要反省对儿女的教导。我经验很多事，见到很多人，问到人家的父母时，不说"你爸爸干什么的，你妈妈干什么的"，以前我们对部下是很礼貌的，"你的老太爷做什么的？你的老夫人是农村的吗？几时来？我请你老太爷、老太太吃饭"。这样就可以晓得这个人的个性，其中有一部分是父母的遗传和家教。这里头学问很深的，大家要注意。

所以对孩子们不是叫你们不关心，而是不要爱得过分，放一步，让他自由发展。但是现代人都关心得过头了。教育的目的，不是教他知识，是把孩子天生遗传不好的个性转化，所以真正的教育不是只靠学校，而是家庭教育，父母最重要的是不可偏爱。孩子们有许多的个性，遗传自父母的优点很少，缺点特别多，大家仔细研究一下，拿孩子做镜子反照一下自己。有些孩子脾气特别大，有些孩子很忧郁，都是爸爸妈妈内在的遗传，孩子各种各样的心态跟父母都有关系。所以教育从家教开始，学校不过是帮忙一下。现在人的观念，把教育都寄托在学校，这是错误的。所以我对我们学校的老师讲话，还应该继续下去，再谈关于教育和怎么样改变人性的问题。

平安是福

我最近观察到，整个社会对子女的希望太重了，太过分了。我们第一希望国家太平，社会安定。国家如果不太平，社会不安定，儿女怎么会好？我开头就讲，你们是温室里长大的，这三十年太舒服了，不知道灾难痛苦，万一社会不安定，国家不太平，你要照顾孩子就没有机会了。像我从十九岁离开家到现在没有回过家，对父母所欠的恩情，没有办法报答；父母对我想照应，也没有办法。所以大家在这几十年安定的环境里头，不要希望将来自己孩子如何如何，而是对自己孩子的教育要放手一点，让他自然长大。

我对我的孩子们说："你们都长大在做事，我真要感谢你们。这个话怎么讲？你们没有犯法，没有给我丢人。如果你们做了坏事，犯了法，我才不好办啊！可是你们没有，所以我很感谢你们，平安长大。"

人平安就是福，苏东坡有一首诗，我也常常提到。你不要看苏东坡那么了不起，他官大，名气也大，可是一辈子受罪，一辈子没有好境遇，他受的罪跟我们不同。他的《洗儿诗》说：

人人都说聪明好　我被聪明误一生
但愿生儿愚且鲁　无灾无难到公卿

苏东坡说，世上的人都说人聪明好，他却认为自己一辈子被聪明耽误了，但愿生一个笨得一塌糊涂的儿子，但一辈子官得大大的，也没有犯法，也不会倒霉。我经常说苏东坡这一首诗不太好，前面三句我都赞成，最后一句他又错了，又被聪明误了。生个儿子又笨又蠢，功名富贵样样有，这个算盘打得太厉害了，哪里做得到啊！希望大家不要犯跟苏东坡一样的错误。

今天我讲的话很不恭敬，但这是老实话。我很感慨，从事教育以来，看到现在的教育处处是问题，我很担心。我们对外面的儿童教育也在关心注意，所以吴江太湖国际实验学校不走这个路子，孩子们在这边受的教育跟外面不同，这样的教育方法，希望可以实验得好。这里的孩子太幸福了，连我都羡慕，我当年就没有这样一个教育环境。我也真是佩服这些年轻的老师们，这里是没有娱乐的地方,他们能安心在这里教书,很不容易。实验学校是这样办的。

至于实验学校办不办得下去,校长经常问我,还要办下去吗?我说要看你肯牺牲吗?真要办教育,只有肯牺牲自己,来造就别人。

今天时间不多,我们还有别的课,诸位盘着腿听我讲话,是很受罪的事情,不晓得哪个出的主意,你们坐得也很痛苦,赶紧停止,我还是少讲一点,对不起啊!谢谢。

第二堂

办教育要牺牲自己
孩子自有选择
真正的教育精神

（读怀师第一次跟国际实验学校全体老师的讲话稿）

诸位家长，今天晚上的节目临时变动，这种做法你们没有看到过，和一般学校不同，这是书院的做法。有些人喜欢找我谈书院，可是你们听说过书院吗？书院是个什么样子？什么教授内容？现在八十岁以下的人哪个读过书院啊！没有的。

今天晚上要像书院自由讲学，把后面的课程挪调了，为什么？下午偶然和学校负责人郭校长和她的母亲、舅舅谈起，说你们中间有人看了这个学校后，想要办学。我们这个学校是他们三位办起来的，又好意办家长会，把你们请来，你们也愿意来，但我觉得很困扰你们。为了孩子们读书，现在变成家长们也在这里读书，这个很不成话。家长们跟学校本来是主客相待，学校假使为主人，家长就是贵宾，结果贵宾到了，也同学校的学生一样，好像是来听课的，我觉得很不礼貌。但是我的感想是，你们都是年轻人，如果没有孩子们的因缘，我跟你们见面的机会恐怕也不多。现在既然有缘，就来谈谈家长们的问题。

办教育要牺牲自己

我有很多感慨，我讲得不好听，先抱歉了，不要见怪。我说你们还年轻，很不幸地结婚，很不幸地生孩子，很不幸地做了家长。现在有了孩子,尤其只生一个孩子,最多生两个,你们心理和精神的负担都很重。你们中间很多人都是事业有成,至少吃饭有本钱了。我昨天讲过,从改革开放到现在,大家在这一个时代,三十年来天下太平,是中国历史上没有过的。五千年历史,你们没有好好读过,因此不懂自己国家的历史,历史上从来不到二三十年就有变乱,痛苦万分啊,像我们都亲身经历过。这几十年,你们是成长在温室里的花朵,经过"文化大革命"过来,我想你们诸位家长还只有十几岁,刚好你们一下碰到改革开放这个好运气,命运太好了。可是人生和历史永远处在"忧患"之中,要注意啊!

像我几十年前,五六十岁时,还在台湾,我的学生,也都是朋友,文官武将很多,乃至拉车讨饭的也有,犯人也很多。有个机会,官方朋友找我到监狱去给犯人上课,这一批犯人有判无期徒刑的,乃至死刑的都有。说要是请到我去上课,死刑犯可以减罪不死。我说:"真的啊?蒋老先生同意吗?""同意。""为什么?"他说这几百个罪犯,十几岁就出来抗日,全国各地打日本人,跟着国民党退到台湾,没有功劳也有苦劳,没有苦劳也有疲劳,尤其有些头发都白了,无期徒刑、死刑,过意不去,可是依法也不能放,所以请我去上课。一个月以后,以忏悔的成绩放了很多人。为什么提到这一件事?我拿来比较人生的很多忧患灾难。我告诉那些人,你们要反省忏悔,也不要埋怨了。我说像我们这一代的命运算过八字的,"生于忧患,死于忧患",一辈子在忧愁,现在我也还在担忧。

昨天告诉你们有一个最大的题目,大家也晓得我学佛,我说我看众生如我的孩子,看我的孩子如一切众生,这是我一生的宗旨。我的儿子从小反对我的话,他们听了心里很不是味道,可是他们现在五六十岁,大的有七十多岁,他们告诉我,"爸爸,我到现在这个年龄,还是同意你的话,不但不反对,我也学你,看天下人的儿女如自己的儿女,视自己的儿女如天下人的儿女"。这都是告诉你们的要点。

话题转回来,我听说你们中间有人看了这个学校后,想要办学,我劝你们不要随便办学,办学太难了。现在要开个学校很容易,大学里的博士班、硕士班,还有什么管理班等,都是以商业的行为来办教育,那是做生意,为了赚钱,不是办教育。既然你们都是年轻家长,不但要注意孩子,也要注意自己,考虑自己的前途,将来要做什么?

我们郭校长的舅舅李传洪,他在台湾照我的理念办了薇阁,是国际上有名的学校。郭校长为了办这里的实验学校来跟我谈,我讲真话啊,有两三次她都哭了,说这个学校能够办得下去吗?办不下去怎么办啊?我说:"孩子啊,你十二岁跟我到现在,佛学也听了那么多了,不要说修行,天下事空的嘛,办得下去就办,办不下去就不办,有什么了不起啊,也不欠人家的,办不好就不办,吃不消就不办。"她告诉我她懂了,我说:"可是你真要办的话,要牺牲自己。"

孩子自有选择

所以我要跟你们讲,教育孩子是很困难的。我做过父母,也做过儿女,而且我受的教育啊,由旧的家塾读书到新式的小学、大学、军事学校,文的、武的,这些教育我都受过,也都教过,经验太多了,深有体会,真正的教育在反省自己,孩子的缺点就是父母的缺点。

还有,做父母的有没有偏心呢?你们没有,你们只有一个孩子嘛,多几个孩子试试看?父母肯定会偏心,所以古人说,"皇帝爱长子",做皇帝,做有权力的老板,事业成功者,都喜欢寄望大儿子能够继承;"百姓爱幺儿",普通家庭的老百姓,喜欢最小的孩子,不管是男的女的,最爱的是这个最小的。这是做父母的普遍心理,这里头的学问大得很。

你读历史,汉朝、唐朝为什么兄弟会来抢位子,争权夺利,互相杀害?是教育呢?还是人性呢?所以我说教育无用,教育改变不了人,人只有自己改变自己。这也告诉你们做家长的,不要寄望后代,那是幻想。你怎么样培养孩子呢?把自己的孩子看成别人的孩子,把别人的看成自己的孩子,要孩子能认识到自己的缺点,并且改过来,等等。所以如何培养孩子,让他平安地过一生,虽是很重要的,但也全靠孩子自己了。

我们这里办学校,像郭校长,她有资格吗?她后面有两个人,一个是她舅舅,一个是她妈妈,都是办教育的。郭校长从十二岁跟我到美国,她在台湾读完小学五年级出去,进美国小学时英语跟我差不多,很受罪啊!从小学读到大学,大学读的是商学,做生意的,所以她的经历很有趣。你看她年纪轻轻,在法国银行工作过,做股票买卖,薪水拿得很高,其实她用不着吃这个苦来办教育。当她还在银行做股票时,告诉我连做梦都梦到钞票,不能让哪个顾客进来的钱少了,该买什么股票卖什么股票,夜里睡觉都没有睡好。我说你真快要疯了,赶快把工作辞掉。她很听我的话,反正吃饭钱家里有嘛,不在乎那一点,就辞掉了。她家里从她爷爷起就喜欢办教育,因此她后来进哥伦比亚大学攻读教育硕士学位。我不是标榜,也不是特别捧她,讲这个故事就是要你们知道,孩子们有各种可能和选择。所以你说孩子应该读哪个学校好,应该哪门成绩好,不要考虑,她就是个实例。

真正的教育精神

她读完哥伦比亚大学硕士以后，我感慨中国文化的根断了，怎么办？所以叫她编书给孩子们读；她和她妈妈走了大半个中国推广读经。这个英文课本也是她编的，当时她碰到困难，说中国书好编，《三字经》《千字文》《古文观止》，什么《归去来兮》《桃花源记》《岳阳楼记》《诸葛亮诫子书》等，一篇一篇好编啊，英文没有啊，你叫我怎么编？我说有道理，你说得对，不过英文要在《圣经》新旧约上找，文学很好。后来她把那些英文重要的文章、诗句都编出来，当时她舅舅薇阁学校里的十几个外国老师都反对，说这样的教材教不下去，最后她把他们说服了。这是第二个阶段。

第三个阶段，她在全国推广教育那么多年后，再跟着我办太湖大学堂，现在连搞建筑这些也学会了。博士学位是在复旦大学读的；她本来不想去读，没有什么意思。我说读一个博士，你不必当真啊！去玩玩。她的博士是这样拿的。现在来办这个教育，办到现在，痛苦不痛苦？那是无比的痛苦，因为要对孩子们负责。

我讲这些话给大家听，意思是说办教育不是钱的问题啊！你有钱盖个学校，请个校长，请些老师，这样就是办学校吗？这样不过是办"家家酒"一样，只是做一个装点自己门面的事业而已啊！真正地办学校，是要把自己的身心性命、全部精神都投入进去的，就是爱一切众生，爱一切孩子，把他们看得比自己的儿女还重要。自己儿女万一出了问题，自己负责任，别人的孩子一旦出了问题怎么办？不好办的啊。

我晓得你们里头也有想办教育的，或者自己在教书的。真正的教育精神是什么？我举这些事，你们可以了解。她们一家都在这里，刚开始办学校时有一个孩子，郭校长的舅舅李传洪董事长很喜欢他，这孩子几岁我也不知道。他们告诉我，有次这孩子正拉完大便，看到李传洪过来，就说："董事长！揩屁股。"李传洪就乖乖去给他擦了。回来我们正吃饭，他就说："老师啊！我一辈子连我儿子都没有帮他擦过屁股，还要去给他们擦屁股。"我说："你喜欢嘛！"他说："是啊，是啊，我很喜欢他。他的大便特别粗耶！"以前他听我讲过历史上韩信方肛，大便拉出来四方的，因为看相不是光看面孔，要看全身的，所以他说这个孩子大便那么粗，意思是说前途怎么样。这都是笑话，也都是真的，教育是这样牺牲，所以我把这经过讲给你们参考。

你们还年轻，虽然做了人家的父母，也还在创业阶段，将来的人生要做什么呢？昨天我也讲过，希望国家永远这样太平，社会永远这样安定。万一社会变乱，经济出问题，国际上出问题，我们会跟着变乱，你们准备怎么做呢？你们也许有许多学佛修行的，你们会修得好吗？你们会有这个修养吗？这都是要注意的问题。你们还年轻，要好好读书，好好做人，好好反省自己。我这几句话讲得很严重，是对你们做一个提醒。

我今天讲郭校长办教育之难的意思，就是告诉你们对孩子不要太偏爱，不要寄望孩子将来如何，只要他平安长大成人，平平安安活一辈子就很幸福了；不要管学历，学问是一辈子学不完的，活到老学到老。我看在这里的每一个孩子都很乖，将来都有成就的，问题是不要把孩子宠坏了，这一点很重要。

这里一位同学李慈雄博士，从大学一年级开始跟我到现在，自己也是三个孩子的父亲，在上海也有了事业，公司叫斯米克，他是台湾人，台大电机系毕业到美国留学，获得美国斯坦福大学总体工程经济系统博士，在世界银行做过事，现在也从事教育。

虽然他事业做得那么大，但是在我身边还是像大学一年级时一样，态度没有变。当年他到我那里时，我故意整他，因为他是台大高材生，很傲慢。他要来听课，我说我这里收费很高，他说他没有钱，可以打工，洗厕所、洗茶杯，就这样开始。他到现在还是经常替人家倒茶，他说："老师当年教我到现在的嘛。"

我想今天长话短说，讲到这里为止。现在请李慈雄博士上来作补充。

第三堂

古代考试制度
现代学店式的教育
结合新旧教育的实验
己立立人，自利利他

五、对学校新生家长讲话

本来今天我不想讲话，没有精神。下午在办公室，郭校长告诉我家长有报告，念一下让我听听，听了以后我也不能不答复你们。我昨天也很诚恳坦白地讲，这次因为孩子们的关系，很难得地跟诸位家长见面，这在学佛叫因缘聚会。

我晓得你们诸位家长有学佛的，还有做各种事业的，为了儿童教育，引起了自己的兴趣，在这里看了以后，很多都想办学校。我劝你们不要办，办学校问题不在钱，是人啊！尤其是老师哪里找？千万不要随便行动。还有你们要注意，这里是中华人民共和国，是社会主义的国家，有它的政治体制，有它的法令。你们注意，生在某一个时代，就有某一个环境、某个体系，我们要尊重国家的体系、政治的法则。

我在这里是个超然的人，我常说我今年九十几岁了，年轻的时候共产党怀疑我是国民党的人；国民党也要杀我，怀疑我这个人共产党的朋友很多，各个党派的朋友也很多，一定是某一边的人。我常常笑，我说我到现在不晓得怎么活过来的，这个头还保存在这里，很难得。像我在这里办太湖大学堂，他们办了这个国际实验学校，你们看容易吗？一切要合法的啊！你们想办学校也要合法。现在很多人受我影响，也是受李素美、郭校长两母女推广了十几年儿童经典导读的影响；有些光在读经，其他都不重视，那是偏了、错了。所以办学校，政府的法令都要清楚，不能不守法啊！

昨天我告诉大家，你们虽然是家长，但都还年轻，我再讲一次不好听的话，这三十年，你们是生在太平时代的温室花朵。你不要看我在这里有影响力，办了太湖大学堂和这个学校，外面多少眼睛在看着，多少注意力在我身上。我们的做法和现在教育方法不同，政府到现在没有找我们的麻烦，也没有批评，而你们家长只觉办得好，孩子改过了，也想照这样做，简单告诉你们，你们太年轻了，不要随便去碰啊！

你看这里虽然叫"太湖大学堂"，但既不是大学，也不是研究所，也不是古老的书院；可是你说这是大学也可以，书院也可以，是我一个人提倡在这里办，都要立案的哦！不是说你也去搞一个什么大学堂，他也办一个什么国际实验学校，你去试试看，不要自己找麻烦了。

古代考试制度

我在这里，各方面都来问我教育问题，国家现在也头痛这个教育问题。推翻清朝以来到现在，近百年的教育体制，我是一直反对的，因为不但中国旧文化没有了，西方文化也没有深入。政府方面也知道我的理想观念，我告诉他们，你们要知道中国有三千年教育，推翻帝王制度到现在也九十九年了，明年就一百年，等过了一百年再谈吧！

过去三千年来的教育，不管汉、唐、宋、元、明、清，政府没有像现在一样成立学校，也没有出钱办教育啊！是民间老百姓自己把孩子教好的。这个你们没有研究，上面领导教育的人也搞不清楚。中国几千年来都是民间把自己的子弟教好了给政府收买。用什么收买？"功名"两个字。

第一步是考秀才，什么叫秀才？县里头三年考试一次，孩子在私塾读过书了，到县里报名考试，考取了叫秀才，这叫功名了。普通你读书读得再好，没有考取秀才，就没有功名，勉强比方，等于现在没有学位。然后秀才再参加全省考试，考取了叫举人，比秀才高一步的功名，明朝、清朝几百年来都是这样。等到隔年，全国举人再来考试；必须要有举人的资格才能考进士，普通老百姓不能参与。进士再参加殿试，第一名叫状元，第二名叫榜眼，第三名叫探花。像我有位老师是清朝最后一期的探花，姓商的，广西人，叫商衍鎏；我虽称呼过他老师，其实没有真正跟他学习。那个时候我二十二岁，在四川，已经名气很大了，我写古文给商老师看，问他："假使当时和你们一样参加进士考试，你看怎么样？"这个话是逼着商老师。"嗯！很好，假使在清朝的时候，你可能是进士，也许同我一样，算不定是探花。"我心里有数，心想那些有功名的状元、探花也不过如此。当时这样考取了进士以后就能做官吗？没有，这是功名，还要受过培训才放出去做官。算不定一个进士会先做个最基层的县长，让你历练，慢慢一步一步上升。其实以前做官，如果是翰林出身，去做地方官、做县长的，那这个翰林县令就不得了，很威风的。还有许多官并不是进士出身的。

你们现在观念也是一样，叫孩子读好书，即便不当进士、翰林，将来也要他做社会上了不起的人。我就反对这个教育，我说中国三千年的教育是错误的，大家都太望子成龙了。从前女性读书的很少，更谈不上要女人去考状元，就算有，也很少。太平天国的时候有一次考出过女状元，名叫傅善祥。

现代学店式的教育

现在我回过来讲，过去中国三千年的教育，政府几乎没有花过钱，民间却培养出那么多人才，做了很多事业，所以这个国家至今还屹立在世界上，永远是个文化大国。我一直反对推翻帝王政治以后，引进西方办学校的路线。并不是说西方文化不好，而是我觉得现在这个教育制度，办学校变成做生意开学店了，政府还要出钱办学校。你说乡下的人辛辛苦苦种田，培养孩子读书，读了书就完了，孩子不想回乡，读了大学更往上海、北京或国外去啊，都想拿高薪赚大钱，农村就没有人了。本来读了大学，学问已是你的了，中国的社会、政府却还要负责就业问题，好像政府出钱培养人，读了大学毕业就应该给他工作。我说这些都不合理。

我们以前是自由教育，老百姓自己教孩子教出来，各种各样的。现在政府的教育有个规范，在一个框架下面，你办教育必须要照这个路子走。这怎么培养人才啊？等于你和好了一堆面粉，要做包子一定是包子，要包饺子一定是饺子，用这样一个形式教人家子弟，后面的人也跟着这样做。所以我是不大同意的，可是我几十年来也没有反对。

我在大学里教过书。我教书的时候不点名的，我管你学生叫什么名字啊，你们大学生我也看不上，我公开讲的。我为什么不点名啊？如果我的学生做了总统，我一定离开这个国家，免得说我跟他有关系；他做得好对我没有好处，做得坏我还丢人呢！所以我不点名。因为现在不是过去的教育，现在当老师是出卖知识嘛，教完了，拿到钟点费就走了，管你听还是不听啊，老师也不要负责；学校变成了商店，顾客至上，做学生的可以批评老师。我写过一篇文章，但没有发表，有人看了，说"老师啊，再写下去吧"，我说不能写下去了。

今天因为你们要办教育，我告诉你们弄清楚，办学校岂是那么简单的？不是你有钱就能办。天下事就是两个条件，一个钱财，一个人才，人才比钱财还难得。譬如现在我们这个学校在这里开办，有很多因素，主要是我这个老头子还在，有九十多年的本钱，还有各方面的关系。怎么办学校？你看教育体制的规定，我们是合法申请，跟他们讲清楚是实验学校，实验把新旧教育、中西文化做结合。换句话说，不大同意现有的教育方法，孩子天天要做很多功课，把孩子脑筋都压坏了，文武什么本事都没有。还有教育最难的，不光是使这个孩子书能够读好，要先注意这个孩子长大了怎么谋生，有一口饭吃。先教会他谋生技术，哪怕做水泥工也好，做木匠也好，可以打工赚钱。他可以学问很好，不一定做官，也不一定发财。

我在欧美各国，看到中国留学生在馆子里端菜、洗盘子，什么工都肯做，赚钱供自己的学费或零用。这些留学生在外面这样，我看了就很生气，父母培养你出来留学，在国外什么苦工都肯做，一回到中国就摆个臭架子，什么都不肯做，一定要拿高薪，岂有此理！我看了就生气，是不是这样？（众答：是。）这个叫什么教育？人格的教育都没有。我说，你假使留学拿个博士回来，不怕没有饭吃，像在外国一样打工，什么事情都肯做，很低的待遇都肯拿，学问是自己的嘛，能把学位、身段放下，那我就佩服了。我在美国的时候，大陆正值刚开放的阶段，我就劝这批留学生，赶快回中国去救这个国家。那些学生是共产党员，我天天给他们上课，中国前途向哪里走，要他们快回去，不要待在这里了，这都是事实。

结合新旧教育的实验

我们这里办实验学校，有这一个原由。我晓得你们心里很有热忱，是很诚恳真心的，那你们学武训嘛！我很佩服他的。武训是清朝末年的一个叫花子，山东人，他自己没有读过书，到处跪下来要钱，办了学校。武训是教育家代表。可是"文化大革命"的时候"四人帮"不但批孔，还批武训！这都是历史的教训，办学是那么简单吗？

现在，我简单概括。你们如果办学校，首先要先到台湾看一下薇阁学校。李传洪接手薇阁有二三十年了，现在有几千个学生，在台湾非常有名，也享誉国际。他高薪聘请了十几位外国老师教英文，花下成本，校长换了好几任，教育长也换人，都是甄选过的，遇到好的老师就请过来。

我们推广儿童读经典古书，现在外面流行儿童读经，是我们宣传、印书，进而全国都受影响，这是第二个因素。

第三个因素，我在这里办了太湖大学堂，郭校长他们有办薇阁的经验，同时在这里也看到国内的教育问题，所以办了这个实验学校，把新旧文化、中外文化综合起来实验。政府现在教育是一级一级考试，大家只要孩子功课做得好，管他头脑吃不吃得消，天天做课题，我这里没有。从立案申请到开始办学，既要守政府法令，又要不照规定路线走，以实验我们的理想。所以郭校长去买了各省、市、县的课本，比较各地课本的不同。我曾经让郭校长把苏州颁布的中小学语文课本拿来，翻开看看，哎哟，这些课本怎么搞的，我真的一个问题都答不出来，这怎么办？

我说我们要做实验哦，把这些课本先摆着，开头一两个月，直接教孩子读古文，就是专上语文课。当然不止古文，新的观念也要教，简体、繁体字都要认得，还要练拳，文武合一。像这样你们哪里做得到？因为我本身也会武功，那个教武功的老师教得对不对，我一望而知。你们办学校，懂这个吗？不是随便去找个会打拳的人就行，卖膏药的也会打拳啊。这里有时候连着两个月教孩子们认识各种草药，将来若是做个草药医生，也可以谋生有口饭吃啊！何必一定要自己的孩子做了不起的事？能平安一辈子，多好呢。我们这学校什么都教，也请来外国老师教英文，教孩子们做点心、面包，老师讲他的外国话，孩子讲中国话，一个礼拜以后，学生慢慢都学会了。英文也是如此。然后在孩子快放假时，把政府规定的试题测试一下，每个孩子都得八十几分，可见我们实验是成功的。没有照一般学校那样，每天每节什么课什么课，带一堆课本，还要加上课外补习，让孩子背着重重的书包，把身体压坏了，把眼睛也搞坏了。

你们都读过书的嘛，我们中国的教育，在学校有没有教男女关系？像我亲自公开教小孩子，男孩子不准玩性器官。为什么要告诉他这些？因为有些男孩子犯手淫，把身体搞坏了，很多做父母的都是外行，自己既不知道，当然也讲不出来。这里也告诉女孩子，不准手淫，我都亲自来讲。现在中学里头有生理卫生课，讲到这个时，老师不好意思讲，就让学生自己去看。但这里实验学校是样样教的，让孩子们知道利弊。我很感谢现在的政府，对我这里办学，到目前为止没有为难我，也没有干涉我，而我们做的也对得起政府，对得起社会，对得起你们诸位家长。这是要有菩萨一样的心肠做的，你们要懂得这些道理。

办学内容很难，找老师更难，要懂得所有一切。我们这里还是实验，所以孩子都不是随便考进来的，学生多了我们吃不消。尤其是孩子住在这里，现在等于两个老师照顾一个孩子啊，比你家里请保姆还便宜。你们家长占了便宜了，有那么多老师给你的孩子做保姆、做保健医生，随时注意。孩子们伤风咳嗽，老师们担心得比你们做父母的还厉害，因为不能给学校丢人啊，说孩子来这里身体怎么搞不好了。这里的教育内容是这样。

己立立人 自利利他

你们想办好学校,我非常了解,我推动读诵经典十几年,结果到处都在讲教育。我有些学生在外面讲,要用爱心教孩子,我都反对。不能老是教人家用爱心,我严格教孩子就不是你那套爱心的教育啊!父母严厉教育孩子也是爱,怎么不是爱呢?爱一定要怎么样啊,根本都不懂什么是真爱。办教育不是那么简单,所以我看了你们的好心,在此答复你们,不如先求自立。中国儒家的道理有一句话,"己立立人",自己先站起来,再帮忙别人站起来。你们都学佛嘛,学佛菩萨的精神"自利利他",先求自利,再办社会的教育事业。先把人做好,人都没有做好,不要说来学佛。我也学了几十年,还没有成佛呢!等到我成佛,你也听不到我的话了,大家先好好做人吧!

昨天你们也听了李慈雄博士的报告,他和李传洪都是同学辈,你看现在地下这个瓷砖那么漂亮,都是他公司的产品,我们用的卫生纸也是他公司的。他有十几个公司,各种各样。人家问李慈雄,你做什么生意啊?他说我是给人家擦屁股、踏脚下的。他的公司现在在武汉也办个学校,江西也有项目,但是他告诉我,"老师啊!我现在真想把所有的事业放下来,还是跟着你打坐修行"。他做事业,艰苦奋斗二十几年下来,他也感觉到人生的无奈,对社会国家的无奈,不晓得怎么办。我听了你们的报告,不是责备你们,办学是好事情,不过我把这些经验告诉你们,办学太艰难了,之所以办到现在,是郭校长和舅舅、妈妈他们累积的经验撑过来的。

还有一位家长提到我修铁路。学佛修道先要做功德,所谓"三千功满,八百行圆"才算修行。三千功满,救人一命算一件功德，大家一辈子做了几件啊？我修了一条铁路也不过等于救人半条命而已啊，没什么了不起。办教育、文化事业，这是给人生走的一条大路，要牺牲自我，是很难的。我今天晚上再三声明，不是说你们这个思想不对，是对的，可是要晓得办学艰难，老师找不到，人才难寻。所以我真的很佩服这里的老师们，那么年轻，等于给孩子们做保姆，你看那个侯老师，满腔热忱地办教育，对孩子们有深厚感情，有时孩子们生病，夜里还不放心，她就睡在生病孩子的旁边照顾他们。这些人才哪里去找啊？

今天我对各位临别赠言，你们要注意啊，国家政治的体制、法令规章，不能随便改的，但要是办个学校完全照政府规定，那何必自己办？现在学校多得是。你要照我们这样办实验学校，那中学还办不办？到现在为止我不赞成，太辛苦、太痛苦了，完全是牺牲，不是建房子的问题，而是老师哪里找？而这些年轻老师，我很感激他们，他们也有他们的前途啊！我也要顾虑他们的前途，他们愿意一辈子做老师下去吗？不能只顾虑孩子啊，所以有这许多问题。

今天你们不要认为南老师在骂人、在训话，你们错了，我是很诚恳地告诉你们这个经过，其中的艰难、痛苦、害怕，不是你们所能够懂的。今天我这个老头子在这里这个招牌、还有个脑袋在啊！因为九十几岁了，万一被人家扫地出门也不在乎了，要有这样的精神，那你才可以试试看去做这样的事业，否则千万不要随便去搞啊。我讲完了。

（整理：牟炼）

六、对学校教师讲话

二〇一〇年四月八日、五月十日

第一讲

人生以什么为目的
学者效也
经师易得 人师难求
古代教育的目标
教育是人性的问题
罚或不罚 打与不打

大家请坐，我们随便闲谈，今天麻烦大家抽个时间，来谈谈儿童教育的问题。

人生以什么为目的

先讲我的感想，我对于这里所有的年轻老师，真的很佩服，这不是说空话。为什么佩服？你们都很年轻，尤其受现代大陆的教育出身，在这个时代，能够待在我们庙港这里，既没有娱乐场所，好像也没有讲恋爱的机会，但是你们都安心工作，所以实在令人佩服。太湖大学堂真是一个修行的地方，你们诸位在这里，等于在一个冷飕飕的古庙里，却非常认真热情地教育孩子们。你们诸位晚上没有出去玩，都很清心寡欲，有空的时间还在读书锻炼身体；有时候我随便讲一点课，你们有兴趣也来听，这个非常难得。老实讲，将心比心，我在比你们还年轻的时候，十九岁就出来做事了，二十一岁就带兵了，而心情能不能像你们这样安定，我自己都不敢想，这也是佩服你们的另一个原因。这是第一点讲心里的话。

第二点我觉得大家还要进修，进修是为自己的前途，你们将来不论是否仍从事教育，进修都是很重要的。这在哲学上有个名称叫"人生观"，我常常说现在这个教育错了，也没有真正讲哲学，因为要讲真正的哲学，人生观很重要。我发现现代许多人，甚至到六七十岁，都没有一个正确的人生观。我常常问一些朋友，有的很发财，有的官做得大，我说你们究竟要做个什么样的人，有个正确的人生观吗？他们回答，老师你怎么问这个话？我说是啊！我不晓得你要做个什么样的人啊！譬如你们做官的人，你想流芳百世还是遗臭万年？这是人生的两个典型。发财的呢？我也经常问，你们现在很发财了，你究竟这一辈子想做什么？可是我接触到的发财朋友，十个里头差不多有五双都会说，老师啊，真的不知道啊！钱很多，很茫然。我说对了，这就是教育问题，没有人生观。

我九十几岁了，看五六十岁的都是年轻人，这是真话。有些人都五六十岁了，他们还觉得自己年轻得很呢！我在五六十岁的时候也精神百倍，比现在好多了，现在已经衰老了。但是五六十岁也算年龄大了，却还没有一个真正正确的人生观；换一句话说，看到现在我们国内十几亿人口，甚至全世界六七十亿人口，真正懂得人生、理解自己人生目的与价值的，有多少人呢？这是一个大问题，也就是教育的问题。

我二十三岁时，中国正在跟日本打仗，四川大学请我演讲。我问讲什么？总有一个题目吧？有个同学提出来，那就讲"人生的目的"。我说这就是一个问题，我说人生什么叫目的？先解决逻辑上命题的问题，就是题目的主要中心。什么叫目的？譬如像我们现在出门上街买衣服，目标是衣服店，这是一个目的。请问人从娘肚子生下来，谁带来了一个目的啊？现在有人讲人生以享受为目的，这也是一种目的；民国初年孙中山领导全民的思想，说"人生以服务为目的"。当年孙先生，我们习惯叫孙总理，提到孙总理谁敢批评啊？可是我很大胆，我说孙总理说"人生以服务为目的"也不对。谁从娘胎里出来就说自己是来服务的啊？没有吧！所谓人生以享受为目的、以服务为目的，不管以什么为目的，都是后来的人，读书读了一点知识，自己乱加上的。我说你们叫我讲的这个题目，本身命题错误，这个题目不成立。但是你们已经提出来要我讲人生的目的，我说第二个道理，在逻辑上这个命题本身已经有答案，答案就是人生以人生为目的。

说到人生以人生为目的，现在许多人都搞不清楚了。那么人活着，生命的价值是什么？这也是个问题。刚才我提过，一个人做官，是想流芳千古或者是遗臭万年？这两句话不是我讲的，是晋朝一个大英雄桓温讲的。这样一个大人物，他要造反，人家劝他，他说人生不流芳千古就遗臭万年，就算给人家骂一万年也可以啊，他要做一代的英雄，这也就是他的人生价值观。在历史上有这么一个人，公然讲出了他的人生目的。

讲到人生的价值，我现在年纪大了，一半是开玩笑，一半是真话，我说人生是"莫名其妙地生来"——我们都是莫名其妙地生来，父母也莫名其妙地生我们，然后"无可奈何地活着，不知所以然地死掉"，这样做一辈子的人，不是很滑稽吗？

学者效也

我现在讲这些话听起来和今天要讲的题目愈离愈远了，我拉回来讲，这就是教育问题。今天来讲话，也是为这个主题来的。譬如我们学校，孩子们发生一些问题，虽然我都不管，冷眼旁观，但耳朵听到风声，已经知道一切了，这是老年人的经验。孩子们的问题，是教育问题，也是人性的问题。刚才我提到人生这些问题，牵涉到全世界人类的教育问题，而教育的基本是人性的问题，人怎么有思想？这个思想是唯物还是唯心的？人怎么有情绪？怎么有喜怒哀乐？中国人有两句老话，"人心不同，各如其面"。你看我们人类很奇怪，我们中国十几亿乃至全世界六七十亿人口，同样有眉毛、眼睛、鼻子、嘴巴、耳朵，但没有两个人是一模一样的。你说他同他很相像，真比较起来还是有差别的。所以中国的哲学跟西方不同，"人心不同，各如其面"，中国人这一句土话是最大的哲学，也是最大的科学。如果研究科学，那就是基因问题了。基因是个什么东西？譬如上一次香港研究基因最有名的医生来时，我就告诉他，基因不是生命最初的来源，基因后面还有东西。他说是，是有问题。他这一次再来，说发现是有个东西，我说再后面还有，还没有完全发现。

所以这个人性究竟是怎么一回事，是一个问题；而教育最高的目的是培养人性，指向人性。中国人讲学校、学问，这个"学"字的古文怎么解释？你们里头的老师们都正在研究国学，这个"学"字是这样解释的："学者效也"，效法，效也是学习。譬如我们唱歌、跳舞、练拳，少林寺的高手王老师教你们易筋经，你们看到没有？我们几十个人学，哪一个学得跟王老师的姿势、神气、内涵一样？这个标准很难。我说学武功、读书、写文章、演戏、唱歌，能够学习效法跟老师一模一样，是很难做到的。这是学的问题，也就是效的问题，更是我们搞教育的大问题。而所谓学校这个"校"字，木字旁边一个交，那是盖一个地方，集中大家来学习，就是学校。

讲到做一个老师，现在中国人所了解的西方教育是爱。我听了就笑，你们看了几本书？你讲的西方是美国还是法国、德国，或是荷兰、意大利？西方有几千年历史，讲教育就是一个"爱"字吗？中国都没有吗？中国"爱"字也早讲了耶！至于什么叫做爱？这都是问题。

再回来讲到学与效，中国《礼记》讲这个效，我们做老师的、办教育的,任务太重了,孩子们随时在效法老师、父母。教育不光是嘴巴里教,也不只是读书,父母、老师的行为、思想、情绪和动作,无形中孩子们都学进去了。这就是教育,这个教育叫"耳濡目染",孩子们天生有耳朵、有眼睛,他们听到了,也看到了。老师们偶尔讲两句黄色笑话,你们以为孩子们没有注意听,实际上他们已经听到了,这叫耳濡目染。父母也好,师长也好,社会上的人也好,他们随便有个动作,孩子们一眼看到,已经发生影响了,这就是教育。所以教育不只是在你上课教些什么,整个的天地,自然的环境,统统是教育。

经师易得 人师难求

中国《礼记》上有两句话,"经师易得,人师难求"。老师有两种,一个是经师,一个是人师。古代所谓经师,是教各种各样知识学问的。下自现在的幼稚园、小学老师,上至大学里教硕士、博士的大教授,不过是传播知识的经师而已。我也做过大学教授多年,也带过硕士生、博士生,从我手里毕业的硕士、博士很多。我说小兄弟啊,告诉你吧,学位一定让你通过,恭喜你,不过你尽管拿到博士学位,这个学位是骗人的,拿这张文凭骗饭吃,学问还谈不上。学问连我都没有,活到老,学到老,学者效也,这个效果在哪里?很难了。

我常常说,现在的教育哪有老师啊?我在大学里上课,派头很大,大家都晓得南老师来上课,同学们喊立正啊,我说请坐,请坐。因为我真怕,为什么怕?我二十一岁起带兵,上场校阅,统统是这样,满校场几千人,喊立正,司令官万岁。那时自己留个胡子,冒充四五十岁,自己觉得好高好伟大啊!可是一年以后我就领悟到了,这是什么狗屁的事!这是唱戏嘛!万人敬仰,一呼百诺，这个威风大吧！只要出个声，大家都害怕了；眼睛看看茶杯，好几杯茶就来了，这个味道一般人觉得很好过啊！可是我已经领悟到了，这没有道理。

那个时候都是勤务兵为长官添饭，而我吃完了自己添，服侍我的勤务兵看到都傻了，他说大家都是这样，你怎么不让我添饭？你不要我了啊？我说没有啊！我是人，你也是人，我有两只手可以做；我现在做官，你给我添饭，我老了谁给我添饭？我不能浪费我的手不用啊！我需要的时候再叫你添。这同教育都有关系。所以我带兵的时候，兵跟我就是兄弟。对兵讲话，不像跟你们讲话，对兵讲话很简单，"他妈的"，你以为那是骂人吗？有时候那是奖励的话。这些兵多数是文盲，没读过书，要是像我们今天这样对他们讲话，那要他的命了，他才懒得听。你娘的，他妈的，他就懂了。这也是教育。

刚才讲"经师易得"，传播知识容易；"人师难求"，人师是用自己的行为、品性、言语影响学生，有道德、有品性，一辈子给孩子们效法，这叫人师。大家想想，我们在座的都受过教育，由幼稚园到初高中、大学，请问哪个老师给你印象最深刻？有几个是你最敬佩的？我想很少。

例如我学拳术武功，有八九十个老师，少林、武当、十八般兵器我都学过。我对于学武的老师都很恭敬，后来到台湾还碰到一两个，他看到我好高兴，我请他到家里吃饭。他爱喝酒，我请了一次就再也不敢请了。他一餐饭吃了六个钟头，慢慢喝酒，就谈那一些讲过的事，他希望我在台湾恢复武术的教育。这个老师专学武的，没有文化基础。

我学文的老师差不多也有一百多个，而且有前清的举人，有功名的。真正的老师，我只有一个袁老师，另外还有一两个学文的老师。我现在提一个问题，也给你们参考。我们大家反省，那么多的老师中，能影响自己一生，值得效法、敬佩、敬爱的，能够一想就想起，想起他就跟想到自己父母一样的，有哪些？我想大家跟我一样，从小受教育到现在，多少老师都忘掉了，为什么？"人师难求"。现在我们做人家的老师了，注意，要给受教育的孩子们留下你的影像。

说了半天乱七八糟的话，我就是解释"经师易得，人师难求"这两句话。

古代教育的目标

我们现在再讲中国的教育。先不谈西方什么爱的教育，西方爱的教育这个观念，到现在流行八九十年了。我们原本的教育不讲爱不爱的，但比爱还严重。我们中华民族公认的老祖宗黄帝轩辕氏，一切文化、一切基础在那时已经开始，到现在四千七百多年了。我们的历史，也是从那个时候开始的。

西方讲教育史，可以说从摩西十戒开始，然后到天主教、基督教，一路下来。世界上的宗教都是教育，不过是另定一个宗旨，向那个宗旨走，所以叫宗教，这是简单地解释宗教。西方的教育几千年，是由宗教演变出来的。中国教育是从我们老祖宗黄帝开始的，不是宗教，而是人文的教育。人文教育有三个条件："作之君，作之亲，作之师。"做全国人民的领导、做万姓之宗的就是"作之君"。我们中国人的姓有九千多个，《百家姓》只是一点点。有一部书叫《万姓统谱》，我们万姓宗奉的共祖就是黄帝轩辕氏。这个传下来不是宗教教育，而是"作之君"，做领导。"作之亲"，做长上，爱百姓如子女；"作之师"，全国等于一个大学校，他就是校长，就是大导师。

中国文化有君道、师道，到了后代，师道超然独立，超过帝王和父母之上,这是做老师的尊严。我们中国称孔子为"大成至圣先师",当做皇帝一样礼拜,把师道尊奉在君道及父母之上,师道的尊严竟达到这个程度。上古历史有称"三公",当了皇帝还有老师讲课。我经常讲,书上也有写,中国古代做皇帝的也要进修,每个月要请一个老师来讲课,老师是大臣或翰林院的大学士,请来的这些学者叫经筵侍讲,直到清朝还保留这个制度。

还有一个故事,讲明清这些太子、王子没有登位以前的宫廷教育。那时是请民间考取翰林学士、学问好的大臣来教孩子们,皇帝、皇太后还亲自出来给老师行礼。某一代,这个皇太子不守规矩,不认真读书,吊儿郎当,被老师打手心了,那个时候一样要打手心的哦。老师打了太子手心以后,再向太子下跪;打手心是师道,下跪是行臣子之礼。太子回去跟老祖母皇太后报告,老师打我。老太后不高兴了,这个老师怎么可以随便打太子?祖母给你出气吧!皇太后就请经筵侍讲的老师进宫吃饭,很客气地对他讲,某某人啊,我们这个孩子请你教,是要严厉点,但是我们皇家的孩子,读书也做皇帝,不读书也做皇帝。这位大臣一听站起来说,太后,读书的做圣贤的皇帝,不读书的是做暴虐的皇帝。这个皇太后一听愣了,马上说你讲得对,尽管打吧。这个是讲古代教育史。

教育是人性的问题

现在还是个话头的开始,讨论教育的目的及人性的问题。我一辈子可以说什么都干过,党政军、生意也都做过,人生的经历不少。现在他们搞了一个太湖大学堂,你们看我九十多岁了,我在这里也同你们一样,也在从事教育啊,是教大人的啊。而且我更寂寞，因为我要讲的话没有人听。所以我经常在吃饭时给大家讲，你们郭校长都听过的，教育无用论，我从几十年前讲到现在；我发现中国这一百多年来，教育出现问题了。

现在不谈教育无用论，浓缩回来，教育是人性的问题，这是今天讲话最重要的。人性究竟是善还是恶？还是不善不恶？外国的教育哲学很少讨论这个问题，中国比较特别。春秋战国的时候，假设儒家以孔孟做代表，儒家讲人性是善的，人天生下来个个是善良的，思想行为受社会的污染，变坏了。我们教孩子们读《三字经》，读到"人之初，性本善，性相近，习相远"，这十二个字太深了，可以写部一百多万字有关教育的书。它说人性本来是善良的、平实的，就在目前。性在哪里？就是生命的本来；而思想哪里来？人性里头来的。"性相近"，人性是近于善的，每个人都是好的人。所以孟子说，"恻隐之心，人皆有之"，人性是善良的，慈悲心本来都有，这是"性相近"。为什么人性会变坏？没有受到好的教育，"习相远"，习惯受了社会、家庭父母等种种的影响，因此离开善良的人性越来越远了，所以社会上坏的人多，善良的人少。我们自己的行为思想也是这样，坏的念头、思想、情绪多了，善良清净这一面就少了。"人之初，性本善，性相近，习相远"，所以刚才提到要学习善的一面。

可是同样是儒家的荀子，他提的意见不同。他是孔子徒孙辈的学生，跟孟子差不多同时，他认为人的天性是恶的、自私自我的。譬如一个婴儿，当他饿了要吃的时候，只管自己要吃，如果是双胞胎，两个同时饿了就会抢着吃。因为人性本来是恶的，所以要教育，教育是为了把恶的习性改正为善良，这是教育的目的。同是儒家的哲学思想，有主性善、性恶之异，这是中国文化几千年前就有的哦！当时在西方的教育，还没有我们讨论的这样高明。

　　有一个与孟子同时的学者又不同了，就是在《孟子》书上提到的告子。告子说人性天生非善非恶，善恶是人为加上识别，碰到事情有了是非分别起来的。他说人性像一条毛巾一样，你想折叠成什么形状就成什么样子，所以需要教育，塑造成好的人格。告子是主张人性不善不恶的。

　　第四家，墨子（墨翟），跟儒道和诸子百家都不同，他认为人性生来如白净的丝绸一样，无所谓善恶，无所谓不善不恶，同告子的说法差不多，但略有不同，看社会教育给他染成哪个颜色，就变成那个颜色。

罚或不罚　打与不打

　　教育是讲什么呢？教育的基本原则是改正人性，使人向善良的方面走；教育就是政治，就是法律。一个国家政府的领导人，希望全体老百姓向善，可是老百姓不上道，因此用法治，用刑罚，所以中国的教育从春秋战国周秦以前就打手心的，这个叫夏楚，不是随便打的。我们小时候是受这个教育出身的，老师坐在那里，让你背《古文观止》哪一篇，背错了三个字，在手心打三下，轻轻地处罚；如犯了大的错误，把手掌垫起来打，那就严重了。

　　前两天我一个老朋友杨先生来找我，他都八十几了，他说老师啊，我和您上下有五代的交情，我把儿子、孙子也带来见您的面。那天他坐在这里，听到我们谈孩子们的教育，他说教育怎么不打？要打的啊！我们就是打出身的。他的儿子都四十几了，是喝过洋水的留学生，他当场在这里讲，他说你问我儿子，我的儿子小的时候被我痛打，不是随便打，他做了一件大错事，我叫他趴在凳子上，裤子脱下，我气得一下找不到东西，直接用手打他屁股，打得很厉害，我手都痛了三天。他儿子在那里笑，说："爸爸你是痛了三天，我痛了四十几年，现在还在痛呀。好在爸爸打我一顿，我改过来了，不打就改不过来。"他父子俩对笑。他说对嘛，教育有时候非打不可。

这是讲打与不打的问题。我们现在的教育是不准体罚，我可不是提倡打人哦，是讲历史故事给你们听。其实打或是不打很难说，像我带兵的时候有一度不主张打人，做错了事怎么处理？立正，站在前面，两手左右平伸，两手指头各拿一张报纸，站一个钟头，手不准挂下来，只要低下来就要挨打。你们去试试，站十分钟看看，保证要你的命。说起来我没有打人呀，但比打人还严重。

我们谈教育，讲人性善恶，都讲了，教育是改进人性，究竟应该严厉地处罚，还是只讲原谅呢？其中大有问题。我们现在这里办的是实验教育，我跟郭校长讲，我们办这个教育究竟是对还是不对？心理负担非常重。刚才讲的，都是这里宾客真实的故事。前几个礼拜，一个老朋友来，说他正接手政府一个机构的首长，原来的首长犯了贪污罪。这个朋友同时也在做慈善工作，以及推广农村教育，他的地位不低哦。他说："我接手那一天，背了个包包，自己坐计程车去。他们还没有上班，只晓得那天有新的领导要来接手。我自己推门进到办公室，有一个职员看到我，问你干什么的啊？我也没有讲自己是什么人，只说我来报到的。那个职员态度还蛮好，说你请坐吧。我就坐在那里等，也没人理我。坐了半天，我说老兄啊，我来报到也是个客人啊，请倒杯水给我吧！那个人就起来倒水，又问我姓什么，这时他大概想到了，就赶快打电话给另一个比较重要的长官，说某某人已经到这里等你们了。我说你不要打电话，他正在路上开车，听说我先到了，他万一紧张，出了车祸就糟糕了。"

我说你这个毛病啊，素来作风很民主自由，很好啊。后来你上任讲些什么？他说我一上任就说，我晓得公司损失很大，还有很多烂账，我明天正式上班，你们有许多手头不清的、拿了钱的，赶快归还；如果来不及归还，就赶快把你手边那些钱捐给慈善机构；如果真来不及捐给慈善机构，就去捐给和尚庙子或教堂。再来不及啊，在家里后院挖个洞，深深地埋下去，但是你不要被我们挖到，挖到就对不起了。我听了哈哈大笑，我说你讲得很有意思。他说老师这样好不好？我说你讲得非常幽默有趣，也只能这样处理，真的一翻出来，有很多人贪污，你怎么办？只好送去法院了。这是讲人性的问题。

教育同人性有关系，你说一个年轻人犯了错误，是原谅他，让他自我反省改正？还是处罚他呢？这是人性的大问题，至于处不处罚，或让他自我坦白反省，很难下定论，要临机变通的。总之教育是启发引导人性往好的路上走。如说完全只用爱心、只用自动启发的方法，除非教的是圣人。

清朝有一个很有名的大案，你们在书上大概读过。有个年轻人犯罪，做土匪头抢劫，被绑到刑场。杀头以前的老规矩，做官的要问，你还有什么话吗？这个时候他提出来的，做官的要为他做到。他说我想见我的妈妈一面。那应该，马上派人把妈妈接来，母子两个都痛哭啊。妈妈问说你还有什么话讲？他说妈妈你很爱我，我马上要死了，要离开你了，我要求吃你最后一口奶。他妈妈解开衣裳给他吃奶，他一口就把妈妈的奶头咬掉了。他妈妈痛得骂他，他说我今天的下场就是你教出来的，我从小爱偷拿人家东西，你不阻止我，还鼓励我，说我那么聪明那么乖，让我认为偷人抢人是当然的，才会落到今天的下场。

所以我们从事教育的人，要怎么把人性教好，是个大问题，不要轻易下结论。像诸位老师那么尽心，昼夜关照孩子，可是对教育的方法、教育的诱导，向哪一条路上走，很值得研究。我们这里是实验学校，大家有时间再作讨论。

第二讲

再谈人性问题
再说性善性恶
人之大欲何处来
讲七情

上一次跟大家讲到，教育最高的目的，是彻底认知人性的问题，诸位老师在这里安于清淡而艰苦的生活，我很敬佩；但是反过来讲，你们也很幸福。这里什么课都有（当然是不对外），文的武的，各种各样，你们都可以参加学习。譬如为了你们身体健康，请王老师来教武功，练易筋经、少林拳，他可以说是很有经验的武林前辈了。我们过去学武功，要专门单独磕头拜师、行师礼、送学费的。在这里开放，你们自由参加，所以说你们非常幸运。因为怕文化有断层，你们年轻不了解，特别告诉你们一下，不是要向你们邀功，是希望你们知道珍惜这个机会。

我在这里讲佛学等各种各样的课，都是各听自由，你们只要有空可以来听，没有收费用吧！郭校长也没有强迫你们来听吧！我没想到你们真的认真听完，还自动写报告，我很感动。你们既然写了心得报告，不管好坏，我心里有个责任感，不能不看，都要批答。可是我老眼昏花，所以要人念给我听，字错了，改一改；有问题的、有要点的，打个记号，我来答复；还有些需要单独面谈，我也谈了。你们注意，这样的作为也就是教育精神，你们做老师要学习哦！活到老学到老，你看我是九十几岁的老头子了，算不定明天就死的，还这样负责任，你们对后辈的教育，也要这样负责任才对，这是对自己良心负责，这就是做人做事。

中国几千年文化，难道没有教育家吗？可是很可怜的，在这一百年来，有人真正写出中国教育思想史、教育制度史、教育发展史等吗？有，但都不全面，不完整。你们有许多是学教育的，从一般师范学校教育出身，学的多数是外国教育的教学理念。外国的文化特别注重教育，形成一门独立的学问，是在十六世纪以后，最多不超过四五百年。而我们中国文化是五千年，就算打个折扣，也有三千年，从一开始就注重教育，过去称为教化。教化的意思，是包括全体政治在内。可是我们这一代教育，不研究自己的文化，搞文化工作的不知做些什么事，这是很令人遗憾的。

今天讲中国文化的特色，大家要启发反思，自己有那么多好东西，没有去研究。所谓研究，是正式读书思考，再提出来实行，可以与西方的教育接轨作比较。

再谈人性问题

你们都是菁英分子，将来是否继续从事教育，没有关系。我上次提出教育问题是认知人性问题，想不到诸位老师非常注意这个问题，我很高兴。因为你们真的把它当问题了。尤其是郭姮晏校长，回到台湾，把我讲的录音带放给大家听，据说薇阁学校的老师们听了都很震动，还说有几位校长、老师，都是老教育家，深受感动而流泪。这两天，李先生又在北京跟一些大学校长、教授们谈起，他们也要这个资料。我说这是刚起头，并不完备，因为我每天都很忙，虽然我九十多岁了，一天的工作量还比你们大得多。我昼夜在工作，假期也不例外，你们可以出去玩，我自己不能放假。过年没有休假，也没有星期假日。现在虽然老眼昏花，但仍从夜里十二点钟以后一直工作到五六点，天亮了才睡。

上次谈到教育是人性问题，我不晓得讲清楚了没有？不止教育，乃至政治、军事、经济、哲学、文化，不论哪一门学问，最后的最高点都离不开人性问题。所以这次开"经史合参班"讨论《资治通鉴》时，也讲到人性问题，中间牵涉到中国文化几位大宗师如老子、孔子等，后来加上印度的释迦牟尼佛。关于人性问题，释迦牟尼看得最清楚，讲得最透彻。现在不是讲佛学哦，这只是引用到这个故事，不能不讲。释迦牟尼是个王子，天生要做帝王的。他生下来，父亲找来很多看相算命的，说他长大一定成佛，是万世教化众生的圣人，如果不成佛呢？会做金轮圣王。在印度文化，所谓的转轮圣王，分为金银铜铁等，金轮圣王可以统治全世界，让天下太平。所以他从小到大，受宫廷特殊的教育，博通世间各种学问，文武双全，却在少年时就放弃王位出家修道，他追求的是什么？因为他自己参悟到，即使做了金轮圣王，使天下国家太平，不到三五十年，也一定变去了，这是人性的问题，因此他要出世追寻人性根本的大问题。

我们中国有几千年历史摆在那里作例子，最好的帝王政治也一样，一定会变去，变好很难，变坏太容易。为什么会如此？为什么政治、法律、道德都不能改变一个人？所以我常讲教育无用论，法治也无用，换句话说政治也无用了。政治体制，每个朝代都要变动，为什么？都是人性的问题。所以我对诸位提出来讨论，教育问题最重要的是要彻底认知人性问题。

再说性善性恶

提到人性问题，上次我已经说过，现在再说一次。儒家孔孟之学主张人性本善，"人之初，性本善，性相近，习相远"，这四句话很深。换句话，人性先天是善良的，后天养成的习惯使得差别越来越大。讲到先天后天两个名词，孔子在《易经》上提到，"形而上者谓之道"，形而上是先天，西方哲学叫本体论；

"形而下者谓之器",器是有形质的物理、物质现象作用,是后天的。

与性善说法相反的是荀子提出的人性本恶,他也是儒家,是孔子后辈的学生,是秦始皇的宰相李斯的老师。上次讲过,譬如双胞胎的孩子,如果肚子饿了,大家都抢先要吃。还有很多例子说明人性本来是恶的、自私的,因此后天要加以教育。

另外告子认为人性不善也不恶,他说人性像杞柳一样随你雕琢,要圆就圆,要方就方。换句话,他这个观念是认为人性无所谓善恶,就看你怎么教育、怎么造就。注意这个逻辑问题,如果你们不细心的话,会认为告子讲人性没有善恶,那就错了。

还有一个,跟孟子差不多同时的墨子,他讲人性先天就像干净洁白的素丝,无所谓善恶的,看你后天怎么染色,墨子认为善恶是后来加以分别的。

在两三千年前,当时我们的文化哲学已经争论过这个大问题了。可是后世,尤其我们这一百多年来,已经不注意也不讨论它了。你们研究西方哲学的宗教的,譬如天主教、基督教,乃至伊斯兰教,也是讲人性本是善的。《圣经·旧约》上说上帝创造了万物,也创造了人,人本来都很好,因为亚当、夏娃被蛇诱惑,吃了苹果,所以做了坏事,有了饮食男女关系。提到西方的文化,现在都拿美国来做代表,那是错误的,美国只有两三百年历史,不算的,要讲西方文化,欧洲的法国、德国、希腊,都要注意。

人性究竟是善是恶?教育是彻底认知人性问题,这个问题今天晚上暂时讲到这里为止。为什么呢?真正研究人性的善恶问题,有先天与后天的差别,这是哲学与生命科学以及认知科学的大问题。注意啊!究竟生命的根根在哪里?宇宙怎么会生出万物?怎么生出人来?这是形而上,属于哲学上探讨本体论的问题。追究起来又涉及是唯物的还是唯心的，是心物一元或非一元？很多问题，所以先把这个形而上的问题摆在那里，暂时不讨论。

人之大欲何处来

今天我们开始讨论形而下的问题。我们人从娘胎生下来，你说这个婴儿是善是恶？很难下定论。善恶是思想行为所构成的，我们现在讲政治也好，法律也好，教育也好，讲对错、善恶、好坏，都是后天教育来的，是每个人思想意识分别而生，是人们主观的判定。举例来说，"饮食男女，人之大欲存焉"，这是孔子先提出来的。不但是人，就是鸟兽之类也如此，饿了一定要吃，上面的嘴巴要吃喝，下面的性器官会冲动发泄，这是由于性欲的关系。所以饮食男女，是人最基本的欲望。我们的大成至圣先师，承认"饮食男女，人之大欲存焉"，但他也没有说欲是善或是恶。

这个大欲怎么来的啊？孔夫子没有讲，它是唯物的还是唯心的？它是生理的还是心理的？你说饮食男女，有善有恶吗？饮食的需求与性欲的冲动，有没有是非善恶？没有。譬如一个男婴睡着时，那个生殖器翘起来，他没有性欲的观念，是生理自然现象。又譬如我手里端的这盘梨子，它本身有是非善恶吗？没有。可是我要吃你来抢，就有善恶是非了，是不是？所以男女饮食本身没有善恶是非，善恶是非是从人为的观念欲望出来的。观念欲望是人的思想，思想与情绪不是行为，假使一盘黄金摆在这里，我视之如粪土，不想要，我没有罪嘛！如果我要把它偷来、抢来，这就犯了罪。善恶是这样来的，是不是？我们举这些例子，你就懂了很多的道理。

我们人的饮食男女欲望，最初开始是怎么来的？这要注意了，我们人生来有思想、有知性；思想的功能很大，我们普通叫它是"心"，是个代号，不是指身体功能器官的心脏。这个能思想的作用，我们的文化里有的把它叫心，有的叫意，有时候叫性。你看中国字，这个"意"字，上面一个建立的"立"，下面是个太阳一样，古文是画一个圆圈，中间有一点，下面是个"心"字，这个"意"也是心的作用。第三个"識"，左边"言"字旁，中间一个发音的"音"，右边加一"戈"字，言语变成声音，像武器一样可以杀人，也可以利人。我们的心、意发生内在的思想，再变成外面的行为言语，是非善恶意见来了，就是识。心、意、识是三个阶段。

如果你真研究这三个字的意义，什么是心，可以写二三十万字的书；什么是意，什么是识，又各为一本书了。学哲学的有知识论，现在新的观念认知论，都是翻译过来的名称。我们人怎么有思想、会知道事情？这个究竟是唯物还是唯心？是神经？还是心脏？还是细胞发生的？都是问题，一般人不做专门研究不会懂。尤其现在流行讲意识形态哦、发展哦……反正大家怎么讲就跟着那么讲，并没有用心思考。这里讲人的思想意识习惯怎么来的，如何用教育使人向善。

讲七情

再回过来讲，生下来的孩子就有思想，肚子饿了就哭，捏他痛了会哭，逗他开心也会笑。生命中的"性""情"这两个东西，中国上古文化几千年前就提出来，也就是《易经》所谓阴阳两半合拢。中国字一个字代表很多的意思，这个"性"字，不是本体先天的本性，是讲后天的性。性就是代表知性，能够知道一切。胎儿在娘胎几个月已经有思想，父母在外面的动作他都知道，不过记不得了。现在不是研究生命科学，暂时不谈，如果研究生命科学再告诉你们。

这个"知"是生命本有的。婴儿时会哭会闹，那个是"情"，我们现在经常说，"我情绪不好"，情绪不是知性哦！我们举个例子，譬如自己要发脾气的时候，知道自己要发脾气，内心也会劝自己，不发也可以啊，可是忍不住会发，这是情的作用，不是知性的作用。这个情是什么呢？几千年前，《礼记》先提出来性情。希腊、埃及、印度、中国这四大文明古国，只有中国先提出性情的问题。性是知性，情是七情，喜、怒、哀、乐、爱、恶、欲。中国后世讲七情六欲，六欲是佛学的名词，暂时不讨论，现在我们讲中国本土的文化。

七情的"喜"，是属于与心脏有关的；"怒"与肝脏有关；"哀"是肺肾的关系；"乐"是高兴，同心肾都有关系；"爱"，贪爱，属于脾脏的关系，我们通常讲脾胃，胃是胃，脾是脾，作用有别；"恶"，讨厌，有些人的个性，看到人与物，随时有厌恶的情绪；"欲"，狭义的是指对男女性的欲望，广义的是贪欲，包括很多，求名求利，当官发财，求功名富贵，要权要势，这都是欲。

"喜"，很少有人天生一副喜容，尤其是中国人。我在外国时，一个美国朋友问我："南老师，你们中国人会不会笑？"你们听了一定跟他吵起来，中国人怎么不会笑？我一听，我说我懂了，你这个问题问得好，你们美国人的教育习惯，早上一出门，随便看到谁，哈啰！早安！都笑得很习惯。我说你不懂中国人，中国的民族不像你们的教育，譬如大人带着孩子，对面来个不相识的人，如果这个孩子说："伯伯你好！"大人会说："人都不认识，你叫个什么屁啊！"我说我们的教育是庄重的，不是熟人不敢随便叫,不敢随便笑。所以东方人个个都像是讨债的面孔,好像别人欠我多、还我少。所以佛学讲"慈悲喜舍",一个人每天欢欢喜喜,那是很健康的。

"怒",你看我们很多朋友一脸怒相,任何事都看不惯;还有些人眉毛是一字眉,脾气很大。东方属木,肝也属木,东方人肝气都容易有问题,所以容易动怒。

"哀",内向的、悲观的,什么都不喜欢,一天到晚努个嘴,头低下来,肩膀缩拢来,看人都是这样畏缩。现在说的自闭症、忧郁症、躁郁症啊,都与生理上的肺、肾有关的。

"乐",有些人是乐观的,我们这里有一个朋友,我叫他外号"大声公",笑起来声音大,外面都听得到,他就是乐观的人,胸襟比较开朗,这和心气关系密切。

这个"爱"字呢?中文所讲的爱有贪的意思,贪是对什么都喜欢;有人喜欢文学,有人喜欢艺术,有人喜欢打拳练武功,有人喜欢偷钱,有人喜欢散财,各人喜爱不同,这个"爱"字包含就很大了,东方称贪取叫"爱"。现在西方文化讲爱的教育,是由耶稣的"博爱"一词来的,那就是中国儒家所讲的仁,佛家叫慈悲,我们普通叫宽恕。儒家孔孟关于做人有两句很重要的话,"严于律己,宽以待人",这是教育,严格地反省、检讨自己的过错,宽厚对待别人、包容别人、照应别人。这是讲到爱,顺便讲到有关教育的一点。

"恶",恶的心理就是讨厌,有人个性生来就有讨厌的心理成分,所以随时自己要反省,"喂!老乡啊,这里有个东西我们一起去看看。""你去吧,我讨厌。"会不会这样?讨厌是一种情绪。善恶的"恶"字读"俄";厌恶、可恶这个"恶"字念"勿",去声,现在叫作第四声,古文在右边上方打个圈圈。

"欲",刚才提过了,是属情的方面,生命一生下来,婴儿小孩就有。如果碰到好的教育家、好的老师，一望而知，可以看出孩子的性向应该走哪一条路，学什么比较好。

你们教育孩子，要想了解他的健康，就要认识这七情，这是一般心理情绪的状况。

刚才提到"性""情"两个字，现在只讲到"情"，"性"还没有提。"性"在后天是"知性"，那内容就很多了，今天把"情"这一段先提一下，还不是结论哦，我先交代，将来有机会再继续，作详细的讨论。

我讲这些，是引起你们从事教育的人的注意，同时配合古今中外有关教育的知识，好好研究。现在我们只是站在教育立场上讲，实际上，整个政治的大方向，做人做事都在内，都要特别注意。好了，谢谢大家。

（整理：牟炼）

七、对学校教师第二次讲话

二〇一〇年八月廿七日

『学成文武艺』的目的

教育无用论

实验学校的宗旨

活到老 做到老 学到老

一个孩子的来信

注意腰的力量

（郭校长介绍学校教职员）

郭校长下午就吩咐我了，要我跟诸位老师讲几句话，我说好啊，当时就答应了，现在我不晓得要讲什么。

诸位老师好像有一半是新来的，一半是原来的老师。我想讲什么呢？我有一个感想，我们办这个学校，开始是从台湾李传洪董事长办的薇阁学校影响过来的，再经由郭校长的提倡，侯老师的努力也是功不可没。

那么这个学校啊，大家晓得是太湖大学堂内部办的，法定的名称叫作"吴江太湖国际实验学校"。请大家注意一下，是个实验学校，实验一个新的教育经验，想拿这个学校做到一个新的教育理想，所以叫作实验学校，这一点大家应该有一个了解和认识。

"学成文武艺"的目的

我们要实验什么呢？我今年九十多岁了，从推翻清朝到明年整整一百年，这一百年间，中国的变化太大了。文化、教育、政治、经济、商业、工业，每一样都在变化，教育的变化更大。像我从小是受家塾的教育，我常常告诉大家，我们中国从周朝开始，汉唐宋元明，一直到清朝，这个帝王制度的三千多年期间，政府没有出过钱办教育的。我们以前的教育是民间自己把自己孩子教好，读书不是为了做官，不是为了发财；学武功、学武艺也是同读书一样，不是为了做将军，是自己高兴。文武两头都是这样，不是政府出钱培养。

民间把子弟们教好了，学文的也好，学武的也好，都卖给政府。怎么卖？过去帝制的政府有两个本钱，功名和官位。功名三年一考，愿意做官的自己来报名，不愿意做官的就不来。有人一辈子学问武功都第一流，但不肯做官，也不求功名，这在过去历史上并不少，不像现在。过去政府用功名来钓民间的知识分子，这叫考取功名。功名有三级，秀才、举人、进士。三级功名里，进士最高。考取了进士，还要经过殿试，皇帝亲自把这些进士找来考一下，殿试的第一名叫状元，第二名叫榜眼，第三名叫探花，很光荣了，自称是天子门生，皇帝的学生，那威风大了。但是没有什么了不起，这还只是功名，能不能出来做官又是另外一件事。所以功名跟做官是分开的，古代的制度清楚得很。

《朱子治家格言》有两句话，你们诸位读过没有？我们从小记得，一句是"读书志在圣贤"，读书的目的是想做圣人，自己的学问修养超凡入圣，不是普通人。不像现在，大学毕业就想找个工作，求很好的待遇，不尽然的！另外一句是"为官心存君国"，万一考取了功名出来做官呢？这个人不属于自己的了，已经属于国家，出来做官是为了报效国家，为老百姓做事。做到该退休的年龄，就告老还乡，还是回到乡下去做个老百姓。中国传统的教育是这个目的，我们从小是这样受教育的。

教育无用论

民国以来引进外国的教育制度，办小学、办初中、办高中、办大学,什么师范大学,各种各样,都是西方来的。政府花了那么多的教育经费,变成现在这样,不晓得教育出来什么人?好像没有教育出来什么人。

譬如中国最有名的北京大学,是推翻清朝以后的第一所大学,当时全国只有这一所。我们小的时候都想读北大,但我没有资格。怎么说没有资格?没有钱。我是浙江海边人,对面就是台湾,那是很偏僻的地方,是很落伍的农村。你要想读北大,你家里有多少钱啊?刚才有同学告诉我,现在的教育,一个农村的孩子只要读了大学,就变成"脱富致贫",有钱的家庭就穷了,给这个孩子读书读穷了,读不起啊!现在还是这样,听起来很悲哀的。以大陆来讲,现在一个农村家庭,两夫妻很辛苦地供养孩子读书,孩子读了书以后,从中学到读完大学,再也没有回去过这个农村里头。像我就是一个,我十几岁离家,只在十年后回去过一年,到现在没有再回过家里。我不算个人才也算个烂才啊,但是对家乡、对家庭都没有贡献。

但现在不管发财的也好、做官的也好,上台做事的大多数都不是名校出来的学生,这是一个教育大问题了。

我是受旧教育出身,然后跟着受新的学堂教育,也受过军事教育,还受过武术的训练。我专门学武功两三年,那很浪费时间,学出来做什么?学武功出来可以做总教官、教练。可是我的目的呢?是兴趣,我不在乎能不能出去教人家练拳、打拳,我不管那一套,我有兴趣啊,学会了再说。我学军事,带过兵也教过兵;我也做过官,文的武的都有;我在大学听过课,也去上过研究所。我这一辈子可说所有的教育都受过了,我个人的结论下来清清楚楚,教育无用论,教育是教不好一个人的。以我的经验,人不是学校教育能够改变得了的。一个了不起的孩子啊,就算你不给他读书,把他按在泥巴里头,他都会站起来,成为一个有用的人；站不起来的孩子，无论你怎么培养、怎么教育，也只能成为一个平庸的人，所以我几十年来总结的是教育无用论。

我现在家里是子孙满堂，四代人了，孙子来看我，我说孩子啊，不要读书啊，认得字、会写信就好了，学个专长。读书没有用，读到跟爷爷一样有什么用？对不起国家，对不起社会，对不起家庭，对不起自己。我是这个理论。你看历史上这些名人，真对社会国家有贡献，不一定是受这个教育出来的。我尤其反对现在教育，书包背那么重，孩子好多是近视眼的；父母更错误，把自己做不到的理想放到孩子身上，希望孩子做到。现在叫孩子读书，第一个是为了面子，大家都读书，家里孩子没有读书，怕人家看不起。第二个，自己没有发财，希望将来孩子发财；自己没有做官，希望孩子读出来能做官。如此害了自己，也害了孩子。所以我更体认到教育无用论。

另外我也做过大学教授，也都教过博士、硕士，我告诉他们，你博士也只是一个学位，学位我会给你，但学问是一辈子的事，活到老学到老，你们做不到的。

实验学校的宗旨

因为不同意现在教育的方式，我们办了这一个学校。不能说反对，反对也没有用。做什么实验呢？想把中国的文化跟西方文化接起来，结合中西；还有把古代传统的文化学问跟现在的接起来，结合古今。中国文化的特色是什么啊？要拿出来古今中外四个方向的文化，结合在一起。而且我们采用古时候书院的方式，既自由又严肃、既轻松又严谨地把孩子们教好，让他们什么都懂，尤其注重生活、礼仪的行为教育，还要注重职业教育。

你看你们都读书出身的，除了会读书教书以外，对不起，我讲一句真话，你们还有什么本事可以吃饭？没有！肩不能挑，手不能提，水管坏了也不会修。受现在的教育，都很可怜。我们想要真做到职业的教育、对孩子生活的教育，想走这个路线，所以把这里叫做实验学校，希望诸位老师先懂这个宗旨，这是第一点。

郭校长她十二岁跟我出国到现在，为了办这个学校，受我思想的影响很大。跟你们讲老实话，开始办学校的时候，她都哭了，跟我来谈，问我办不好怎么办啊？我说孩子啊，不要哭，办不好就不办了嘛，我们自己出钱，自己有地方，自己定目标，谁也没有叫我们办，要办就办，不办就收了，天下事空的嘛！她听我这样讲就笑了，说我懂了，我来办。办到现在两三年了，她很忙碌，这样改那样改，这样想那样想，现在实验到什么程度还不知道，还在实验当中。教育的方式一直在改变，改变是为求适应这个时代，想创造一个模式给大家看一看。我们这里办到现在，大家都在看着我们，我们也在看着大家。所以虽然我们有自己教育的方法，但对外面应该考试的功课都要留意，孩子们需要适应这个社会嘛！这也是我们教育的目的。

诸位在这里放轻松愉快，我把时间耽搁太久了，就少讲一点。

活到老 做到老 学到老

第二点，诸位在这里做老师的，你们都很年轻，注意哦！你们虽然读了书、当老师，学问并不见得就真的好哦！这话只有我有资格讲，我也没有别的资格，就是年纪比你们大，有资格可以批评你们。你们不管二十岁也好，三十岁也好，到六十岁还要要求进步，活到老、做到老、学到老。像我现在九十几岁，眼睛花了，也还天天求学。眼睛花了，我就借用别人的眼睛，譬如身边同学，我说你来。"老师，什么事啊？""借用你的眼睛，你读给我听。"我自己最近眼睛老花，还没有恢复，看不清楚，看你们都是个影子，你们的面孔我看起来都是模糊的。但我还在求学，至死方休，到最后一口气没有了，才不再求学，这就是活到老、做到老、学到老。所以也希望你们要进修读书。

在中国文化方面，我想你们的底子也不一定扎实的，这还是客气话。你们可以趁着在这里教书时，专读一本书，《幼学琼林》，而且要读下面的小字。这一本书全部读完，你们的国文就有扎实的基础了。我这不是规定或要求你们啊，大家应该自己努力。

除了《幼学琼林》，第二个你们读什么？讲外国文化的书。譬如说希腊的文明、埃及的文明、印度的文明、英国的文明等。前几年有这一套书，赶快叫同学从香港买几套摆在学校，你们分别借阅，随时知道世界知识。万一你们出去留学，今天要研究英国问题，就抽英国的来看，都翻译好的，这一套书很好。当然还有更深的，这里先不讲了。

你们在这里半年或一年，还可练武功进修，我们这里的王老师是少林寺的老前辈，请他来教大家练武，锻炼身体。你看我九十多岁，你还没有我这个精神，没有我这个身体，这样是不能做事的，你们的身体都有问题。所以让你们每天打拳不是打着玩的，是锻炼身体。王老师已经是五六十岁的人了，你看他精神多好，身体多好！一分精神一分事业，没有健康的身体就没有精神，更别谈学问了，这都要注意。

我今天讲话贡献大家两点：一是知道实验学校在实验个什么东西，不是空话；二是勉励大家多学习。现在外面千万只眼睛在看着我们这个学校，看南老头跟郭校长你们这几个人能搞些什么东西出来。

七、对学校教师第二次讲话

一个孩子的来信

主要的两点讲完了,再附带一点告诉你们,有个孩子写来一封信,我叫秘书室代我答复了。

之前有一个孩子十三岁,他参加了几次这里办的夏令营。我二十几年前提倡读经运动,中、英、数三个一起来;李老师带着郭校长走遍了全国,从落后地区开始提倡,由郭校长编出儿童读经的书。所以从很早以前,他们家里都读我的书。有一次他特别写了一封信给我。侯老师你们还记得吧?那天晚上把一百多个小孩统统惊动了,这个老头子怎么对他那么重视啊?他会作诗,文章也不错,他说以后要做医生,我就抽出中医最重要的书要他读,说孩子你尽管去吧,但是我们不一定希望你做什么。

另有一个参加夏令营的孩子,也曾给我来一封信,问到教育的问题。他说现在的人们忙忙碌碌,却不知道自己在忙些什么,自己的终点又是什么。学生们没有真正的梦想,大人们则为那些无谓的名利所困,请问在这样一个混乱的社会中,如何保持自己内心的一份清净而不被外物所干扰?很多人都说是由于快速发展的经济和科技导致的,不知您对西方文化、科技等的看法是怎么样的?最后他又问:人一生最应该拥有和放弃些什么呢?

诸位都听到了,这个孩子写这一封信,他所有问题也都是大学校长、教授们要问的,就是这个国家教育制度的大问题,我看也是我们现在实验学校的问题。

我有两篇东西,是这几年给欧美同学会讲的,正好是对这些问题的答复。你们过去老师们也听过,但都没有印象了。我正要把这些文字印出来,给大家作一个参考,同时也回答了很多人的问题。

注意腰的力量

　　最后为大家补充一下，你们练习打拳，我差不多每天都到场。王老师教得非常好，帮忙在教的也教得都对。但是你们离中国练拳的武艺还差远了（师起立做示范），这个手、眼、身、法、步连成一气很重要。譬如伏地挺身，这是我们练武时的基本动作。你们几位女性，把两手两脚趴在地上，结果光是屁股在伏地挺身，不对的。伏地挺身是靠两手两脚，全身其他部位不用力，把身体挺得很直。生命的重点在腰，所以人老了是这样（师做驼背状）。把腰力、身体练好就行了，像我这样扎一个马步，转过来就是弓箭步，只有十五度，看到吧？这样转，腰力很重要。

　　你们没有看过，假使找两个人把我打横抬起来，一个人抬我的头，另一个人抬脚，我的身体还是直的；抬起来，我还可以讲话，这个是腰的力量，可是腰不要用力，就是教你们懂这个窍门。你们普通人把头一提，脚一提，屁股就坠下了，身体弯起来了，对不对？所以我叫你们看我一下，就懂了。但他们不让我示范，怕一抬我这个老顽童，万一出了问题，后果严重，算不定明天就办丧事了。就是把这个道理告诉你们，好好去练习。好，今天我讲完了。

（整理：牟炼）

八、感论中国文化的儒家

二〇〇二年初于香江

师儒之道的由来

师儒之道的分歧与衍变

秦汉阶段

魏晋南北朝到隋唐

宋明理学的兴起

明清时期的儒林

八、感论中国文化的儒家

常常有人问我，儒家就是中国文化的中坚代表吗？我往往瞠目不知所对。因为我性喜博览，但不能由博而约，专攻一技一艺之学，故而至今一无所长、一无所成，所以不算是中国读书人中的知识分子。只是因缘际会，在偶然需要时，讲过《论语》《孟子》《大学》《中庸》等孔、孟学说，因此被人误认为我通儒学；就像我生平喜欢说禅讲佛，别人就误认为我也通达佛学。事实上，我既不通儒，更不知佛，当然也不明道，只如韩非子所说的南郭处士，滥竽充数罢了。所以我的书，只称得上是"他山之石，可以攻错"，聊供参考而已，如果要再深入地问我，那我就无言以对了。

中国五千年来的文化，因时代累积久远，自然会形成庞杂而高深的特点，正如庄子所说的大椿之树，八千岁为春，八千岁为秋，因成长年代久远，自然枝条茂密，干叶缤纷，又加上攀附丛生于干外之藤萝茂草，纵使是专家学者也难一一剖析精详，又岂能随便即加定论？明白这个比喻，便可知道，要讲中国文化，实在不能以一概万，更不可以偏概全。勉强地说，中国几千年来的文化，本质影响民间社会的是杂家、阴阳家和道家之学，并非纯粹是儒家或孔孟之教。再看历代政治学术思想的运用，实质上，也掺杂了法家、道家、兵、农、儒、墨等诸家之学，并非完全属儒家学说。

师儒之道的由来

讲到文化，首先应该知道我们自己的历史，更要细读我们先民的历史。对于三皇五帝等堂皇尊号暂且不论，只要从我们的共祖轩辕黄帝所建立的文明开始，大家就会了解，我们的文化是由上古原始自然科学的天文、星象、历数，以及人群生活技术的农业、畜牧、兵器等的开发所形成，然后根据自然规律的星象，而建立起管理事务的政体官制。但是这一切的上古传统学术，后来却统统被汉代的历史学者归纳到道家、阴阳家、杂家的范围里，因此在汉代以后，似乎只有儒生们所标榜的儒学才是中国文化的核心，这个现象完全是由误解而产生的结果。

周公制定礼乐，再经六百年后孔子删诗书、定礼乐，若要说如此形成的孔、孟儒学就是中国历史政治上的主流，那也未必尽然。须知周公、孔子著书立说的目的，只是汇集先民对于人道文化的精华，传之后世，希望以此文教普及人人，上至帝王，下及百姓，都能做好一个"人之谓人"。万一出而为政，为社会人群做大事，则必须博古通今，知道如何才能做好一个圣君贤相。换言之，孔子秉承周公汇集教化的宗旨，也正如庄子所说的只是"陶铸尧舜"，教导人们如何塑造一个圣君和贤相的典型，使他为人群服务而不负平生所学。

但很遗憾的是，自秦汉以后，所谓的儒生们，为了谋求荣耀的职业而出仕为官，只是依附在既成权力的帝王丹陛之下臣伏称尊，自己既非皋陶、契、稷的君相雄才，更未怀有"致君尧舜"的臣子之道，由此反而使负有师儒之道的儒家学说，以及"五经""四书"等儒学内涵，变成了千古蒙尘的迂疏之学。虽然如此，但在中国的历史文化上，历代的儒生们总算还保留了周、孔之教的精神，而使儒家之学发挥了经络作用，成为周延贯穿诸子百家的重要文化。好比人体血肉之躯的生命，如果没有经络的作用，就会断绝活力而了无生机了。

师儒之道的分歧与衍变

周武王奋起革命，推翻殷商末期纣王的暴政，建立诸侯分封、中央集权的周朝封建制度，大致相似于欧洲历史上的联邦政体。但周朝的封建制度，并非类如欧洲中古时代奴隶制度的封建。周代的政治，是以文化为中心的政体，由周公姬旦制定礼、乐、刑、政制度，并以师儒之道为最高导向，所谓"师以德行教民"，是以注重全民的道德教育为基础，"儒以六艺教民"，是以全民自治、文武合一和生产技术相结合为根本。但在时势的驱使下，任何一种体制，始终难逃盛极必衰的自然规律，所以周初封建体制虽然是以师儒之道的精神为基础，但是经过几百年后，也渐渐趋向衰落而变质了。

所谓师儒之道的礼、乐遗风，到了春秋时期，只有周公后嗣的鲁国大体上还保有周礼文化儒术的规模。所以便有出生在鲁国的孔子起而祖述王道遗制的精神，删诗书、定礼乐，传述德行之道和六艺（礼、乐、射、御、书、数）相结合，保留兼备师儒为一的教化，作为后世的准则。孔门弟子如颜渊、曾参，传承了孔门以道兼艺的精神；至于子游、子夏等人则稍有不同，是以文艺兼道为主。因此，春秋末期，在鲁定公、哀公（西元前五〇九至前四六八年）时期的鲁国，还保留儒术最为淳朴的风气，这个时期，也就是后世认为儒家学术思想突出成家的主要时期。

秦汉阶段

　　战国开始，除孟子以外，由儒家衍生出的如荀子（荀卿）儒术，便大大不同于曾子、子思传承的道贯。且在由孔子所订定的六经（诗、书、易、礼、乐、春秋）的传授上，也各自主守师承，显现了分歧。到了秦始皇统一天下，用荀子的弟子李斯为相，建立以法治为主的政权，至此完全舍弃周鲁儒家的典范。因此在秦、汉交替的七十年间，所谓儒家经世之学几乎命如悬丝，虽不绝，但如缕。

　　刘汉兴起初期，旧史所称誉的文（文帝）景（景帝）之治，它的文化政治精神，大体上是以黄（黄帝）老（老子）的道家思想和刑名（法治）相掺杂为主体。传到汉武帝时代，才有所谓"罢黜百家、独尊儒术"的时势出现。如果站在现代思维评论汉武帝时代的文化历史演变，对于"罢黜百家"之学的得失成败，实在难下定论。但自汉武帝到汉宣帝以后，汉朝政权政府中公、卿、大夫、士、吏等各阶层的人才，大致来讲，确实多是文学彬彬之士，蔚成一代风规。

　　东汉以后，号称有儒生数万人，对五经章句训诂的学问反而愈来愈疏懒，一般所谓的高名善士，不但不能以周、孔之学致君于尧舜，更不能感化皇帝背后的一群太监。在朝廷中的有学之士，因为厌恶太监们的擅权和专横，这一班自命为君子的儒生，非但不能如君子般周而不比，反而如小人般比而不周，结成党派，与太监们竞斗权力。在历史上首度出现东汉特出的党祸，终使刘汉政权陷于衰落，败亡了事。但我们在前后《汉书》中，如能注意儒林的传记，便可知道两汉经师家法和授受的秩序。对于周礼师儒之道的精义，虽然并未达到最高领域，但在当时的名儒大臣们的章疏文辞中所祖述之周、孔法言，对于辅助当时的政治和教化，仍属相当有力。所以历史学家们认为，汉儒"朝秉纲常，士敦名节，拯衰销逆，多历年所，则周鲁儒学之效也"。这些评语虽是秉笔写史的儒家们的主观之言，在儒言儒，大致也是事实，无可厚非。

魏晋南北朝到隋唐

到了魏晋时期，因受汉末儒学空疏迂阔的刺激，学术思想一变，偏向《老子》《庄子》《周易》，三玄之学崛然盛行，儒家经学几乎有衰歇停顿之趋势。尤其自东晋以后，政局演变成南北分治的割据局面，师儒之道的传承也就渐渐发生见解的异同，北魏和南朝的萧梁时期，对于儒家经学的义理注疏，文辞更臻缜密。南方的学者喜新厌旧；而北方的学者却守旧而疑新，甚之，还讥诮南朝的学者标新多伪。在此时期，由印度传入中国的大小乘佛学布译新知，与三玄之学互相合拍，成为魏晋南北朝文化吸收并融会新知的特色，姑不具论。

隋唐之际，承接魏晋南北朝两百余年儒、佛、道三家之学互相掺杂的开放思想，学问主流从儒学的六艺转变成以文艺为胜场。文章诗赋别开生面，除了孔颖达的《五经正义》汇成巨著之外，师儒之道的精义、专家传经的风气，在此时几乎绝响。李唐三百余年间的文运，既有雄浑潇洒的豪气，亦不乏风流倜傥的韵致，其实，都是禅道与文艺相仍的天下。中唐以后，名臣学士为了政见的异同而兴意气之争，关于师儒之道的经义，在学术上并无特别的创见，如李德裕和牛僧孺的朋党之争，无非是文人学士在政治上的意气用事，以致祸延朝野。直到唐末五代八十年间，高明之士大多厌倦时势，不逃于禅，即归于道。

宋明理学的兴起

宋初名臣以师儒之道自任，形成相权与君权之间分庭抗礼的气节，似宋朝如此尊重师儒之道的形迹，前迈汉、唐，后至元、明、清三朝，亦皆所不及。由此开启濂（周敦颐）洛（程颐、程颢）关（张载）闽（朱熹）四派五子的理学儒宗，他们专事阐发心性的微言，自称继承孔、孟心法，推排佛、老学说，后世的师儒名教从此专守程朱章注，认为即是周、孔的绝学。尤有甚者，《宋史》也变易了《汉书》《唐书》的成式，别立道学与儒林的分类传记，借此标榜宋代的道学方是孔、孟、颜、曾师儒之道的真髓。其实所谓儒林，只是文学辞章之士，还不及子游、子夏之辈于万一，实在是一大出格现象。因此积成北宋时期君子攻君子、名臣攻名臣的著名党争，形成洛党、蜀党、朔党等的异见，造成元祐党祸的巨变，足为历史的殷鉴。南宋末期，权臣名相又起而打击道学，指为伪学，以学术意气的主观成见作为政治斗争的戈矛，自相内讧，终使宋室由文弱而至于灭亡，尤为可叹！

但在两宋三百年间，割据北方立国的辽、金、元，乃至与宋室相终始的西夏等国，其政教规模大体上还是遵守孔、孟遗教。只是北方学者大多援儒入于佛、道，或以佛、道揉入儒学，别树风格。更有视宋儒理学并未彻知儒宗因而颇有异议者。唯一般研究文化学术史者，大多忽略此一史实。

明清时期的儒林

元、明之间，儒学承先启后，应是受到南宋末期金华、永嘉事功学派的启发。而后继起的河东薛敬轩、姚江王阳明，门庭分立，递相兴替，但始终不脱宋儒朱熹的"道问学"与陆象山"尊德性"两者的藩篱。明代唯一特点，即是百家争出，模拟禅宗的公案语录，开创儒家学案的著作，对于经义家法完全寂默无闻。自嘉靖到神宗以后，一如东汉末代，大臣学士起而与太监争权，终于构成东林党祸的巨变，促使民变与盗贼相结合，以致亡国。崇尚儒学的清代学者，综合宋、明儒家与汉儒经师而作比类，认为"两汉名教，得儒经之功，宋、明讲学，得师道之益，皆于周、孔之道，得其分合，未可偏讥而互诮也"，但对明代儒学又不能不另加公允的论断，因此便说："揆之周礼，有师无儒，空疏甚矣。然其台阁风厉（指如张居正等），持正扶危。学士名流，知能激发。虽多私议，或伤国体，然其正道，实拯世心。"似此两非两是的案语，犹如老吏断狱，先入其罪，而又笔锋一转，为之巧妙开释，真如刀笔吏的含混妙文，令人拍案叫绝。

清朝初建于东北边鄙，但自建都盛京（辽宁沈阳）开始，即知为政之道必须首重儒士，于是起用明末先世流徙东北而归顺旗下的儒生，如范文程、宁完我等辈，为之参照明朝政体，建立规模。范文程是宋代名臣范仲淹之后，文武兼资，入关前后大致都以儒学正道匡扶王室，敦正人心，为皇太极、顺治、康熙继统初期的三朝重臣。

康熙亲政开始，英年好学，特别重视儒家经说，兼习西洋天文、历数等学，与李光地、熊赐履、魏象枢、张英、方苞等大臣互为师友，尊重周、孔经义，袭用明朝以来的程、朱章注取士制度。且在战乱之中起用前朝归顺的敦品励行的儒臣，如汤斌、陆陇其等辈，形成以儒家礼义治天下的一朝吏治，清官循吏辈出。但在民间隐居不屈的大儒如孙奇逢（夏峰）、黄宗羲（梨州）、王夫之（船山）、李颙（二曲）、顾炎武（亭林）等辈，有鉴于明末儒林空疏迂阔的流弊，屏居讲学，以经世之学和师儒之道自任，影响清朝两百余年来用儒家经义的经世之学，改变了宋明理学诸家徒事心性的迂疏理念，转而注重汉学训诂的考据，终使清儒两百余年的经学大有超越汉、唐之势。如阮元所辑的《皇清经解》一千四百卷，凡一百八十种；咸丰、同治以后，又有王先谦续编一千余卷，二百零九种等，确实蔚为奇观，学者虽穷毕生之力，亦难尽窥细致。至于其重视考据而发展为近代的考古学的先导，其功更不可没。

但从顺治开始，经康熙、雍正而到乾隆三代，虽然外示尊重儒家经学、重用敦品励行的儒者以笼络天下士子，但在王室自修内明的心性之道方面，三代皆潜心佛学以配合外用之术。如康熙重译《般若心经》，雍正专志禅宗，整肃佛教，加之乾隆童年即随父亲雍正学禅，后又禅密兼修，而能自译密乘《大威德金刚仪轨》等，殊非一般儒家学者所能理解。但乾隆对心性之学的精辟，不如父祖两代在事功上的深刻锻炼，故继位以后流为偏好词章文艺；虽然如此，亦促使乾、嘉七八十年间的清代文学大有直追唐、宋而过之的风格。

降至道光时期，承平日久，社会风气奢靡，文人学士大多沉酣于风花雪月文辞丽句之间，如著名的词人项鸿祚（莲生）在《忆云词》自序所说，"不为无益之事，何以遣此有涯之生"，学者诵而悲之，由此可知道光、咸丰之间的文风日变。忧时愤世如龚自珍（定盦）、魏源等人有鉴于此，即乘时立说，注重西北蒙藏边防与海防外祸的实用事功论议，激起同侪林则徐烧毁鸦片的丰功伟业。同治以后，文运再变，清史所誉的中兴名臣曾国藩（涤生）便是其中翘楚，他用其毕生学术与事功的实践心得，选辑《经史百家杂钞》一书，述而不作，显示其于经世学术的大要。至于曾国藩家书一类的琐言，乃其余事而已。

但在此际，海运已开，清末学者所谓的九洲万国知识已渐启其蒙，于是光绪、宣统之间便有忧时之士如南海康有为、梁启超等辈，以儒学经义而吸收西洋文化中的政学理念，用其所长的《春秋》《公羊》主旨，提倡尊王师夷的维新学说，风靡一时。虽然康、梁在清末民初的大革命时期偏执保皇主张，舍此是非不论，即以康有为掺入西方政学理念而著作的《大同篇》，却对民初各党派革命志士的思想启迪颇大，这是现代历史文化演变的事实，不可因其人其事而废其言。与此同时，留学欧、美的名儒严几道与辜鸿铭，皆能精通中国与西洋诸家学说而终归于儒，但限于时势，人皆等闲视之。今取其有关言论以资反思，如云："严几道精欧西文字，所译书以瓌辞达奥旨，举中外治术原理，靡不究极原委，抉其得失，证明而会通之。常于广众中言自由、平等、权利诸说，要皆未尝无利，倘无所折衷，则流荡放佚，害且不可胜言。""辜鸿铭论学，以正谊明道为归。尝谓欧、美主强权，务其外者也。中国主礼教（指《礼记》《仪礼》《周礼》经学），修其内者也。近人欲以欧、美政学变中国，是乱中国也。异日世界之争必烈，无中国礼教（指《礼记》等经义之学）不能弭此祸也。"

至于推翻清朝、成立民国以后直到现在八十余年间的变故，儒家经义与孔、孟治国平天下的学术理念，几乎已随三千年的历史陈迹而消失无遗。

二十世纪中期以来，由于工商与精密科技的发达，货币金融的洪波巨浪几乎淹没了人文学术思想的潮流，其间虽有少数对中国固有文化的多情学者综合新知，倡说新儒学，志为中流砥柱，实已无异强弩之末，势不能穿鲁缟，可谓名存而实亡；但其抱残守缺之精神，待时而兴之志向，诚可嘉赏。

九、谈中学与西学的体用问题

时间：二〇〇八年五月廿七日

地点：太湖大学堂

听众：欧美同学会

第一堂

开场白
百年的人与事
龚定盦的预言
戴鸿慈的资料　蒋梦麟的说法
西学为体的百年
西方的毒害

开场白

我这个老顽童是一无所长、一无所能、一辈子无所成就的人。今天我们在一起，都是这位老同学玩出来的，她经常给我出难题。前不久，她说大家希望有机会请我谈一下"中学为体，西学为用"的问题。我听了哈哈大笑，我说你们怎么乱出主意啊？这个问题不是问题，中国人讨个外国太太，或者外国人讨个中国太太，就是"中学为体，西学为用"了嘛！当时是那么说笑的。后来我说好啊！你们要研究这个问题，这是我们中华民族一百多年来的大问题。她本来说有事要到欧洲去，我说那就下一次再说。她听我这样一讲，就说不去欧洲了，把机票赶快退了，一定要完成这个任务。这就是这次事情的缘起。

"中学为体，西学为用"这个问题，不是问题，但要真正讨论东西的文化思想，至少要几十个钟头。有人说这是清朝末期大家闹革命，要推翻中国三千年来的帝王政治制度时张之洞提出来的。其实这个问题，最初是《万国公报》华文主笔沈毓桂在一八九五年（清光绪廿一年）发表的《匡时策》中说的，后来张之洞《劝学篇》也引用，并推广论述。讲到"中学为体，西学为用"，先要研究张之洞这个人，还有他和曾国藩、李鸿章、盛宣怀等大臣，以及容闳、辜鸿铭这几个初期国外留学生的关系。除此之外，更涉及乾隆以后的嘉庆、道光、咸丰一直到光绪、宣统这个清王朝的衰亡，这是很长时间的一段历史文化问题。你看我这样一讲，内涵资料就那么多了，再讨论起来，中西方学者沟通之间的矛盾对立，就更为突出了。

我常常想做一个研究，恐怕一百多年来没有人做过的，就是以一个世纪为单位倒推回去，譬如推到老子、孔子、释迦牟尼、苏格拉底那个时代的前后一百年，看看当时西方出现什么人、什么思想，东方又出现什么人、什么思想，就会发现东西方的情况几乎是相同的。所以古人有两句话——"东方有圣人，西方有圣人，此心同，此理同"，道理都是一样的。我也活了九十多岁，看到这整个一百年，很想把东西方做一个对比。一般学者没有严格地讨论过这个问题，诸位都是全国现代的菁英，希望能真正读书研究做这一件事。

百年的人与事

刚刚跟你们诸位见面以前，见了一个北京的老朋友。他的年龄不小，地位也颇高，他说他们也读了很多书。因为是好朋友嘛，我就直说你们根本没有读书，你们都在读外国人讨论中国人的书，但没有深入研究学问。他就笑了。当然我指出很多的理由，其中也牵涉了今天的问题。

我讲这个题目时，想起古代一位诗人元遗山，他是金朝的大名士，而金朝亡于元朝。在元朝统一中国这个阶段，他有两句诗："百年世事兼身事，樽酒何人与细论。"他说一百年当中，世界上以及个人家庭一切的事情，其是非利害的关键，没有对象可讨论。他的诗引起我很多的感慨。

为了使大家容易研究何谓"中学为体，西学为用"，我可以把结论先提到前面来讲。我们这一百多年来，用的都是西方的学术，没有真正用过自己的文化学术，这是很奇怪的事。我们推翻清朝至今只有九十七年，跟我的年龄差不多，这段历史我不但听过、见过，甚至都亲身经历过。我常常说笑，我这个头从十九岁开始就有很多人想要了，不敢想象到现在还活着，好奇怪！所以我们经历过的艰难困苦，跟诸位同学的经验是完全不同的。你们许多是出国留学回来的，你们的运气好，一帆风顺啊！

十九世纪到二十世纪是整个阴气很盛的时期，很多国家是女人领导的，英国的伊丽莎白、中国的慈禧太后、韩国的明成皇后，还有二十世纪末期印度的甘地夫人等。

这百年当中的著名人物，先从西方开始，法西斯的墨索里尼怎么起来，那时我只有十几岁啊！当时流传过来的西方文化，如所谓意大利文艺复兴的后三杰——达·芬奇、拉斐尔、米开朗基罗，对我们震撼很大。接着是德国的希特勒、英国的丘吉尔、法国的戴高乐，然后一直到日本军阀一齐起来了，加上中国的蒋介石、毛泽东，这一百年间的人物，男男女女，很可观，这是讲大的。其次，第三四流的英雄豪杰也不少，但是，"而今安在哉"？新的时代会出来什么英雄人物？还没有看到，二十一世纪究竟如何也不知道。十九世纪末有那么多人，比三国时代、春秋战国还混乱，而东西方文化的冲击又那么严重。这都是在一百年之中的事。

龚定盦的预言

上推回去一百多年做对照，西方出了马克思的理论，中国有没有人呢？有啊！大家没有太注意，勉强可以对比的是嘉庆时期的龚定盦。他是上海人，也是当时的一个怪人，文章很特别，思想也很特别。龚定盦和魏源、林则徐他们有关联，后来之所以有林则徐烧鸦片、发生鸦片战争，是他们这一班人的思想所造成

九、谈中学与西学的体用问题

的。现在影印龚定盦的文章《乙丙之际箸议第九》发给大家，他的文章蛮古怪的，很值得看，他发表的理论影响了那个时代。我来不及逐字跟大家解释，希望大家回去研究。

在清朝乾隆、嘉庆时代，社会表象好像很安定，但龚定盦已经看到乱源，当时他就提出要特别注重边疆问题，他说国家是要出事情的。所以近一百多年，像我这个人脑子里同样也注重中国四周的边疆问题。譬如东北、内蒙古、西藏、新疆到西南那一边的边疆；还有海疆，由广东起一直到东北，我们海岸线那么长。他还讲到人才的问题，我们看讲义中间这一段：

"人心混混而无口过也，似治世之不议"，他说这个时代，在他看来是太可怕了，一般人糊里糊涂、没有方向，社会好像很太平，可是社会上没有人才。他那个时候骂起人来比现在厉害。"左无才相，右无才史"，他说朝中的宰相、史官，没有一个有才的。"阃无才将"，也没有一个有军事才能的武将。"庠序无才士"，学校里头没有一个有才的学生，也没有好的老师。"陇无才民"，农村社会的老百姓中也没有一个有才的人。甚至"廛无才工"，做工艺的没有一个了不起的匠人。"衢无才商"，做小生意的没有一个有才的商人。"抑巷无才偷"，连做小偷、流氓的都没有人才；就同现代一样，小偷、流氓光在街上抢女人的皮包，这不是"巷无才偷"吗？"市无才驵"，这个市场也没有好好做买卖的人。"薮泽无才盗"，做土匪强盗的都没有一个有才的。"则非但尟君子也，抑小人甚尟"，他说这个社会已经搞得表面太过于太平了，太安详了，不但没有好的人才，连坏的都没有了。那个时候他已经看出来清朝要乱，靠不住了。这一篇文章是非常有名的。

翻过来我们看他的《夜坐》这首诗，是我随便叫他们抽印的，"沉沉心事北南东，一睨人才海内空"，他忧患的心情比你们诸位还严重,"一睨",眼睛一看,注意"睨"字,是斜着眼睛看,"人才海内空"啊!通通看不上。他当然也是研究佛学道理的,最后两句话很有意思,"万一禅关砉然破",他说万一我打坐修定,忽然得道开悟了以后,"美人如玉剑如虹"。你看他的豪迈的狂气,他就是这样一个人。

当时龚定盦看到清朝要乱了,整个社会没有人才,一般聪明才智之士多半在抽鸦片烟,甚至在我十一二岁时还亲眼看到这样的现象。他说当时清王朝没有好宰相,没有好将军,什么都骂了,当然没有骂皇帝,保留一点面子。结果他的文章出来不到几十年,就发生了鸦片战争,太平天国也起来了。

我们要注意,太平天国用的是西方文化,用西方宗教外表的皮毛影像建立了太平天国,很快就打到了南京。曾国藩起来平乱,肩负的是中国儒家文化的精神,两个刚好中西对比。太平天国的成功与失败,中间问题很多,讲起来又是一个大题目。可是有一点,太平天国是广西人组织起来的,打到了南京,政权里说的统统是广西话,广东话都不通的,外省人很难插进去,这是文化语言的问题。曾国藩、左宗棠、彭玉麟、胡林翼等,都是最有名的儒将,所谓这些清朝中兴的名臣,以曾国藩做代表,用的是中国儒家的文化,打垮了披着西方不伦不类皮毛文化的太平天国。

戴鸿慈的资料　蒋梦麟的说法

刚才提到过,我想先把结论放在前面,让大家注意,我找个资料给大家做参考。你们诸位都是全国的菁英,我们看看这篇文章,这是清末政府指派出洋考察的五大臣之一戴鸿慈写的。他是广东人,当时是户部侍郎,后来还做过尚书。他出国考察整个欧

九、谈中学与西学的体用问题

美的文化,回来写了这个奏折,非常有名。他八个月当中把当时欧美的政治、体制、一切文化等搞得清清楚楚。不像现在,虽然出去留学三五年或者七八年,还不如他弄得这么清楚。他回来后,建议国家的体制非改不可,但是他不像康有为、梁启超等搞戊戌政变,他不来这一套。他的建议非常有力,文章内容很好,就连慈禧太后也听进去了。

这一篇资料很值得一看,本来想与大家一块儿讨论,但时间来不及了。可是希望诸位不要像看现代书那样看,那样看是有问题的。如照现在看书一样,好像不过如此,那你就没有学问了。看这篇文章还必须要有一点古文基础,中国的古文是把不同的方块字,一个字或者两三个字,好多观念累积浓缩在里头,不像现在学西方的白话文,一个观念用几十个字来说明。我常常说,看现在的文告、翻译的书,或是写成的文章,句子好长哦!二三十个字一句,看了下半句不晓得上半句说什么了,都是堆积起来的。如果用现在这个方式读,你就读不懂古文了,希望大家注意,仔细研究一下。

我作了一个大概的结论,先提到前面来讲。中国禅宗在唐代有位三平禅师,他与曾经反对佛道的韩愈一样有名。韩愈在中国文化史上的地位是"一言而为天下法,匹夫而为百世师"。这是苏东坡恭维他的(见苏轼《潮州韩文公庙碑》)。

看起来韩愈是反对佛、道,但他最后是学佛修道的。有一次他被贬到广东潮州,当地有个大颠禅师,韩愈就去请教他,向他问道。他问的是形而上的问题,大颠禅师没有讲话,只是在座位上敲两下。韩愈当然不懂。这时站在旁边的是年轻徒弟三平禅师,韩愈只好问他,师父刚才是什么意思啊?三平禅师说,这个你还不懂吗?"先以定动,后以智拔",先要做工夫宁定,宁定后自己的智慧发起,可以大彻大悟。后来韩愈懂了没有,谁也弄不清楚了。

三平禅师后来有一个偈子，我认为这与"中学为体，西学为用"的问题有关了。他的偈子说：

即此见闻非见闻　无余声色可呈君
个中若了全无事　体用何妨分不分

"即此见闻非见闻，无余声色可呈君"，这个眼睛能够看见，耳朵能够听到，脑子能有思想，都靠不住，因为我们的思想是生灭法，每个念头都把握不住的，思想学问随时都会溜了过去，也靠不住，究竟是唯物唯心还是个大问题。"个中若了全无事，体用何妨分不分"，这个里头的道理，由形而下到形而上，真的彻悟了，了解了，什么事都没有。我现在引用"体用何妨分不分"这句话，来答复诸位所提"中学为体，西学为用"的问题。

第二个结论，我们晓得中国原来都以北大为最高学府，推翻清朝以后有位校长蔡元培，后来因有蔡元培、胡适等人物，才引出五四新文化运动这些问题。后来蔡元培下去了，这个历史经过就不谈了。接下来的校长蒋梦麟也是浙江人。蒋梦麟最后退到台湾，晚年在台湾做了一件了不起的大事，就是创建了"中国农村复兴委员会"，简称"农复会"。当时开始做农复会时，他向蒋介石老先生讲过一句话，他说你要我来做有个条件，党与政府不能进入干涉，完全由技术领导。蒋老头子说："好！我们不干涉，只是帮忙。"所以"农复会"对台湾的农业复兴以及农业市场，一直到现在贡献很大。

蒋梦麟也已过世了，他曾著了一本《西潮》，西方文化思潮影响中国，你们同学应该找来看看。他对中西文化当然很内行，现在我要讲的还不是这个。我讲的是《西潮》出版后，蒋梦麟

九、谈中学与西学的体用问题

在晚年说：我是三家学术用一辈子。哪三家？"以儒家的学问做人，道家的学问处世，鬼家的精神办事。"我们当时听了，不禁要问，蒋先生啊，你说的鬼家是鬼谷子吗？他说不是的！我说的鬼家是学洋鬼子，以西方的逻辑来处理事情。所以，以儒家的学问做人，道家的学问处世，鬼家的办事方法，这是讲体用问题。这是我们今天这个题目大概的结论，虽是笑话式的，也有很深的意思，大家可以体会。

西学为体的百年

接下来，广东人孙中山先生以三民主义号召全国起来革命，推翻清王朝。三民主义吸收了洋学，引用英美的文化，立法、司法、行政三权独立，加上中国古有的监察与考试两权，变成五权宪法。他的理想是以三民主义、五权宪法建立一个新的国家体制。孙中山所创立的国民党推翻清朝帝制政权，准备用这样一个民主的体制立国，所以国民党的政府有五院——行政院、立法院、司法院、监察院、考试院，五权分立，是平等的。但国民党推翻清朝以后，来不及统一中国就碰到问题了，西方文化的军国主义也来了。这时的国民党很可怜很可怜，可以说各省的强权军阀各自独立，直到北伐打到南京为止，根本还没有完全统一中国，只是名义上统一。当时南方的两广、福建，西南的云贵、四川，直到湖南，长江以南各省，及西北、东北各地，都是军阀割据，拥兵自重，国民党中央没有真正的统一过。这时留学生回来，又反对"中学为体，西学为用"。其实不管西学、中学，一片混乱，一概都没有用上。事实上，那时大家只有一个观念，"枪杆下出政权"，才能维持各省的独立。

民国六年（西元一九一七年）时，俄国人的革命成功，人民势力起来了，由俄国变成苏联。接着是民国八年的五四运动。严格讲五四运动不是文化运动，五四运动最初的动机是起来反对北洋政府与日本偷签几乎等于卖国的"二十一条"。即使在这个阶段，中国根本也还谈不上资本主义的社会。另外如无政府主义、三民主义、君主立宪、民主自由等，各种各派的西方主义思想纷纷涌进，凡是欧美留学回来的，就把西方所有东西都搬回来，在我们这个国家政坛上都试用过。直到现代，我们用的还是马克思主义以及社会主义等。所以我说现在影响中国、影响全世界的都是西方文化的思想，一个是达尔文的进化论，一个是马克思的资本论，一个是凯恩斯的经济学理论，一个是弗洛伊德的性心理学，再勉强加上一个是美国人杜威的实用教育。就以自然科学来说，大家都还在牛顿万有引力定律与爱因斯坦相对论的范围之内。我们几十年来引进自然科学的教育以及精密的科技，哪一样不在西方文化的体用里头打转？现在只是很简单地带过去，详细地说都有凭有据。

但是我们一百年来都在自吹自擂，称道自己的文化，轻视西方。尤其现在人所称"中国文化的特色"一词，我常常请问什么是中国文化？我们到今天的所有体制，没有一个是中国文化真正的精华啊！这需要我们大家注意研究了，我们这个国家由现在展望未来，究竟要走怎样一条路？这是诸位同学肩膀上的责任。这一百多年来，虽然高喊"中学为体，西学为用"，根据我们刚才随意的述说，事实上通通是西学，没有中学啊！大家当然是中国人，还认得中国字；而今中国字还有认不得的，就是简体字。吃一碗面写的是脸面的"面"，我们吃面是吃这个（南师手指脸），中国文化根本连字体都有了问题，太丢脸了！几十年前，甚至还有人主张整个废除中国字，用罗马拼音，学外国人拼音讲话就好了，要把几千年的文字都废掉。这也是有凭有据的事。因此我们研究中国这些问题，要以一个多世纪作对比来研究。

太阳从东边出来从西方落下去，研究这个世纪，要从三百年前开始才行。刚才首先提出来龚定盦的时候，那是由乾隆到嘉庆时代，已经开始有了变化。再严格地讲，大家常常讲到西洋文化十六世纪的文艺复兴，仔细研究一下在文艺复兴以前的西方，就知道西方在将近一千年之间，都是在宗教的文化笼罩之下，这在西方历史称之为黑暗时期，所以才有马丁·路德的宗教革命，以及十六世纪文艺复兴的突起。当然大家或许没有仔细研究这个问题，但至少要了解西方文艺复兴这个名称。文艺复兴是绘画、歌舞等文艺解放，向自由主义的路上走；接着是科学的发展。这个时候，大家都忽略研究印度、中国两个古国文明的变化，同时也要兼带研究日本、朝鲜等与西方文化接轨的事迹。

最有趣的是，你们看看这一百年来所有的民主党派用的名号和精神，哪一个不是西方文化的代表？例如民主进步（简称民进）、民主社会（简称民社）、民主革命（简称民革），等等，有哪个用的不是西方文化呢？嘴里还拼命说中国文化了不起，这不是使人笑掉了大牙吗？

西方的毒害

"中学为体，西学为用"的问题来了。现在我们讲印度来做一个参考，几千年来的阶级观念，到现在还是存在，印度几千年来的文字、语言没有统一过，至今还有几十种。如果研究世界上的宗教，天主教、基督教的来源都是印度。在清初时期，印度已经不行了，荷兰与英国早在印度成立了东印度公司。这个时候，你们同时要注意研究外贸商业经济等问题。尤其是英国的东印度公司，他们发现有个东西——鸦片，是中国人所爱好的，可以利用它到中国赚大钱。我不但看过鸦片,也亲身经历过,像我们家塾的老师们都抽鸦片,抽鸦片是在床上面对面躺着,中间点着一灯如豆,那个境界有如辛稼轩的"蓦然回首,那人却在灯火阑珊处"。躺在那里吞云吐雾,身旁有最好的浓茶和点心,的确是很浪漫、奢侈、暧昧的享受。

抽了鸦片以后,人的思想状态近似于服用美国二三十年前发明的迷幻药(LSD)那样。我有好几个美国学生曾经拿LSD来吃,说吃了以后会得定升华,可是很难受。后来我有一天出门了,三个美国学生来我家,等我一回家,发现家里极其脏乱,我睡的床被都是脚印。他们说:吃了迷幻药以后,我们看到老师已经飞到了峨眉山,我们跟到山上找你。他们就上床,把我的被子当成峨眉山,爬上去要找我,所以弄得家里一塌糊涂。我说这个东西那么厉害啊!拿来我试试看受不受影响。这些美国学生听到我要表演,那个高兴啊!我吃了三个,非常难受,后来好像灵魂就飞出去了,很舒服,人似乎就忘身、忘我,但是脑袋发胀。发胀大概是我的境界,我硬用禅定方法把它化掉了,两个钟头坐在那里不动。之后下座,他们说:噫!奇怪,怎么老师一点儿事也没有?我说你们错了,我经历了很多事,我用了很大的定力才把它们化掉。所以,现在我对那些吃迷幻药的人很了解。

你们注意,清末民初这个时代的知识分子几乎都在抽鸦片,连清朝道光皇帝也沾上了,这就知道为什么林则徐要烧鸦片了。我们算算当时每年因买鸦片流出国外的资金有多少啊!大家学经济的没有太注意过这个问题。这个时候中国没有靠美援、外汇,没有靠台币,也没有靠港币,这些钱哪里来的?尽管如此,我们国家还能够存在,这是个经济问题。鸦片战争以后,我们受外国列强的侵略,每战必败,赔款多少啊?这个赔款也没有靠美援、外汇,也没有靠台资、港资。我们中国钱怎么那么多?赔了那么多钱,也没有把我们赔垮。大家要注意这个,这都是严重的经济问题,你们要把这些统计下来。

印度呢?更不得了,可是印度今天还是那么活下来了。这两个东方古老的大国,受外侮侵害,真是疲惫不堪。最近听说有一篇文章,说东方两个国家,一个印度,一个中国,一两百年来没有侵略过人家,都是受列强侵略欺负的,可是列强对这两个大饼始终无法完全吞没。什么原因啊?这是一个大问题。

所以我们对"中学为体,西学为用",要认真地仔细思考研究。大家都晓得那么讲,如果根据我所了解的资料,不管资本主义也好,马克思主义也好,自由民主也好,都在东方中国的政治舞台上一幕一幕扮演过。譬如说经济的建立,我常常说你们研究一下中国,讲经济建设的先要研究《管子》,发展经济强国的主张非常多。《管子》这个不是随便读读的,要真研究,我们今天所讲的许多观念在《管子》这本书上都有,这是"中学为体"的问题了。先休息喝点茶,我们再来讨论。

第二堂

认知科学与唯识
想是想　思是思
三世与因缘
意识　健康　梦境
第六意识的复杂作用
性理与理性

九、谈中学与西学的体用问题

我们本题是讲"中学为体，西学为用"，其实到现在这一百年，为体又为用的都是西学啊！没有中国文化，中学为体的东西好像没有啊！包括政治体制、人文思想、教育、经济等等一切，没有一样是中国的啊！我常常说学经济的，连自己的经济学都没有看过。如果研究这个问题，牵涉到印度史、日本史、韩国史、中国史，在这一百多年的变化中，都相互关联的，这是历史哲学演变的大问题。

谈到中学为体，顺便讲一下满族入关以后，在康熙、雍正、乾隆三代，对中国文化做了几件大事，功劳非常大，超过了汉唐。第一，是把中国文字统一起来。所以不论研究简体字和繁体字，还是研究中国文化，真要认得中国字，先要注意一本书，就是《康熙字典》，这部字典把中国几千年的文字加以整理，是一大功劳。第二，是编辑《四库全书》，把中国的文化做了系统的整理，又是大功劳。第三，在康熙时编了一部比《四库全书》还实用的《古今图书集成》。我提过几次这部书以后，就听说有人出来推广销售。大家千万注意，要研究中国经济体制，有一部书，其中资料包括从上古到明清之间的经济体制，就是《古今图书集成》的《食货典》，不叫经济。经济这个名词是日本人先翻译的，我们的许多翻译名称用的是日本的二手货。《食货典》所谓的食，是老百姓吃的，货是货品。可惜这本书没有人去研究。

认知科学与唯识

你们诸位远道而来听课,很辛苦,有人提议希望我讲一下认知科学。我说那是中国特有的,人的思想怎么来的?究竟是脑还是心,是唯物还是唯心来的?认知科学与生命科学,目前是最新流行的一门科学,那么大概介绍一下。

中国人在这一百多年来争议的学术思想,都围绕着唯物、唯心的问题打转,但是还有一个唯识就没有太多人提了,这是佛学提出来的。大家都晓得初唐时代的玄奘法师从印度取经回来,弘扬唯识学,就是佛学里的生命科学与认知科学。以现在来讲,这是真正的认知科学,就是说生命的来源,怎么有知觉与思想?知觉与思想从哪里来?唯识学告诉我们,生命根本的来源,不完全是基因遗传来的。最近常常有人来讨论基因问题,昨晚吃饭时,大家在讨论现在的黄豆,因为我叫他们发黄豆芽发不起来,但绿豆芽可以。有位老朋友说,你们知不知道,现在有些黄豆是美国来的,基因改良过,所以发不出豆芽来,吃了对身体没有益处。

现在讲人性怎么来的,人性不完全是基因问题可以解释的。唯识学告诉我们认知的要点:这个生命的形成,除了父精母卵以外,还要有一个灵性的加入,三缘和合,才可以构成胎儿生命。这个灵性在唯识里叫作"中有",它带着种性。我们中国人说"一娘生九子,九子各不同",一个母亲生九个孩子,每个禀性不同,是每个人自己带来的,这就是中国人土话讲的灵魂问题,确实是有个东西的。至于这个东西是唯物还是唯心的,那是属于哲学科学形而上的研究了,姑且暂时讲到这里。

当这个灵性加入时,就成胎了。在唯识学里,只讲人的入胎,讲得很清楚,弗洛伊德的性心理学也看到了某一部分。当精虫卵脏一结合，这个灵性入胎时，有的就看到男女的性行为，可是靠近的时候，已经看不到人了，只有这么一个感觉形象的作用。如果他当时对这个母性产生一种非常强烈的欲爱，一爱就被吸引住，因此投胎成男。如当时对这个男性生起欲爱，就投胎成女的了。

不过中国文化里有个生理学，上古几千年传下来，加上唯心的力量，也可以在交媾时使它有所变动。我最近常常发现有些同学生的孩子都是女的，没有生男的。我说中国文化有一个办法的，在临性交时，要生男就生男，要生女就生女。那些同学就说，老师怎么不早讲！我说你们过去也没有提过要研究这个问题。这属于心物的作用，在中国上古的医学里都有。

佛学告诉我们，胎儿在娘胎里是有意识的，只是暂时不起分别作用而已。胎儿七天一个变化，三十八个七天后，头倒转生出来。这个讲起来很细，我只大概提一下。讲到七天一个变化，这个就很有趣了，我给他们上医学课，讲到《黄帝内经》说"女子二七天癸至"，所以女性的同学们注意，过去女孩差不多十四岁前后来第一次月经。现在听说也有提早的，像印度人有十二岁就可以做妈妈的，这又不同了。女性以七计算，七年一个变化，七七四十九岁前后，大致是女性的更年期，月经停了。男性以八来计算，所以俗话说"乱七八糟""七七八八"，这些话就与上古《易经》和道家的生命科学有关了。

胎儿在娘胎里，三四个月以后已经有知觉了，知觉不是思想意识啊！所以真正要研究，中国的教育是从母亲怀胎时就开始教育，叫作胎教，出生以后是母教为重，再来是家庭、学校、社会的教育。

胎儿生下来，孩子囟门这个地方会跳动，这时思想意识分别作用还不明显。唯识学讲心、意、识，这个心不是只讲心脏，它是心物一元总体的代号。这个识，是心起作用的意识。刚出生的孩子的意识，有感觉，有情绪，但不像我们现在这样思想有分别，在唯识来说这是"意根"的作用。等到孩子囟门那里的头顶骨完全封起来，学讲话了，第六意识就开始形成现行的思想。大家做学问，到外国留学拿博士学位回来，然后做伟大事业的领袖等的思想，也都是后天现行分别意识的作用，这些思想和形成思想的作用本身是不定的。

想是想　思是思

在唯识里思与想是两个层次，譬如我讲话，诸位在听话，乃至听到外面打雷，这是想的作用，不是思。思是什么？当你很专一研究的时候或听的时候，甚至不用现行粗浮乱想的时候，里头还有一个很微细的念在作用，那是思，思跟想是两个层次。不仅是两个层次，而且是三个层次，因为同时你会感觉到，噫！我怎么想到北京了？我等一下有个电话很重要，不晓得晚上回去有车子没有？那个思的旁边，还有一个起来自我观察的作用，这些都是第六意识分析的现象，叫分别意识。入胎时的意识叫第七识、第八识，是第六意识后面最基本一层的功用。我们这个第六意识有好多层作用，能思、能想，同时旁边还有一个观察意识，譬如我们要吃这个东西，不晓得好不好吃？可不可以吃？或者有没有毒？你意识一动，旁边还有自己起来的观察作用。这个观察意识在西方如康德的哲学中被称为"理性作用"。我说译错了，中国本来有的名词叫"性理"，清朝有一本书叫《性理大全》，性的理，不叫"理性"，刚好相反。在哲学方面，把理性与逻辑的观念、思想的作用称为理性。性理跟理性表面上是差不多，严格地分析却很不同。

三世与因缘

这个第六意识起来以后，随着年龄的增加，父母的遗传基因和后天家庭、社会、时代等的影响，一一都加上去染污意识作用，后来的佛学又分成四种，详加分析说明：

第一，"亲因缘"。我们生命的来源是有前因的，这个生命自我带来过去无数的种子，而变成这一生，变男变女，变聪明变愚笨，变化多端，都是由种子演变成现行这个阶段的作用，死后又是一个很长的未来。过去、现在、未来，叫作三世。无数的过去，无穷的未来，现时只有这一刹那。我们研究西方哲学，西方讲的存在哲学，就是当下，现在这一下，也可以这样讲。但是过去、现在、未来是不同的。我们种性带来的前因启动作用，佛学后来叫它为"亲因缘"。后期佛学特别强调这个因缘，因，由过去前因的种子带来，又变成现在的缘，因和缘是两个连锁的关系，但因缘的作用又是互为因果的。

第二，"增上缘"。父母的基因遗传与家族、社会种种知识教育的关系，都是"增上缘"。譬如中国人生的孩子，从婴儿就抱到外国去，接受完全不同的文化、语言教育，长大以后，他的习性在根根上有我们中国的东西，可是他的思想习惯、言语一切，那是受外在的影响，增上缘加上去的，因此第六识的思想分别就变得不同了，可是亲因缘的种性还是一样的。

第三，"所缘缘"。由现在情绪思想连带发生的关系叫"所缘之缘"。譬如说诸位是欧美同学会，受欧美文化影响很大，根本上又有自己中国的情结在内，这个情结拿不掉的，这是第七意识根本的问题。你们现在用的学问思想，动辄就说我在外国学的是怎么样，这个作用是后来的，是第六意识的分别来的，是受外来的增上缘的影响，变成现在行为思想的作用，叫作"所缘之缘"。

第四，"等无间缘"。然后情绪思想连续不断地发展下去，平等流转，也就是"等无间缘"。

意识　健康　梦境

因为你们临时有人提议，要我对于意识思想这方面多向大家讲述，我就开始了这个讲法。诸位现在最大的问题在哪里呢？我看大家都到了中年，情绪不稳定，很多的烦恼，思想宁静不下来，甚至于许多人要靠安眠药才能入睡，这是问题了。思想为什么停止不了？究竟是脑的问题，还是心的问题？这是中国文化儒道佛很中心的一个重点。人到中年以后，思想、情绪不能宁静，一半是生理的关系。我们中国人有两句诗——"月到十五光明少"，每个月十五月圆，人活了几十岁，真正看到圆的月亮，恐怕没有几回；"人到中年万事休"，中年差不多四十岁这个阶段，太阳要下山了，当然很悲哀，这是个事实。身心不健康，容易动情绪，烦恼发脾气，都是第六意识带动思想和情绪的作用。

这个第六意识平常喜欢向外走，我们受教育及外界种种环境的影响，积累越来越深；年纪越大，第六意识的分别执著越顽固，污染越来越厉害。所以孔子讲人生三个阶段，所谓"少年戒之在色"，青少年的阶段，男女关系最重要，所以孔子说要戒，戒并不是叫你不要做，而是要知道卫生和节制。什么是"中年戒之在斗"呢？例如要想做官发财啊，求功名富贵啊，要出人头地啊，跟人赌气，等等，这些是争强好胜的心态，都叫作斗。所以要看得清楚，能放得下，太固执了会容易得绝症。什么叫"老年戒之在得"？一个人越到老年越顽固，对于自心万物都

九、谈中学与西学的体用问题

抓得越厉害，不肯放手，这是第六意识抓得很紧，所以老年人"戒之在得"。

人的思想情绪离不开意识，意识到底是唯物还是唯心的？现在医学说是脑的问题，我不承认。像我有好几位学生都是脑科的专家，最近寄来好几种有关脑与禅定的研究报告，那是外国联合起来做的实验，很有权威。我说你们找来的打坐做工夫的那些人真得了禅定吗？打坐、练气功不是禅定啊！如果没有真得禅定的境界与经验，光是会打坐，把这种研究就叫作禅，这是靠不住的。所以意识是唯脑还是唯心的，又是一个重大的问题。

关于第六意识的分别思想，我们白天会思想，睡眠时会不会思想？会，睡眠会做梦，事实上没有哪个人睡眠不做梦的。你说我睡得很好从来没有梦，那是因为你睡醒忘记了自己做的梦，这叫作"无记"。讲到梦很奇怪的，譬如庄子的"蝴蝶梦"，卢生的"黄粱梦"，唐人小说"南柯梦"，还有戏剧《牡丹亭》的梦，这都是很有名的大梦。

卢生这个"黄粱梦"，大家也许不知道，争取一点时间说一下。吕纯阳在道家修神仙法门里头的地位等于禅宗的六祖，非常有名。他遇见卢生去考功名，路过邯郸，住进旅店准备吃饭，店主人拿黄粱米做饭。卢生很疲劳，吕纯阳借给他一个枕头，他靠在那里小睡，做了一个梦，梦中考取了功名，一帆风顺做到了宰相，功名富贵一切俱全，最后不晓得犯了什么罪要被杀头，一下醒了，这梦的一生经过四十年。他醒来看看，店主人的黄粱饭还没有熟呢！吕纯阳一笑说："四十年的功名，舒服吧！"卢生大吃一惊，心想我做这个梦他怎么知道？因此就跟他修道了。

后来清朝有个人作了一首反游仙的诗很有名，诗曰：

四十年来公与侯　纵然是梦也风流
我今落魄邯郸道　要向先生借枕头

他说一个人活了一辈子，假定像你们这样欧美留学回来，做了几十年重要的领导位置，多了不起啊！明明知道是个梦，也很舒服啊！那个人说现在我一辈子倒霉，什么都做不好，不能发财又没功名，想要向吕纯阳先生借个枕头用一用，也做个同样的梦，多好啊！

第六意识的复杂作用

现在讲意识的梦境，其实人生都在梦中。大家为什么梦醒了记不得呢？因为落在无记，第六意识不坚固，有人记忆力很强就可以记得。如果修炼到这个第六意识很清明，不但是记得了这个梦，慢慢还可以引发知道过去与未来的功能。第六意识有这么一个宏伟的功能，可是一般人做不到的，都是片断零星的穿插。所以我们每个人在做梦，这个梦和第六意识有密切的关系。第六意识有一个反面作用，西方心理学有一个名称叫"潜意识"，或叫"下意识"，认为潜意识、下意识是心理根本的功能，这种说法是不尽然的。所谓潜意识，在唯识学叫"独影意识"，因为人在睡眠中，眼睛、耳朵、身体这些作用暂时潜伏，有个意识潜在里面，在梦境中呈现。

梦也是个大问题，很有意思。康熙时编的《古今图书集成》，其中把梦的学识都归纳起来研究，对梦有一堆的学问。梦是片断穿插的，有些是因"思"成梦，我们中国有两句老话"日有所思，夜有所梦"，假使说一个人对情人，或对父母、子女的思念情爱太过，睡眠就容易形成梦境，这个是思梦。还有很多是病梦,譬如说身体里发炎了,就梦到起火;或是身体里水分很多,梦到涨大水了;身体里头有风,就梦到刮风了,这是病梦。还有人为故意造成的梦,从前我带兵时也都试验过。趁人睡觉时拿一根鸡毛沾一点水,在那人脚底心画个圈圈,那个人就会做绮梦。这是因为生理的关系而引起的梦,是片断兜拢来的,那是独影意识加上带质的作用。

这个独影意识,是我们思想意识很严重的问题,很多人到了中年常常幻想,或感觉悲哀、难受、无聊,有些是从第六意识的独影境引起的作用,或有些从带质境来的作用,这内容很深,不是三言两语可以讲全的。梦是独影意识的作用,西方心理学有些把梦归到潜意识的作用,并不尽然。例如患有精神病的人说看到鬼神、上帝、菩萨啊,都是独影意识,有时候加上假带质的作用。有些打坐的人看到种种境界,也是这个道理。如果真修实证有大智慧的人,不会轻易被这些境界弄迷糊了;就怕智慧不够、身体不好、脑筋不健全,容易被独影与假带质的境界牵引走。所以不要轻易修炼打坐,玩弄这修行假象的境界,自己以为是神通的作用,那就很容易走入魔道了。有些同学告诉我某某人有神通,我说是二号吧!第一号叫神通,第二号叫神经。

大家注意,有时候一个天才的孩子,能画画、写好文章,是独影境与带质境的作用。西方的哲学、科学,有些地方常有错误认识,他们把率性而起的意识作用叫作直观、直觉。我说以逻辑的道理来讲,没有什么直观、直觉。有人说"老兄啊!我很客观地告诉你",你听听这句话,已经是主观了嘛!换句话说,没有什么绝对是客观的,都是主观意识的作用。

这个梦中意识有时还产生带质,这是唯识学里的名称,是带心物一元的本质作用。譬如说有时候做梦,忽然有人敲个响声,在梦中被当成是雷声。所以梦境有许多是因外境外物引起的,这就不是独影意识了，这叫假带质的意识境界。再比如有人说夜里走路碰到鬼，我小的时候也一样怕鬼，但我明白了这些道理后，就从来没有怕鬼怕神的。夜里要是看到哪个地方有个奇怪影子，我眼睛盯住不动，非要过去把它弄个究竟不可，结果一看是个树叶子，或是别的什么东西。所以夜里看到鬼，没有什么真的鬼，都是自己第六意识里有这个影像；看到任何影像，听到任何声音，会把它当成是鬼或是奇怪的东西，这属于假带质的作用。

性理与理性

要了解这些是第六意识作用，是后天的思想，与脑的关系最为密切，第六意识影响人最大的是身体的健康。人到了中年，常常觉得这里不对，那里不舒服，是第六意识用得太多的原故，自己不晓得修养、保养，所以身体不健康，容易衰老、得病。要做到头脑永远清楚，不要说长生不死，至少不要未老先衰，就全靠第六意识的修养。刚才提到康熙时编的《性理大全》，其中就有历代儒家身心修养的资料。不过，我还是劝你们不要看，因为那只牵涉到儒家的思想，对佛道两家的内容还搞不清楚。实际上儒佛道三家没有太多分别，只是佛道两家另有一种高度的修养方法。这是讲到第六分别意识和身心健康的关系，并及修养问题，讲的是"中学"，就是中国的学问。

张之洞他们所提的"中学为体，西学为用"，不是我说的这个观念。他们提倡的是用科学。我们晓得汉阳兵工厂、大冶开矿都是张之洞创办的，所以他当然要讲"中学为体，西学为用"，因为这是对付皇上，尤其是对付清朝那个老太婆慈禧太后而讲的话。他主张完全学西方的科技来用，至于中国学问的中心，我们现在讲的《性理大全》的修养，他的了解也是比较深刻的。我们看他的一生,至今汉阳兵工厂、大冶的矿业仍然存在,都是他第六意识作用的发展,思想上吸收了西方的科技做出来的事。

回过来,这个科学后面的中心"性理",这方面是怎么来的呢?就是刚才讲唯识身心的问题,我们今天大概先介绍了一下,这个里头的学问太深太多了,那是真正的"中学为体"的体的方面。这一方面希望大家有机会再做研究,我们先讲到这里。

第三堂

中国文化与生命科学
静坐修养　端容正坐
修定的三个方法
听呼吸的方法
观心法门　三际托空
解疑释惑

九、谈中学与西学的体用问题

中国文化与生命科学

本来准备晚饭后大家随便谈天,现在你们又问中国文化修身养性的问题。中国文化的儒释道三家,各有三句话需要了解的,就是佛家讲"明心见性",儒家叫"存心养性",道家说"修心炼性"。实际上,这就是生命的大科学。

《大学》里头有几句话,你们大概都会背吧!"大学之道,在明明德,在亲民,在止于至善。"这是大原则。中国自古的传统文化,六岁入小学,十八岁已成为成年人了,便进入大学。大学者,大人之学也。所谓大人,就是成年人的意思,成年人的第一课,先要认知生命心性的基本修养。所谓"明明德",就是明白心性问题。这个"德"字,"德者得也",得到生命本有的学问,这属于内学,也叫内圣之学。

儒家所谓的圣人,在道家老庄的讲法叫真人,你听这个名称就可以知道,一个人成年以后没有真正修养心性,都是不够成熟的,就不足以称为成年人。以真人这个名称来说,必须要有真正心性的修养,认得那个生命根本。道家所说的真人就是神仙,超乎一般平庸的人了。换句话说,没有明白自己生命根源的心性以前,都是行尸走肉的凡人,也就是假象的人而已。"大学之道,在明明德",是在说明"内圣"以后,才可以起大机大用之"外王"。这个"王"字,"王者用也",上至帝王,下至贩夫走卒,不过是职务的不同,其实都是启动心性外用的行为。所以"在

231

明明德，在亲民，在止于至善"，这样才是一个完成圆满人格的人，也可以叫他是圣人或真人了。

那么怎么修养呢？我背给你们听，这里头有七个程序："知止而后有定，定而后能静，静而后能安，安而后能虑，虑而后能得。"你看"知止而后有定"，第一个是知性的问题。知，就是每个人生来能知之自性的功用，学佛学道，成仙成佛，第一步也都先要知道"知止而后有定"。譬如我们大家现在坐在这里，都知道自己坐在这里吗？这个能知之自性是什么呢？这个能知之自性不在脑里头，也不在身上，是与身心内外都相通的。但现在西方医学与科学都认为能知之自性是生理的、唯物的，归之于脑的作用，其实脑不过是身识的一个总汇。这个问题要详细研究，是很深刻、很广泛的，不是一两个钟头能讲得清楚的。我们中国文化讲本体是心物一元的，知性不在脑，是通过脑而起作用，这个要特别注意。

再说我们的思想、身体要怎么定呢？平常人的知性，是跳跃、散乱、昏昧不定的，但是又必须要以知性的宁静、清明把散乱、昏昧去掉，专一在清明的境界上，这才叫作"知止"。知止了以后再进一层才是定。佛教进来中国以后，把大小乘修行的一个要点叫"禅定"。"禅"是梵文的翻音，"定"是借用《大学》"知止而后有定"这个"定"字来的。

这个"知止而后有定"的境界，渐渐会进入一种安详、静谧的状态，这叫作"静"。到了静的境界以后，再复进入非常安宁、舒适、轻灵的境界，这叫作"安"，借用佛学特别的名词，叫它是"轻安"。再由轻安、清明、不散乱、不昏昧，非常接近洁净的境界，就会发起"不勉而中，不思而得"的慧力，这叫作"虑"。

这个"虑"的意思，不是思想考虑的虑，是在定静安适的

九、谈中学与西学的体用问题

境界里自性产生的智慧功能，不同于平常散乱、昏昧的思想，它是上面所说的"不勉而中，不思而得"的智慧境界，这两句名言出自曾子的学生子思所著的《中庸》，就是对于"安而后能虑"的诠释。我们现在借用佛学的名词来说明这个"虑"字的内涵，就是"般若"的境界，中文可翻译为"慧智"。它不同于一般的聪明，我们现在用的思想学问都是聪明所生，不是慧智，慧智跟聪明大有差别。透过这个慧智，然后彻底明白生命自性的根源，在《大学》就叫作"虑而后能得"。得个什么？得个生命本有智慧功能的大机大用，这才叫作"明明德"。

换句话说，我们这个生命，思想像陀螺一样在转，佛法告诉我们，一个人一弹指之间，思想有九百六十转，这是生命中认知的大科学。比方我们写一篇文章或写一个字，那里头不知有多少思想在转动啊！你给情人写一封信，"亲爱的，我爱你……"这一念之间的思想情绪已经从国外转起，转到中国了。像人们谈情也好，讲话也好，思想转动得很厉害，极不稳定。注意哦！比如我们说一个"现在"，这句话是一个思想，是一个念头在动，这是"想"不是"思"。当说个"现在"，里头早已经想到下面要说的另一句话，不止几百转了，这是很微细的"思"的作用。因此要随时知止，把它定在那里，像陀螺一样虽在转动，其实陀螺中心点都在本位。所以说"知止而后有定"，这是第一步啊！

"定而后能静"，什么叫静？这里头牵涉到物理科学。宇宙的功能究竟是动还是静，都是个大问题。世界上万物的生命没有真正的静止，生理、物理的世界都在动。轻度的动、慢慢的动，看起来是安静的，这是假的静，不是真的静。譬如前两天的地震，本来地球内部都在变动，不过现在因为地球内部的物理变化，地和风（气）、水、火中间起大冲突，有大的震动，我们才明显感觉到震动。其实有很多的震动，我们是感觉不到的，而有些其他的生物反而比我们更能感受得到。

如何才能做到"静而后能安,安而后能虑,虑而后能得"呢?最重要的就是要能"知止",真正认知一个能使它安静下来的作用,才能做到所谓的大静、大定,那就要牵涉到哲学上的本体论,现在只能大略带过。所以《大学》之道讲"修身、齐家、治国、平天下",首先须从知、止、定、静、安、虑、得的内圣的静养开始,这是中国几千年以来的教化的传统。

静坐修养　端容正坐

静养就是安静,静坐不一定要这样盘坐,但盘腿静坐很重要。你看隋唐以前塑的佛像三围标准,一定是两腿盘好,屁股是稍向后凸,细腰身,坐得很端正,这叫七支坐法。中国的佛像有些是大肚子的,那是宋朝以后塑的,比较不合标准。关于静坐的姿势,可以看我讲过的《静坐修道与长生不老》。

静坐的外形很多,你们初学坐不一定要学七支坐法,你们就在藤椅上这样坐着,两腿放正,两手放腿上面,这是儒家的坐姿,叫作"端容正坐"。你看古人坐在木椅子上,一定是端容正坐的姿态。我们六七岁读的《千字文》,有"形端表正"四个字,形体很端正,不是挺胸,是腰要正直。腰是生命的根本,练武功打少林拳、太极拳,重要的是腰力。我们生命上下两个部分,就是在腰这里转折,腰正身体就正。你看我们很多同学还没有到中年耶,坐下来身体歪七扭八、弯腰驼背,不然就觉得难过,像这样的话,健康早就出了问题。你看以前清朝宫廷的教育,还有蒙古、西藏一带有些地方,他们从小的教育,比较注重要坐得端正。在中国文化传统习惯是不坐软床椅的,坐软的床椅脊椎容易变形,变形就容易生病,所以现在的沙发床、沙发椅非

九、谈中学与西学的体用问题

常害人,像我从小到现在睡的都是硬板的床。

人怎么能够安定下来呢?现在崇尚唯物的说法,就是靠机器。其实我们本身,头上面就有几个机器,眼睛看,耳朵听,鼻子呼吸,嘴巴吃东西。嘴巴里重要的是舌头,静坐时舌抵上颚(有一凹形的穴道),口水滋生,不会口干舌燥。关于眼睛,你们很多人戴眼镜,我觉得很遗憾。像我已经八九十岁了,我还讨厌戴眼镜,有时候像这种小字,我可以不戴眼镜看。有个人的眼睛,我经常笑她,两眼一瞪吓死人的,因为她练过眼,这在过去的道家叫作吸收日月精华,她可以对着太阳看上好几个钟头,把太阳看得不是太阳,是个影像。

怎么安静呢?现在告诉你们,静坐修养时,你们戴眼镜的人最好把眼镜拿掉,眼前先随便找一个定点,眼皮不要低下来,你自己试一下体会看看。我们普通人闭眼,是把上眼皮盖到下面来,眼珠是下沉的。但人上了麻醉药,或被人一棍打晕了,那时眼珠可能是上翻的。而正常的眼神,两眼是直线平视向前面看的,或对着虚空看。像我练习惯了,眼睛看出去的范围比较宽,连两边眼角这里我都看见了。你们近视眼的好可怜,戴上眼镜,被眼镜架挡住,看的范围就小了。尤其是喜欢写小字的人,更容易近视。我小时候发现自己视力下降,赶快改正写大字,所以我的视力还保养得比较好。我训练兵的时候,叫他们眼睛平时要多练习转动,不动就不行了,近视的人就是太过于死死盯住前面。

修习静定,眼神先找一个定点平视,不要低视,不要上望,似看非看,不要用力。印度或中国西藏学密宗的,花教、红教、白教,都是注重这个眼神。可是现在看到许多修行人戴了眼镜,我一看,我的眼睛就低下来,很失望。眼睛正的平视习惯了,虽没有特别注意看,但前面的影子都很清楚,这是练习眼睛方面的要点。

耳朵当然听见外面的声音，假定耳朵聋的也不要管，你说聋子听不听得见声音啊？听得见，听到自己耳朵里头嗡嗡嗡的声音，那个能听的"能"并没有损失，所谓聋子是听觉功能的神经闭塞而已。所以佛问弟子们，瞎子看得见吗？有个弟子说看不见。佛说你错了，瞎子也看得见，他看见前面黑洞洞的，什么都没有，但还是有个影像的。眼睛这样，耳朵也是这样，这都是生理的科学。

接下来说，静坐时想静，可是思想停不了。注意哦！你的知性是内外都普遍存在的，不要向里头去找。你们试试看，随便找个地方眼睛这么平正一放，看这个虚空，也不要管耳朵，就宁静下来了。这时里头感觉、知觉最为重要，你们体会一下！这个感觉是身体的、生理的，知觉是知道思想及感觉的作用。先说感觉，当你静下来，有两句话，"痛则不通，通则不痛"，你感觉到这里难受、那里难过，这个难过已经是病了，轻微的痛叫作难受，重的叫痛，气血不通才会痛，通了就不痛，很舒服的。当老师的，一看有些孩子坐在那里，愣愣的，闷闷的，已经知道他有病了，至少他那个脑筋已经不清楚了嘛！清明的人，眼耳鼻舌身意六根是很灵活、很灵敏的，什么都知道。一般打坐修道的人，身体的感觉触受很多，归纳有几个状态，就是冷、暖、轻、重、粗、涩、细、滑，这叫作八触。修行人身体要很轻灵，也许我比你们还轻灵。这个是感觉方面。

关于知觉方面，最困难的是思想停不了，刚才讲一弹指间意识九百六十转，那么你把眼睛一定，耳朵放下，你假装静。再不然有一个办法，在密宗是大秘密法，我都把它公开了。我认为道是天下的公道，其中秘密不属于你的，也不是我的，有人要，应该公布出来。要是保留秘密，不肯教人，那是世界上最自私自利的人，还学个什么道？！所以你们要凭这个精神做人。

修定的三个方法

在密宗里有个密法，藏文叫妥噶，也可以叫作看光。怎么看光？你们现在静下来体会，你们头摆正，眼睛一定，整个虚空就是一个物理世界自然的亮光。就像目前的灯光，看到没有？（答：看到。）当然看到，假设没有电灯呢？太阳光看到吧？一定看到。太阳没有，电灯没有，那个黑洞洞的你看到没有？（答：看到。）看到是黑光，黑的也是光。你们注意，这是物理道理，白天是白光，黑夜是黑光，所以不要怕鬼嘛！黑里头也是光，而且天黑了以后，不知道比人类多多少倍的生命都爱好在黑暗中活动，它们不需要阳光。而我们人很可怜，在黑暗中就看不见。我们知道有修养的人对黑暗也看成是很自然的，因为白天是白光，夜里是黑光。红、黄、蓝、白、黑是光的色，所以佛经说"色即是空，空即是色"，至于光的能，不是肉眼所能看见的，它是无所在、无所不在。

现在对着光宁静了吧！你们试试看，看到了光以后，你们眼睛看前面，眼球不要动，把眼皮慢慢闭起来，头不要动哦！眼皮闭起来有没有光的影子？这个光的影子也是光色，很安静吧！（大众神态宁静）马上很安静，很容易嘛！两个眼睛等于电的插头一样，插在光上安定了嘛！我在军校的时候，教的是高级将官班，我告诉他们，眼睛盯住不动，下面每个士兵看到，通通认为你的眼神是看着他，其实是在那里看光，可是全都看到了，任何一个小动作都看得很清楚。因为我们眼睛喜欢眨动，所以就看不清楚了。看光宁静了以后，你忘记了光，亮光也不管，可是眼珠子不要往下，这"妥噶"看光，是很好的宁静方法。

第二个方法用观音法门，我们学佛念"南无观世音菩萨"，这个观，就是代表听觉的作用，听世界上一切音声，尤其是下雨天，听高山旁边流水的声音，乃至在家里开水龙头轻轻流水的声音，或者有个闹钟嘀答、嘀答声，你眼睛一定，只听到音声，不要被音声拉走，自然就宁静下来了。

第三个方法，你的感觉是怎么来的？呼吸来的，你睡着了有没有感觉？（众答：没有感觉。）但是睡着了还在呼吸啊！呼吸跟思想是两回事。我们人的呼吸，如果气呼出去，不吸进来就死亡；吸进来闷住不能放出去也会死，所以生命是在呼吸之间。早上起来，两鼻如果有一边不通，要注意了，左鼻不通右鼻通，身体已经出问题了；左鼻通右鼻不通，还比较好一点，两鼻要像我这样通畅。你们测试通不通时，最好拿卫生纸，也许不健康会有鼻涕出来。所以学瑜珈的人一定打通双鼻，这是有关鼻子的方面。

鼻子呼吸很重要，耳鼻喉的神经都有连锁的关系。接着是音声法，你看学佛学密的人，念嗡阿吽……嗡阿吽……或者阿……的声音拉得很长，把里头的浊气都呼出去了。虽有念咒子的声音，实际上也是呼吸、气的作用。

这些都是方法，你用任何方法都可以，但是必须要知道，最后那个使用方法的主宰是能知之自性。

听呼吸的方法

普通静坐在那里，简单明了的最好的方法，就是回过来听自己的呼吸。你那么坐着，听自己的呼吸，这个呼吸是生命本来自有的哦！可是大家活了一辈子，自己呼吸都不知道。我常常说，什么时候知道自己的呼吸？只有你失眠的时候，在枕头上想睡睡不着时才听到自己的呼吸，对不对？（众答：对。）诸位的经验，现在你听不见呼吸声，就是你的思想跟呼吸分开了。呼吸是生命活着最基本的作用，呼吸和身体感觉属于阴的；思想是生命活着的精神，属于阳的。所以中国讲阴阳，是两个代号啊！不是呆定的，你也可以把阴阳反过来做代号，就是A啊B啊都可以做代号。

你静下来，眼睛定好，自然地听自己的呼吸。这个"听"字注意，不是耳朵听，而是感觉。不说像今天下午打雷这个情况，乃至在千军万马里都可以听到自己呼吸，那么这个人静定的工夫就很高了，普通人是感觉不到自己呼吸的。所以初步你最好有意地做呼吸。还有肺部不好的人，更要注意呼吸，有意地用鼻窦这里强迫呼吸（南师示范），像这样呼吸，即使三期的肺病，你能坚持做两三个月就能得益，也许就能好了。还有中年血压高、血脂高、血糖高，有这三高的人，也可以这样做。这个方法真正持续做，血压这些就能恢复正常。不过，开始做的时候可能更高，会很害怕，没有信心不敢坚持，这里头有巧妙的，说不清楚，自己要把握调整。鼻窦的呼吸（南师再示范），这样五六次，然后嘴里"呸"一声，先把鼻子打通。所以你在办公室那样斜坐着是很难受的，最好端坐做这个呼吸，精神会好转起来，气也更顺畅了，这是很重要的。先要知道鼻窦粗的呼吸，慢慢练习到任何时间都知道自己深层微细的呼吸。

当呼吸慢慢静下来，中间有没有思想？一定有思想。这时你就体会到生命一个是呼吸，一个是思想，一个是知道呼吸、知道思想的"知"。你由此也可以知道老子的话，所谓"道生一，一生二，二生三，三生万物"，有三个初步动相，一个是唯心的，一个是唯物的，一个是心物一元发生的作用。这次李青原给我出的题目"中学为体，西学为用"，如果改成"中学为体，西学为相，我为用"，都被我用就对了。

当你静下来后听自己的呼吸，思想还在转动，不要怕，因为你知道自己在思想，知道呼吸在动，但后面那个能知道的没有动过，你把握那个能知道的就静下来了。可是静下来你就发现身体有问题，哎哟！我腰这里不舒服。哎哟！腿痛，头胀。刚才讲"痛则不通，通则不痛"这个原则，你已经检查了自己的身体。假使绝对健康的人，眼睛一张开，整个身体是轻爽的，思想是清明的，而且记忆力越来越强；智慧的分析，不是用脑筋，而是那个知觉的观感增强，很多书原来读不懂的，一看都懂了，不必去想。想是第六意识分别来的，那是普通的聪明，而智慧的话，原来不懂科学的，看一下就懂了，那是智慧。现在翻译西方哲学的名词叫直观、直觉，那只是智慧的表层，深层还有东西。

静坐就是这么一个作用，不一定要盘腿，不过能够盘腿静坐更好，腰腿的气慢慢就走通了。人的生命重要在腰以下，下部到两腿足底健康的话，整体就比较健康。所以你看一个人，男人走路靠两个膝盖头，女人走路靠臀部扭动，靠腰的力，两个绝对不同。从背后看一个女人走路，她腰不扭动了，身体已经不大对了。所以中国人形容女人为杨柳小蛮腰，摇摆得非常漂亮。如果腰粗背圆，走起路来两腿勾着，那就是老太太了。男性走路如果两个膝盖头不灵光，腰也坐不住了，一定要弯起来躺着才舒服，那健康已大成问题了，要特别注意，大概是这样。

观心法门　三际托空

静坐的方法很简单，最好的方法是什么都不用，说静就静了嘛！这是一个观念问题。不过杂念妄想的纷扰怎么办？现在大家眼睛闭着体会一下，你看自己的思想念头可以分三段。注意哦！看自己的思想，第一个念头早已经跑了，未来的念头还没有起来嘛！说现在，现在又已经过去了，这个思想是空的，骗你的，这个道理有个名词，叫作"三际托空"。我讲过的《金刚经说什么》，其中也讲这个问题，佛说"过去心不可得"，过去抓不住的，已经过去了；"现在心不可得"，刚说个现在，现在就立刻成为过去了；"未来心不可得"，未来还没有来，还没有动嘛！这个思想念头是这样，三段都空的，因为空，所以能够起一切的作用，你不要被杂念妄想骗住了。特别注意啊！所谓"三际托空"，这个"托"字，也是假设的联系词，并没有一个托的现象，三际是本空的，要静就静了，用这个方法假名"观心"，自己看自己的思想念头，前一个念头早跑掉了，后面的还没有起来，你不要去引发嘛！等到念头一旦起来变成现在，说个现在也没有了。大家学佛的想求一个空、求一个静，我说哪里有个空、有个静啊？它是本空的，是本静的，不是你去空它的，你若认识这个，当下就空灵、就宁静了。越宁静，越定得久，你身心的健康就越好了。

但是身体方面哪里有不对，要找医生看看。如果自己懂得方法，可以不找医生，拿呼吸来对治它。如果说这里痛，在一呼一吸之后，停住呼吸，就注意这里，那么内在的呼吸自然会把它打通，这样可以治病的，但是没有信心就做不到啦！我看你们都到中年，坐办公室久了，或看书多了，肩膀发胀动不了，得什么"五十肩"，又叫"肩凝"的毛病，你们赶快运动吧！至少我现在比你们年纪大很多，身体还算轻灵（南师示范肩膀运动）。两个肩膀经常这样转动，两肩运动时，身体要保持中正不动，左肩向前转，右肩向后转，或者两肩一起转，然后头前后左右慢慢转动，这样全身的气就通了，气通了，身体就会健康了。

这是把最初步的方法告诉大家，我怕你们夜深太迟了回去不好，还有什么问题快点问，我知道的会告诉你们，不知道的就无法回答了。

解疑释惑

问题一：如何减肥？

第一，肥是气不通，减肥最好做呼吸法。我们身体是四个东西构成的，佛学讲四大——地、水、火、风。呼吸系统打通了，同时少吃米面，多吃青菜萝卜，少吃点鱼、肉，就自然减肥了。第二，身体里水大多了，才会肥胖。我们的生命和地球一样百分之七十是水分，把多余的水大排清，就清瘦了。所以每天应把水大调整得很好，不让积水滞留在身体里头。第三，还要多运动，把汗排出来，自然就减肥。

问题二：我们打坐时就希望定，像您说的"定而后能静，静而后能安，安而后能虑"，能够把一些事情想通，但是脑子里又会出现各种各样的想法，怎么才能够真的有智慧，知道这件事情是有意义或无道理的呢？

你这个问题在逻辑上叫自相矛盾，你想静坐下来，一定能得一个好处，容易把事情解决，不知道的会知道，想不通的会想通，是不是这样？（答：是。）你这个前提已经把自己挡住了嘛！你如果这些都不想，宁静下来，呼吸慢慢就通了。你听到静坐可以发生智慧，你心里已经把这个观念做前提了，一静坐，"格老子怎么智慧不来？"所以这一下，那个智慧就硬是不来了。不但是妄想主观挡住，也同身体一样，"痛则不通，通则不痛"了。因为你的妄想把它挡住了，你有所求了嘛！中国人有一句老话，"人到无求品自高"。佛讲空嘛！刚才我讲过的，"过去心不可得，现在心不可得，未来心不可得"，你偏要去求一个可得的定境，这叫"背道而驰"啊！

问题三：我打坐时总是呼吸没有办法到丹田……

对，因为你下意识已经先固定有一个"气通丹田"的观念，所以身心没有放松，呼吸还是很紧张。《庄子》有一句话，"常人之息以喉"，普通人的呼吸，只到喉部气管和胸部这里。"至人之息以踵"，工夫到了的人，呼吸一直贯通全身到足底心。你既然晓得这样，慢慢调整就是了。还有你要注意，横膈膜的气也要使之通畅，平常注意饮食消化系统的通利，尽量使肠胃空一些，但是也不要太过分忍受饥饿。

问题四：老师，请问打坐有没有说一天在什么时间比较好？

时间没有关系，不过道家有一派很注意子、午、卯、酉四个时辰。所谓子时，是夜里十一点零分起到一点钟止。午时是中午十一点到下午一点。卯时是早晨五点至七点。酉时是傍晚五点至七点。他们认为在这"四正时"静坐比较好，但是也不一定。真正的用功，不要受时间、空间、动静所限制。

提问：还有一个问题，就是修行方面有不同法门，我们怎么知道自己适合什么样的法门？

不要随便听人家说。刚才说的几个修法，你自己喜欢哪一个方法，你就下手实修体验吧。譬如在人海茫茫中，想找到自己合适的对象，自己喜欢的人你才会交往嘛！你不喜欢就不要去试。修行也是一样，有八万四千法门，你要找一个适合自己的方法下手。每个老师都讲他们的法门是天下第一，那样就有好几百千万个法门都是第一，如果编成一本书又可以大卖钱了。不要随便听那一套。刚才我讲的看起来都很基本、很简单、很浅显，但是最为重要，你真明白了就晓得我讲的是很老实的话。一句话，"最平凡的也就是最伟大的"，这是哲学道理，科学的道理也是一样，最原始的也是最高点，你要注意这个。

问题五：我看到书上准提法的修持、观想、持咒非常好，请您讲一下。

准提法的修法，我有一个传承的。但现在很多出家、在家人都在随便传我的那个法门。我那个法门修持最后重点是"圆满次第"，不是光念咒子。听你一问，就知道你没把握最重要的要点。你要注意准提法"圆满次第"的那个阶段，不止是注意前面"生起次第"而已，这是一点。你听到了吧？（答：听到了。）

第二你问持咒，大约有三种持咒方法，就是开口念、微声念、金刚念。世界上的咒语，包括密宗的红教、白教、花教、黄教和印度的瑜珈等，所有的发音有三个基本音——嗡、阿、吽。我现在讲的嗡、阿、吽就是基本的咒语。要是到西藏学密，会告诉你这是"普贤如来""金刚萨埵"的咒语。"嗡"字是头部发音，譬如念"嗡……"，把这口气都念完，不要刻意呼吸，嘴巴一闭，气自然进来了。念"嗡"字，头部震动会出汗，头上的脉轮会打开。"阿……"是胸部的发音，念"阿弥陀佛"也是胸部的发音。"吽"（读音哄），这是丹田的发音。譬如我们常念的观世音菩萨六字大明咒，"嗡嘛呢呗咪吽"，就有三部的发音。你问准提咒怎么念，先把嗡、阿、吽三部发音念好了，然后念准提咒，用开口念或微声念、金刚念，都可以调整。

不过初步念咒子时，发音要正确，不要含糊不清，才能得到本尊的感应。譬如你发生了要紧的事，打电话要求一位长辈帮助，讲话音声要清晰，才能得到对方的回应。结果你讲话发音不清，使人听不懂，那要人家如何帮你？有些人念咒含糊不清，还自认为是了不起的工夫，那就谁也没有办法啦！大概只有佛菩萨才能听得懂了（一笑）！还有念咒不要刻意追求音声的好坏，只要专一诚心念诵，就能与佛菩萨沟通，诸佛菩萨是不管你声音好听不好听的。

问题六：生孩子是三缘和合，那么双胞胎怎么解释？

也是三缘和合，双胞胎是两个精子嘛，还是各自的灵性。

提问：那这两个灵性之间是有关联的吗？

有关也无关。你是问前生是否两兄弟或是两夫妻来投胎，变成这一生的双胞胎，是问这个关系吗？（答：是。）这个不一定的。三世因果、六道轮回的生命道理，是因缘和合，这是非常深奥、微妙的，不是平常人所容易了知的。所以我常说从前城隍庙的一副对子，你就了解了，"夫妇本前缘，善缘恶缘，无缘不合"，男女变成夫妻关系是前缘，不是善缘就是恶缘，有时候吵架一辈子，那是恶缘来的；"儿女原宿债，欠债还债，有债方来"，明白了这副对子的内涵道理，你就懂了六亲眷属都是宿债，不是欠债就是还债。这个前生不是讲一世，是多生多世以前的，是这个关联。

问题七：刚才您说人生孩子是三缘和合，那么现在地球上人越来越多，在增长中，这个人口不是有一个固定的数字吗？

佛说三千大千世界，如果他方世界坏了，那些业报未了的众生再到另一个世界来继续受报。众生，是指一切的生命，不是专指一个地球上的事而已。这是一点。再说拿物理来讲，人类自身把地球的物质资源尽量地自我消耗破坏，导致动物植物的生态环境越来越不平衡，人口越来越密集。我们传统文化所谓的"物必自腐而后虫生，人必自侮而后人侮之"，就是这个道理。记得在三十几年前，我答复哈佛大学一位教授，讲人口问题，我说你看到那个水果，摆在这里一只虫也没有，那么水果的虫怎么生？里头坏了就生虫，不尽然是外面来的啊！不过外面有影响而已，里头越烂虫越多。所以人类把地球破坏得越厉害，人口就越来越密集，就是这样的！这不是笑话啊！关于人种的来源，要晓得其

245

他世界还有生命会过来的。你很关心人类问题啊！现在是问静养的事，你超过范围，你们要问我也可以答复，不过，我担心你们回不去，赶不上车子。

问题八：我想问一个问题，就是今年中国为什么这么多天灾人祸？

讲严重一点，天灾人祸是劫数的问题，可以算得出来，知道的人不会告诉你原因，不过我可不知道。此其一。其次，道家的书说，"祸兮福之所倚，福兮祸之所伏"。人有时候生病住院，遇到不如意的事，受到一些挫折，反而躲过了很多灾难，所以不一定是坏事。

问题九：我想问修行上的问题，怎么样能够知道自己修行的次第？

我刚才讲了很多基本的次第，你大概没有注意。

提问：我注意到您讲圆满次第，但是我觉得……

不对啊！我刚才上来从坐姿讲到现在都是基本的啊！你恐怕没有听清楚吧！再说，你说的"圆满次第"，是哪个法门的"圆满次第"？

提问：我的意思是，怎样知道自己修行到怎样一个阶段了？

你问得更不通了。譬如你用哪个方法修，修到什么程度，那时再来问修到什么阶段，还有点道理。现在等于你还没吃，你就来问我："我饭吃饱以后是什么情形？"那变成笑话，我就无法答复你！

提问：老师，我看您的书说"知时知量"，就是知道什么时间做什么事情，我不知道能不能把修行上的"知时知量"用在世法上，比如用在管理方面或是决策方面……

到处都可以用到，做人做事、从事政治、待人接物都可以用到。譬如你去看一个朋友，进门一看两夫妻正在吵架，赶紧走，不要参与,这就是"知时知量"。所以"知时知量"这四个字到处都用得到,很重要。

问题十:我在平时生活当中接触过一些出家、在家的修行者,他们虽然打坐修行、守戒、过午不食,但是他们的身体有一部分不是很好,我想问一下这是什么原因?

这有很多原因吧!不得方法。至于说守戒,出家第一条戒是男女关系断了,不遗精,不手淫,恐怕没有几个人做得到。尤其男性,两三个月不遗精很难做到。这一条戒很难守啊!如果说守戒,我看有两个朋友可能做到,一个死掉了,一个还没有投胎,其他的很难做到。至于修行问题得法不得法,是个严重的问题。你怎么关心他们呢?先关心一下自己比较重要。

问题十一:老师,刚才您说人从哪里来,那么人到哪里去呢?

就回到来处去!(一笑)

提问:还有一个问题,就是有关潜意识,这个意识能够沟通,比如就像一个讯息发射,很快就沟通了,那是一种什么现象?

下午讲过,是独影意识作用,有时会有带质的作用。

问题十二:老师您好,请您简单解释一下中国的儒、释、道,以及与世界其他宗教,比如天主教、基督教、伊斯兰教的关系。

我曾给宗教局的高层领导讲过,你们要的话,我可以好好给你们上宗教的课,这个课要两年。结果他们不来,我也没有机会讲。从天主教、基督教、伊斯兰教到道教,我都可以告诉你,可是你现在不是专学这个。我三四十年前在香港大会堂讲过一点,因为我的学生里神父、牧师、修女、和尚、尼姑都有,他们联合请我讲个课,我告诉他们,二十一世纪要把所有宗教的外衣脱掉，所有宗教的大门要打开，联合沟通，不然将来一定被自然科学打垮，因为跟自然科学配不上啊！自然科学发展到最高点，可以与释迦牟尼佛所说的唯识、《楞严经》《楞伽经》这些学理配合上。

有些宗教说人的来源是有个主宰照他本身的样子造出人来的。我说个笑话给你们听听。我小时候听了这个理论，就讲这个主宰根本是粗制滥造，把人类造错了，如果把鼻子倒转来长，就可以插筷子、牙刷；眼睛前面一只后面一只，就不会出车祸了；嘴巴放在头顶上，吃饭一倒就好了嘛！（众笑）又说这个主宰拿出一根男人的肋骨来变成女人，但现在知道男女的肋骨是一样的，没有少一根。像这些说法，其他的宗教都不行，只有佛说生命的来源是对的。这个问题不简单，你怎么有这个问题呢？你是研究宗教学的吗？

提问：因为我去教会十多年，我觉得很多东西有道理，但有一些我一直不理解，而我觉得有很多中国的东西我也不懂。

你还是转回来看看中国文化，西方的宗教问题是个大问题。这次给我出的题目是"中学为体，西学为用"，西方文化和中国文化不同，我叫他们注意，尤其是欧美同学会的更要注意。你要研究西方文化，不是从天主教、基督教入手，而要从摩西出埃及记的《十诫》，从那个时候开始。西方文化基本是从《十诫》来的，有诫约行为，当然要从信受奉行为先。所以什么是宗教？就是信。每个宗教都只准信，不准问，这就有问题了。像天主教、基督教、伊斯兰教，包括佛教、道教在内，那是宗教。宗教后来变成哲学，哲学家说我绝对信，不过你把道理跟我讲清楚吧！其实真正的宗教、哲学都要一路问到底，必须在身心性命实验求证，这才是认知生命的科学。这个问题很大，不简单，不要走这个路线。兄弟啊！世界上什么事情都可以摸，这种东西摸不得的啊！爬进去很难钻出来的，钻不出来的事情，宁愿不干吧！我要告诉你，古人有两句好诗："荆棘林中下足易，月明帘下转身难。"你去参吧！

今天的课程就到这里，谢谢大家。

（整理：刘雨虹）

十、经史合参研读班前言

时间：二〇一〇年四月十日

地点：太湖大学堂

听众：太湖大学堂经史合参研读班第一期学员

炎黄子孙的起源
尧舜禹的公天下
夏商周开始的家天下
观今宜鉴古
治史要通才
六经皆史
孔子著《春秋》
四首诗说项羽
历史不是『载之空言』
《史记》列传的深意
读历史的眼睛
司马迁著《史记》
《春秋》的内涵

诸位请坐,今天我们经史合参的国学研究班开始由上海回到大学堂上课。这一班很特别的,不是普通一般的国学,主讲是魏承思老师,我是抬轿帮腔的,可是他们一定要我在开课以前讲一点意见。

一个国家民族的文化中心就是自己的历史,这是非常非常重要的,如果自己祖先的历史文化传统都不知道,那就是中国文化的名言"数典忘祖",做人不可以数典忘祖。全世界有六七十亿人口,有许多国家,但是最注重历史的是中国人。希腊、埃及、印度及中国是四大古国,都有几千年的文化,可是希腊、埃及、印度都没有中国这样注重历史。历史是非常重要的,只有我们中国人特别注重。

炎黄子孙的起源

从上古到现在,中国分为两大系,南方与北方。北方以黄河为主,是黄帝轩辕氏的文化系统,炎帝神农氏尝百草,然后确定五谷为人们的主食。中国人过去就自称是炎黄子孙。南方的祖先燧人氏,发明钻木取火。以文化来讲,这里要追加说明,有人说黄帝子孙是龙的文化,当年在台湾有个年轻人作了首歌《龙的传人》,那是笑话,中国人不是龙的传人,我们是人的传人。

十、经史合参研读班前言

从黄帝起到现在，有文化起源根据的历史到今年是四千七百多年，黄帝以前的称为远古史。中国文化向来不是宗教，像我们从六七岁读家塾，在家里请老师来教，就晓得所谓"盘古老王开天地"，到所谓天地人三皇，再到五帝的黄帝这个阶段，据我所知已有两百七十多万年，这些旧的历史都有，这个观点可以代表全人类发展史的观念。而现代的人不敢承认也不敢相信我们历史是那么的悠久。只不过，有正式记载的是从黄帝轩辕氏开始。学者们把黄帝轩辕氏建立的这个中国，称为炎黄子孙、华夏民族，所以我们现在讲起中国华夏民族有几千年的历史。中国人素来注重历史，历史是文化的中心、躯干、总汇。

现在为了时间问题，长话短说，中国最近六七十年来不大注重历史了。我们以前读书非常重视历史跟地理，一个国家的民族若不知道自己的历史和地理，是个大笑话；一定先要了解自己的历史和地理，再推而广之，了解世界上每个国家的历史和地理，这是一个国家民族意识的中心。我们现在很可怜，历史文化几乎断层了。

尧舜禹的公天下

后来我们的历史不从黄帝讲起，而从唐尧开始，到虞舜再到大禹，这三代在历史上是有名的所谓公天下。勉强拿现在做比方，就是真正的民主自由。这三代的皇帝都活了百岁左右，管理这个国家民族都有几十年的经历，最后年龄大了，四个字"逊位让国"，自己退位，并不把国家交给自己的子孙后代。唐尧的儿子丹朱，历史称"丹朱不肖"，"不肖"不是不孝哦，这个肖字是什么意思啊？我们照相叫作肖像，这个像不是自己，而是像自己，所以就叫肖像。尧之子不肖，唐尧认为儿子不像自己，道德学问都比不上，所以不传位给他，而传给了舜。大舜当了皇帝，也不把位子传给自己的子孙，而传给大禹。

中国的帝王中，对于中华民族最有特出贡献的就是大禹。在尧舜阶段，中国这个土地大水弥漫，尤其在中原一带，潼关以下，河南、山东等地都泡在水里，所谓洪水滔天，黄河、长江及全国都有水患。大禹的父亲没有把洪水治好而犯下死罪，后来大禹在九年间把全国的水利治好了，奠定了中华民族以农业立国的基础，我们才有今天。这是大禹的功劳。可是你们想想看，黄河、长江以及全国多少江河，九年当中是怎么治好的？现在我们的水利专家、科学家，花几十年也搞不清楚。这真是个神话，也是个了不起的奇迹，可是神话的内涵往往是大科学的问题。

大禹功劳太大了，所以大舜年老后，就把皇帝的位子交给大禹，舜最后死在湖南与广西之间的九嶷山。在中国文化史上，尧、舜、禹三代推位让国的公天下，就是王道政治的大榜样。后世讲到上古帝王制度以及封建的观念，都是模糊错误的认识。所以孟子有一句话要记得，"以力假仁者霸，以德行仁者王"，这三代国家政治领导人都是以最高的道德教化人民，包括了三个要点——"作之君，作之亲，作之师"。所谓"作之君"，是国家的领袖；"作之亲"，是老百姓的父母；"作之师"，是老百姓的老师。

大禹非常辛苦，花九年把水利治好了，最后平定天下，在浙江绍兴会稽山召集全国的诸侯开了一个大会；他最后也死在浙江。几年前我在国家会计学院讲课，就说你们学会计的要知道，会计是什么人创始的？中国人现在只晓得作账用的会计以及统计是西方来的，有专门学会计师、统计师的；我说你们要晓得真正的会计是中国人开始的，是大禹到浙江绍兴号召全国开了会计会议，把当时的中国划分成九州，为以农业立国的水利、农田两大重点奠定基础，你们研究了历史和地理就会了解。所以我对他们说，会计学是中国最古的时候就有了，大家听了很震动。

夏商周开始的家天下

尧、舜、禹三代以后不同了，不再是公天下，而是史称"家天下"的开始。因为大禹死后，这个王朝就传给他儿子了，那也可以说不是大禹的本意哦。大禹的儿子叫启，我们写信给人家，"敬启者"那个"启"字。启的出生又是一个神话故事，说大禹的妻子在怀孕时受到惊吓疑虑，变成了石头，等到外面天下水利定了，大禹把这个石头打开，儿子就生出来了，因为儿子是从石头里蹦出来的，所以叫作启，据说很有贤德。这个神话大有问题，大家需要去研究上古史。大禹开创的朝代叫作夏朝，我们现在叫大夏文化；夏以后是商，也叫作殷，商汤革命建立了殷商的朝代，商朝合计起来有六百多年。

殷商以后是周朝，周文王的儿子武王革命，建立了周朝八百年的天下，由此开始奠定了中国的文化。周朝八百年的政权是什么？封建。我们现在讲的封建不完全是周朝封建制度的内涵，中国人这一百多年搞错了。周朝的封建，是"分封诸侯建国"，把全国土地封给八百诸侯分治，有公、侯、伯、子、男五个爵位。土地公有，建立井田制度，这等于是以周朝政府中央为主的联邦制度。

周朝的文化，笼统算起来是八百年。在周朝建立百年之后，有一度由封建体制变成共和政体，周厉王被逐，由周定公和召穆公共同执政。讲到政治，全世界哪一种政治体制最好？我到现在九十多岁，研究政治、军事，不敢下结论，没有哪一个体制是绝对最好的，不过中国这个体制还是了不起。讲历史我先跟大家报告这个。

　　周朝到了春秋战国时就乱了，春秋乱了两三百年，后来地方诸侯互相吞并，表面上虽然服从中央政府，中央周天子却只能在那里拱手观望，一点办法都没有。所以到了战国后期剩下七个国家，西有秦国，南有楚国，中间是韩国、魏国、赵国、燕国，东边是齐国，最后由秦始皇吞并六国作终。战国的历史也闹了二百多年。我们这些历史的资料很丰富，很闹热。

　　我经常告诉青年人，你们想要了解国际政治，要晓得全世界多少国家、多少宗教、多少民族，就必须先要了解自己国家的历史、政治、宗教、民族。你们不管有没有出国留学，对自己历史的研究，对远古、上古、中古等的了解，都连一点影子也没有。我在外国对中国的留学生讲，你们要了解世界政治，赶快去读春秋战国。现在的世界政治就是春秋战国的放大形势，在我看来几乎是一模一样。在欧美留学拿到博士、硕士学位回来，就想把某个国家的文化体制用到中国，就想治国平天下，懂个什么？这叫"隔靴搔痒""药不对症"，可以说影子都没有，所以不读历史是不行的。

　　秦朝以后才有汉、魏晋南北朝、隋，然后才有唐、宋、元、明、清，到现在两千多年。我们自己的历史记载几乎没有遗漏，这是第一点。因为时间的关系，我只好浓缩地讲。

观今宜鉴古

　　中国的历史，比较详细的记载是从周朝开始。《礼记》告诉我们，我们这个民族文化很特别，从上古黄帝一直到周朝，史官的职位是帝王封的，但是封成史官以后，帝王不能干涉。所谓"左史记言，右史记事"等，在帝王旁边的史官，左史记言，皇帝及臣子们所说的建议语言，都要真实地记录；右史记事，帝王做了国家大事，或是亲近女色，做了什么事，都如实记下。中国古代史官的权力有这样大，这种体制也是全世界独有的。所以我们研究历史，要"经史合参"。

再说西方文化，罗马兴起时，正是我们汉朝鼎盛时期，那时哪里有美国啊！就连德国、法国都还未成形。这个时候的印度，是阿育王之后的时期。我看这个历史真有趣，太阳东边出来，西边下去，讲到人类文化，以每一百年为单位，东方发生什么现象，西方也发生什么现象，很奇怪。我十二岁一个人在山上庙子里读书，不是读《资治通鉴》，是读《纲鉴易知录》，一年两个月当中已经读了三遍，基础打稳了，所以对历史比较有兴趣也比较注意，而历史与文化是整体的。

我们现在研究历史，你们许多人在大学里也读历史，你问要看哪一个教授写的，我不加意见。有些人看中国经济史、中国教育史、中国文学史……我就笑了，看这些书等于钻牛角尖，没有全盘了解。因为这是一般读书人在读了历史以后，站在某个立场观点写的。真要写的话，我刚刚给你们讲的那些话，内容很多，已经有一百个博士论文的题目，又可著书变成学者了。

我们的历史，单讲正史，留下来的有二十五史，每一代的历史都有详细的记载。如果加上这一百年，成了二十六史了。清朝三百年的历史，到现在还没有真正写成啊！譬如你们现在研究司马光写的《资治通鉴》，我当年在台湾，有些文官武将在我家里听课，我住的地方一到晚上，门口两边都站满了宪兵。我鼓励他们读《资治通鉴》，但是司马光的《资治通鉴》只写到唐末五代为止，因他是宋朝人，他本朝的人都还活着，没有办法写。另有一部《续资治通鉴》，是清朝毕沅（号秋帆）作的，他是太仓人，乾隆时状元，学问非常好，曾做过河南巡抚、湖广总督，他邀请一班大学者，历时二十年，编了《续资治通鉴》，从宋朝以后继续写下来，很有见解。

为什么这一些大官都注重历史？不注重历史你就不懂政治，不懂经济，也不懂商业，这些学问经验历史上都有。有人问我，我们推翻清朝到现在是九十九年，再一年就一百年了，一百年以后你看中国的前途怎么样？我说要想了解现在这个时代，你去读历史，古书上说"观今宜鉴古，无古不成今"，想知道未来，要知道过去，不懂得历史你怎么晓得未来？更别谈想懂人类社会文化是怎么演变的。这是告诉大家历史的大要。

治史要通才

现在再回过来讲，刚才讲到我在台湾让这些文武将领读《资治通鉴》，就像现在你们一样分组。因为这一班人都很熟了，是少将以上，还有三星上将、海陆空的"总司令"，等等。后来我还开他们玩笑，我说你们上当了，研究《资治通鉴》干什么？他们说："老师，你叫我们分组研究的，你怎么又讲这个话？"我说对呀，你们晓得这书名是什么？《资治通鉴》，司马光写这一部历史，是教育皇帝的，怎么样做一个好皇帝，怎么样做个好领袖。"资治"，这个资料找来，帮你治国平天下；"通鉴"，古今历史的重点给你拿出来。我说你们都有官职，读了《资治通鉴》，如果碰到一个嫉才的帝王，就把你宰了。大家都笑了，老师你这个话怎么讲？我说因为你们想做皇帝啊！读了《资治通鉴》嘛，懂得如何做领袖了嘛！司马光当时编这个书，是因为史学家们认为当时做领袖的没有资格做领袖，换句话说，司马光也认为宋朝的皇帝、赵家的天子没有几个真像样的，要他们读书，所以编了《资治通鉴》。司马家专门管历史的，有司马迁、司马光；司马家还有做皇帝的，晋朝的皇帝是司马氏，这个里头也是历史研究的一个要点。我现在都是长话短说，切断再切断，像豆腐干一样，一片一片切断来讲，因为时间来不及。

研究中国历史，不是光研究历史而已哦！过去几十年都在学西方的哲学，我们童年的时候，英美留学回来的学者说中国没有哲学。我就笑，说我是乡下人，喝中国水沟的水长大的，你们喝洋水的，把洋水带回来，我也尝到一点点。中国怎么没有哲学？中国的哲学在诗词歌赋里头啊，不像欧美的哲学是专门的，所以中国讲历史是文哲不分，文学跟哲学分不开的。同时文史不分，你看每一个写历史的人都是大文豪，也都是诗词歌赋非常好的人，史学家都是大文学家。还有呢？文政不分，司马光是宋朝的宰相，历代写历史的人都是翰林大学士，都是大官呀，所以文政不分，自己政治上有经验。还有文艺不分，除了诗词歌赋以外，音乐、舞蹈、民间好的坏的风俗，天文地理，无所不知，通才之学。所以学了历史有这样的伟大。

六经皆史

我们今天缩短时间讲两千多年的历史。历史是什么？刚才说到毕沅，他当时的幕宾（师爷）是章学诚这一班人。章学诚是乾隆时有名的进士，也就是当时的名士，学问很好。他讲过一句名言——"六经皆史也"，这句话非常有道理，"四书""五经"都是历史。譬如讲历史，你先要懂《易经》，不是要你懂八卦，那太难了，你要先看孔子研究《易经》的报告，叫《系传》。我曾讲过，外面已有流通，你要仔细读，他把宇宙社会的演变程式很科学地告诉你了。还有像家庭及个人的一生、生命的旅程和价值，也都告诉你了。所以六经皆是历史。

大家都讲儒家的代表是孔子,我们晓得,在孔子手里,把中古到上古渊博的文化浓缩下来,以唐尧为标准。你看孔子嘴里的话,随时口称尧舜,但是不大提大禹,只提了一两次,"禹,吾无间然矣",对于禹,他说我没有话讲,因为禹对中国人功劳太大了,把洪水大患整治成了水利,奠定了几千年农业立国的基础。到我们今天住在庙港,弄个大学堂,这个都是烂泥巴的地方还盖得起来,也是大禹的功劳。孔子说对于大禹我没有话讲,不敢批评。可是孔子却只称尧舜。他对于汤武革命也有意见,并没有明说,大家看不出来。这就是历史的眼,"史眼"。

孔子著《春秋》

孔子一辈子真正的学问,不是《大学》《中庸》哦,《大学》是他的学生曾子著的,传授孔门心法。《中庸》是他的孙子子思作的,子思是曾子的学生。孔子的讲学对话记录是《论语》,是他的学生们编集的。那么孔子有没有真正的著作?有,《春秋》,还有《易经》的《系传》等十翼。孔子为什么把他编著的历史叫作《春秋》而不叫"冬夏"呢?我在书上也提到过,这是根据天文来的,每年春分与秋分这个阶段,气候温和,不寒不冷,昼夜均长,所以"春秋"的意思就是平衡,秤一样的公平,这是孔子著《春秋》的深意。

《春秋》他是只写纲要哦,没有写内容,等于是左史记事,没有记言;中间的历史内容是他的学生传承编集的。《春秋》有三传——《左传》《公羊传》《穀梁传》,把内涵加进去补充说明,三家各有不同观点。《春秋》的目的是讲什么呢?这是大问题了,我们时间来不及一路讲下去。孔子的一生学问好,著了《春秋》以后,他认为别人不一定了解他的历史哲学观,因此讲了两句话,"知我者《春秋》,罪我者《春秋》"。他说将来后世的人如要骂我,是因为我著了《春秋》;真正懂我的人,知道我讲中国文化精神在哪里的,也是因为《春秋》,所以说《春秋》有微言大义。有没有人骂孔子?有。像我们小的时候读书,有些古板的老师不准我们读《春秋》《左传》,也不准我们看《三国演义》,更不可以看《红楼梦》《水浒传》。他们说《红楼梦》是淫书,黄得不得了,看了就会学坏了;看《春秋》《左传》《三国演义》,你将来会变奸臣了,喜欢用权术智谋。

那么《春秋》记载什么呢?记载"唯时史观"。魏承思老师有一天跟我讨论,他说西方讲唯物史观。我说不对,那是十九世纪的东西,不谈了,世界上的宇宙万有不完全是唯物的。那么唯心史观对不对呢?也不对了。魏老师说那中国的历史是什么?我说是"唯时史观"。你看我们的史书,不把帝王当主体,他的纪年讲甲子、乙丑、丙寅、丁卯……以时间来推算的,这个时间怎么编呢?一个花甲六十年。这唯时的学问很深,你们现在都不懂,暂时不谈。

《春秋》记载了周朝后期二百九十多年的历史,当时中央天子虽没有垮台,但诸侯之间互相吞并,道德沦丧,整个的社会国家都乱了,其间"弑君三十六",臣子弑侯王的有三十六起;"亡国五十二",周朝初期分封的八百诸侯相互兼并,到春秋时期所剩无几,到战国后期更只剩下七个较为强大的国家。当时社会呈现这么一个乱象,文化道德丧失到这种程度,《春秋》记录的便是这样的情况。

《春秋》的内涵

孔子著的《春秋》,比较说来,是中国第一部创作的历史纲要。其他记录各诸侯国历史的有《战国策》《国语》等,只是笔法不同。我再跟你们讲件事,我们经常看到关公的画像,右手拉着胡子,左手拿着书在看。我说那个画错了,汉朝的书不是这样成册的,是一卷一卷卷起来的,那样就没法拿着看。中国人对关公那么崇拜,不只是他的武功,还有他的学识,深通《春秋》,所以后人称赞他忠义千秋,这是中国文化的精神。全中国的人都崇拜关公,与岳飞不同,这是一句不相干的闲话,顺便讲到的。

但是后世的人有些搞不清楚了,我也常常问专门研究国学历史的年轻同学们,《春秋》讲什么?后世一般学者讲《春秋》是"尊王攘夷"的思想,认为尊王就是尊重王权,专门拥护帝王专政,攘夷就是排斥外来野蛮民族的文化。我说孔子一定不承认这种观念。但是日本人采用《春秋》所谓尊王攘夷的精神,创造了日本明治维新的历史局面。明治维新最特出的代表不是日本天皇,而是宰相伊藤博文,当然维新也不是伊藤博文一个人的成功,但是伊藤博文赢得了历史的盛名。他推崇尊王攘夷的精神,日本因此兴盛起来,把当时美国、英国的力量赶出日本。你们去研究就懂了。

伊藤博文和李鸿章都是一代人物,伊藤博文对中国文化是有研究的,他有两句名言,你们做生意的要懂,搞经济、政治的更要懂。他说"计利应计天下利,求名当求万世名",讲赚钱利益,不是为个人赚钱,要为天下人赚钱。他做到了,在日本史上流芳百世,不但在日本史上万世留名,在全世界人类史上他也有名。他走的就是这个路线,这是中国文化精神给他的影响。这两句话,你们诸位要记一记。

还有一些人说《春秋》讲三世,三世是根据《公羊传》而来的,所谓衰世,比衰世好的叫升平,升平最后到天下太平。但是天下永远不会太平的。要熟读《春秋》，内容很多，当然首先最好要了解《左传》，兼通《公羊传》《穀梁传》，再兼通《战国策》《国语》等则更好。

司马迁著《史记》

再来重要的是司马迁写的《史记》。你们要研究《资治通鉴》，经史合参的目的在哪里？就是司马迁的话，"究天人之际，通古今之变"。天，是宇宙物理世界；人，是人道。所以读历史不是只读故事，不是只知道兴衰成败，还要彻底懂得自然科学、哲学、宗教，通一切学问。"通古今之变"，你读了历史以后才知道过去、现在，知道未来的社会国家，知道自己的祖宗，知道自己的人生，知道以后你往哪个方向走。司马迁提出了孔子《春秋》的内涵，也就是"究天人之际，通古今之变"。

司马迁平生有"读万卷书，行万里路"的精神，他写《史记》的时候，也考察了各个地区的有关史料。不过我在这里再加上一句话，一个人要想成就自己的学问，除了"读万卷书，行万里路"，还要交一万个朋友，当然最好是交好朋友，交到坏朋友就麻烦了。

讲到司马迁写《史记》，我给大家讲重要的"眼睛"了，《史记》比起《春秋》又有不同，他自己创作了一个新的历史体裁，他的精神在八书；不像《战国策》《国语》等史料，各有各的系统。《史记》以后才有班固父子作的《汉书》，后面的历史都照《汉书》的体裁，慢慢衍变，之后有《后汉书》《三国志》、魏晋南北朝等史书，接着是《唐书》，再有《宋史》《辽金元史》《明史》，清史还没有写好，民国史更没有人写了，还差得远呢。

读历史的眼睛

《史记》用的是传记体，体裁同别的都不同。他用传记体裁，等于写小说，所以我常常告诉年轻人，你要读《史记》，想要懂司马迁写什么，最好也读《聊斋志异》。你以为说鬼话就那么无聊吗？司马迁常称"太史公"，实际上是推崇他父亲，因为从他父亲以上，一家都管历史的，同时也表达一个史官的历史责任。蒲松龄写《聊斋》，在每一篇异闻、鬼话之后，他也跟司马迁一样，他自称异史氏。所以想把文章写得好，想做个好的新闻记者，你非读《聊斋》不可，要学会他写故事的手法。他在重要的故事后面常有个评论，就是"异史氏曰"，和司马迁写《史记》"太史公曰"一样，这是我们读历史应具的一只眼睛。

司马迁写《史记》用传记体写，我先讲我的故事。我当年年轻，自己认为学问也不错，抗战初期那时二十几岁，在四川成都中央军校教课。这个时候我见到我的老师袁（焕仙）先生。我一生的老师很多啊，唯有这位老师很特别。那个时候人家说我诗词文章都好，又说我文武全才。他听了就说南怀瑾是一条龙，我要把他给收了。这是后来人家告诉我的。

有一天我们两个人谈话，谈到古今中外的学问，谈到历史，谈到写文章，他就很严厉地问我："你读过《伯夷列传》没有？"我说："先生啊，我太熟了，十一二岁就背来了。"他说："嘿！你会读懂吗？"我说："是啊，都背来了。"他那个态度，把胡子一抹，眼睛一瞥："嗯！这样啊！"样子很难看。他这么一讲，我愣住了，我就说先生啊，我们那个时候不叫老师，叫先生。"先生啊，你讲得对，也许我没有读懂。"他就说回家好好读一百遍。我这时心里真的有一点火了，但是还有怀疑，他怎么这样讲呢?《伯夷列传》我很清楚,我现在都还能背得出大半。回去我真的把《伯夷列传》拿出来好好地用心再读,反复思维,当天晚上明白了。我第二天去看袁先生,我告诉他,先生,《伯夷列传》我昨天回去读了一百遍。他就哈哈笑了,说:"不要说了,我知道你明白。"你们读书称呼老师,这就是老师了,这是书院精神,让你自己读通了。这是读书的眼睛,读史的眼睛。

《史记》列传的深意

司马迁写《史记》,重点在列传,第一篇写《伯夷列传》,你去看看。照一般写传记,写一个人,譬如说你姓王或姓李,山东人,哪里毕业,做了什么事,讲了什么话,这是传记。但是他写《伯夷列传》,没有几句话。武王那时是诸侯,他起来革命,要出兵打纣王,几百个诸侯都跟着他,纣王是皇帝哦。伯夷、叔齐是孤竹君的两个儿子,读书人。这两个老头子,"叩马而谏",武王出兵的时候,他们把武王的马拉住了,劝他不要出兵,只有几句话,第一,你父亲文王刚刚死,还在丧服之中,用兵是不应该的。第二,你更不应该去打纣王,他至少是你的天子,你周朝也是他封的,你怎么可以以臣子出来打君长呢?然后"左右欲兵之",旁边的人要杀这两个老头子,这时姜太公说话了,"此义人也",你们不要动手,要尊重他们,这两个是中国文化的读书人的榜样,请他们回去,好好照顾着。后来武王灭了纣王,建立了周朝。列传中有一句,"义不食周粟",等于说,你这样做是"以暴易暴",不过是一个新的暴君打垮一个旧的暴君而已,所以他们绝不吃周朝土地上生出的任何一颗米,两人饿死在首阳山。这是司马迁为他们所作传记的重点。然后下面都是理论,理论什么?对历史的怀疑,人性的怀疑,宇宙的怀疑,因果的怀疑,你们回去多读这篇《伯夷列传》就知道。从古至今都说"善有善报,恶有恶报,不是不报,日子未到",为什么天下的坏人都很得意啊?为什么坏蛋造反都有理呢?强权为什么胜于公理?这个因果报应在哪里啊?这是司马迁在这一篇的怀疑,也是对上下古今历史打的问号。

但是这一篇就告诉你,中国文化不赞成这些帝王,做帝王的干什么呢?所以你要去看书了。你看唐朝杜甫的诗,这是讲到历史的参考,这是看历史的眼睛,杜甫写那个唐太宗得唐朝的天下,两句名诗,"风尘三尺剑,社稷一戎衣",你看多漂亮!换句话说,你唐朝的天下是打来的,你消灭了各路英雄诸侯,最后是你拳头大,当了皇帝,整个的国家就是打来的。毛泽东当然也懂这个,他是熟读《资治通鉴》的,枪杆里面出政权。可是杜甫不是那么讲,杜甫讲得很文雅,"风尘三尺剑,社稷一戎衣",这是历史的眼睛。

还有唐人章碣的两句诗,"尘土十分归举子,乾坤大半属偷儿","举子",就是考取举人、进士啊这些人,读书人一辈子很可怜,死了埋在泥土里。换句话说,我们这一些读书的知识分子,没有什么了不起,最后归到烂泥巴而已,读书有屁用啊!这个宇宙天下都是用权力与手段骗来、偷来、抢来的。这两句诗就把功名富贵,有钱财的,有权势的,统统批评了。唐人的诗像这样的有不少,这是历史哲学的观点。现在回到《史记》。

历史不是"载之空言"

司马迁写《史记》,不同于《春秋》,《史记》有五种体裁,做皇帝的叫"本纪"。做宰相诸侯的,以及了不起的人如孔子,这些叫"世家"。古人说的世家子弟,就等于现在说的高干子弟,就是这样来的。其他普通一般的,就叫做"列传"。还有

"表""书"等体裁。他写《史记》这几种体裁，大都用传记体写，不像《春秋》，他这是首创，在他以前没有，以后大家慢慢跟他学的。刚才讲列传第一篇，以伯夷、叔齐代表一个高尚的人格道德，然后各种各样的人都有，而且他很特别，《游侠列传》《刺客列传》，什么都写了；乃至写《货殖列传》，做生意的、盗墓发财后来称王的，什么都有，做偷儿、做妓女也可以发家的，他讲得非常白，非常清楚，有各种列传。

司马迁引用孔子一句名言，是讲写作历史的重点——"我欲载之空言，不如见之于行事之深切著明者也"。他说写历史、写文章，如果光讲空洞理论，没有用，他用传记体来写，等于写小说一样，把一个人一辈子的思想、行为、言语，写得明明白白的，让大家看得清楚，这是他写历史的眼睛。所以我们读历史，要经史合参，要学观音菩萨千手千眼，每一只手里有一只眼睛，每一只眼里有一只手，要清清楚楚。

你看他写皇帝，刘邦是《汉高祖本纪》，写项羽也是本纪，他认为项羽跟刘邦是一样的，平等看待，只有他敢，也只有他做到。后世班固写《汉书》就不敢了，改了项羽的，不叫本纪了。我再借几分钟时间，讲个"历史眼"给你们听。你们读《资治通鉴》，要有慧眼，要用特别的眼睛看，也可说是用法眼来看。

四首诗说项羽

项羽也是了不起的人物，清末民初有个湖南才子易实甫，他有首诗说项羽：

　　二十有才能逐鹿　八千无命欲从龙
　　咸阳宫阙须臾火　天下侯王一手封

"二十有才能逐鹿",他二十岁时跟着叔父项梁起来打天下,五六年当中打败各路英雄,自认为已经统一中国,号称西楚霸王。"八千无命欲从龙",八千子弟都是安徽、江苏、浙江一带的人,古称江东,后世叫江南。虞姬也是江浙人,项羽是江淮一带的人,都是南方人。"咸阳宫阙须臾火",结果打到咸阳,一把火把秦始皇的阿房宫烧了,把秦始皇从天下收集来的图书也烧了。"天下侯王一手封",厉害的是最后一句,不过二十六七岁,自称西楚霸王,还分封各路诸侯为王,特别要注意,汉高祖刘邦的汉王也是项羽封的。所以说你要看懂司马迁写的历史,他把刘邦、项羽都列为本纪,这是一件事实。

班固后来写《汉书》,就改了,项羽不是本纪,就跟陈胜、吴广一样了,这个问题就很大。刚才讲到文哲不分,文史不分,文艺不分,为了这个问题,我再找出王昙的三首诗,这个要朗诵的,朗诵不是故意学唱哦!我们从小读书都是这样长声朗读的。

江东余子老王郎　　来抱琵琶哭大王
如我文章遭鬼击　　嗟渠身手竟天亡
谁删本纪翻迁史　　误读兵书负项梁
留部瓠芦汉书在　　英雄成败太凄凉

"江东余子老王郎",王昙是浙江嘉兴人,乾隆以后嘉兴的一个才子,他文武兼修,自称是项羽江东子弟的后代。"来抱琵琶哭大王",他自己跟项羽来比。"如我文章遭鬼击",他一生不得意,有功名但是不得志,像被鬼打了一样,他看不起这个社会。"嗟渠身手竟天亡",这是感叹项羽空有这样好的本事,最后失败时自叹是天亡我也。下面就讲到历史的转变,"谁删本纪翻迁史",他就骂班固,说司马迁的《史记》是《春秋》的精神,很公平的,你们后来写历史的,专门为皇帝一家的尊严而作,是不公平的。他又感叹,"误读兵书负项梁",历史上说项羽读书不成而学剑,学剑又不成,自说要学万人敌,读了兵书,辜负了父兄之教训。"留部瓠芦汉书在",班固后来写的历史啊,专捧汉朝刘邦,是错误的;《汉书》是照《史记》依样画瓠芦,这个历史靠不住。"英雄成败太凄凉"。这是第一首。后面我不详细讲了,你们最好用朗诵的,才懂得文史哲学的精神。

你们翻开另外两首看看:

黄土心香一掬尘　英雄儿女共沾巾
生能白版为天子　死剩乌江一美人
壁里沙虫亲子弟　烹来功狗旧君臣
戚姬脂粉虞姬血　一样君恩不庇身

"黄土心香一掬尘",去拜奠项羽的庙子,手里没有香,抓一把泥土往案上一放当成香。"英雄儿女共沾巾",讲了项羽、刘邦的英雄事迹,也讲到他们两个与女人的情爱关系。刘邦最后爱的戚夫人,被大太太吕后砍断手脚,熏聋耳朵,灌了哑药,挖了眼睛,关在厕所中,不成样子。项羽心爱的是虞姬,当项羽最后兵败,八千子弟都死光了,他回头看到虞姬,只有她一个人在他身边。他说"虞兮虞兮奈若何",你怎么办?现在只剩你我两个了。虞姬听完了以后,就把项羽的剑拿来自刎了。

后来项羽一个人到乌江边上,有个打渔的人要驾船送他过江,项羽不肯上船,他说八千子弟跟我出来都死光了,你若把我送回江东,我无颜面对江东父老。他一个人上马,回头一看,有个汉王的年轻将领,名字叫马童,骑马追了过来。项羽说你不是马童吗?他认识的。马童点点头。项羽说我们一起作过战的,老朋友了,听说汉王讲拿到我的头就可封侯,这个头就送给你吧。所以王昙下一首诗说"枉把头颅送马童",是这个意思。没有详细讲完,时间来不及,大概讲讲。读历史最好懂文学,历史很多评注,你们现在读了《史记》,我先抽出王昙这几首诗来点眼。

这首诗请同学朗诵,也让你们知道过去读书是怎么读的。我也可以念,我那个调比较费力,他这个比较通用,我们这里的孩子们都会念这个调子。(同学吟诵)

秦人天下楚人弓　枉把头颅赠马童
天意何曾袒刘季　大王失计恋江东
早摧函谷称西帝　何必鸿门杀沛公
徒纵咸阳三月火　让他娄敬说关中

这是中国人读书的朗诵,所以以前叫"读"书,我们小的时候在书房里,个人也好,同学一齐也好,到五六点快要放学了,大家都要朗诵的。老师坐在上面,看到下面的学生,嗯!念得好,就放学了。所以一到黄昏的时候,就是"一阵乌鸦噪晚风,诸生齐放好喉咙",念得越大声越好。读书最好是朗诵,读历史的古文,也要懂得朗诵,比如苏东坡讲读历史的时候,一边唱一边喝酒,唱到痛快或者痛苦之处,就喝上一大口酒。这也就是我们讲的,读历史、读兵书而流泪,替古人担忧。

今天我只为经史合参的国学研究班讲了一点开场白,有很多要点想告诉大家,因为时间来不及了,讲得很短,下次有机会我们再讨论。

(整理:牟炼)

十一、谈人性的真相

时间：二〇〇八年十一月一日

地点：太湖大学堂

听众：中欧商学院苏州校友会

第一堂

人类文化的心性问题
人性是善是恶
中外各家的观点
知行的问题
王阳明四句教
四句教的矛盾

潘昱兵致辞：诸位来宾大家好，大家都知道，请南老师上课很不容易，现在我们以热烈的掌声欢迎南老师来给我们上课。

南师：诸位先生好，刚才潘先生讲得太谦虚了，我是一个没有用的老头子，我习惯性地有句话先向诸位交代，我对自己的一生，觉得一无是处，一无所长，只是外面有一点虚名。像潘先生刚才讲的，很难得能与诸位碰面，因为我老了，很少到外面去。

人类文化的心性问题

现在我们长话短说，我每次演讲或讲课时，都觉得自己是被人家考试，现在诸位考官也是来考我的，尤其诸位这一次出的这个题目非常大呢！总而言之，"人性的问题"这个题目，我看了很稀奇，诸位怎么有这么一个大题目？简单地说人性是什么？生命的意义是什么？人活着为什么？生来死去，究竟怎么生来？怎么死去？最近我常常答复青年朋友问到的人性问题，我先讲一个笑话，笑话也是真理，不完全是笑话。人家问我，我就说人生是"莫名其妙地生来，无可奈何地活着，不知所以然地死掉"三个阶段，所以人是非常可怜的。这三句话虽然是个笑话，也就是诸位给我出的这个题目"人性的问题"，所以我看了这个题目，突然就答应了，好啊！我来讲。因为触动我的感想了，想不到在这个地方、这个时代，还有人提出这个问题，现代几乎很少人关心人性的问题了。

人类的文化，不管中西方，主要的中心，就是一个心性问题，这个题目讲起来，不是短短的两个钟头可以讲完的，如果做学术研究的话，要好几年，因为它包括了世界上一切的宗教、哲学、政治、经济、文化、教育，太多太多了，都是一个人性问题。追寻人性问题，过去研究哲学的属于本体论，由于西洋哲学的影响，中国哲学把自己的文化也定名为本体论。哲学的本体论就是科学的本体论，也是宗教的本体论。这个生命究竟是怎么来的？这个世界上怎么有人？人是怎么生出来的？中国人有句老话，"人心不同，各如其面"，每人的思想、心理情绪都不同，就像每个人的面貌总有些不同之处一样。中国人这两句话，就是人性问题，非常奇妙。

人性开始是怎么来的？再上推到人性和一切生物乃至万物之性，是不是同一个体？在哲学里头就追问这一个问题：宇宙万有的生命是先有鸡还是先有蛋？人类先有男人还是先有女人？人怎么来的？是唯物还是唯心的？这是人性问题，是哲学问题的本体论。

研究了人性的本体论，知道了以后才讲人生。人活着，生命的意义是什么？生命的价值是什么？生命的作用是什么？就与这个人性问题有关了。我好多年没有看到有人真提出这个问题。现在的学校、社会，写文章的也很少写这一方面。不是没有，只有少数人默默地在研究。到了现在这个时代，尤其我们在中国，大家拼命地向钱看，想赚钱，想发财，对于人性的问题，大部分人都忽略了。现在诸位公然提出这个问题，我们长话短说，先了解一下。

人性是善是恶

我们不讲本体，先讲现象，这个人性生来究竟是善还是恶的？以世界上一切宗教来说——我们讲到宗教，这个问题要注意哦！现在全世界存在的宗教还有好几百个，不过一般流行的只有几个。中国有儒、释、道三大教，中国自己本土的文化是儒家，后来称它为儒教。道家、佛家，在宗教是道教、佛教。我们倒数回去一百年前，这儒、释、道三教是中国文化的中心，加上后来传入的基督教，当然也包括了天主教，现在世界上基督教的门派也很多，很复杂。儒、释、道三教加上基督教，还有回教，差不多就是现在中国和世界上公认的五大教。

这里顺便讲一句，人家说基督教、天主教是西方文化，我说没有错，它代表了西方文化的其中一面。可是你们注意，这五大教的圣人都是东方人，孔子、老子、释迦牟尼佛都是东方人，耶稣也是东方人，阿拉伯的穆罕默德也是东方人，没有一个西方人，不过宗教却在西方流行了。一切宗教都认为人性本来是善良的，研究基督教、天主教的人不要忘记，要多看看《旧约全书》，你们有些信天主教、基督教的拿到《圣经》，多半是抽中间的讲，没有从《创世纪》开始。宇宙是怎么创始的？天主教、基督教乃至其他的宗教，都认为有一个主宰创造了人类和世界。这是个大问题，深入讲下去会牵涉到宗教哲学的比较宗教学，现在我只讲到这里为止。

我们再回过来看中国的宗教及文化教育。我们中国文化讲人性，《三字经》有四句话，"人之初，性本善，性相近，习相远"。我六岁就开始背了。"人之初，性本善"，人性本来是善良的，"性相近"，自性本来都是相近的，每人都有一颗善良的心，但是社会上看到人性善良的不多，因为"习相远"，习惯、习俗的影响使大家的差距越来越远。

我插进来讲一个故事。我有个替国家做事的朋友，他武功很高，我们都说他是武林高手。他前几天告诉我，有一次他带了很多钱，在路上遭到六个土匪打劫。他说钱你们拿去，不要伤人，可是对方却非杀了他不可，他只好动手抵抗。他跟这些土匪打到肠子都拉出来了，最后是跳进水里保住一命。他逃出来躺在岸上，实在动不了，自己用衣服把肠子包住，看到路人经过，就拜托人家帮他打个电话，结果大家"望望然而去"，只远远地看一眼，都不敢靠近。他跟我讲起当时的情形，很感叹地说："老师啊！我深深体会到人性的问题。"我说你也不要那么悲观，这些路人不肯过来是现代人的习气，大家胆子小，搞不清楚你是好人坏人，也怕万一你死了会惹上麻烦，这是普遍的现象。我们常常看到街上出事情，两人打架，没有人站出来劝的。现在更严重，大家害怕顾忌的事情很多。因为讲到"性相近，习相远"，顺便讲这么一个故事，这就是人性。

中外各家的观点

在中国传统文化中，以孔子、孟子为代表的儒家，主要认为人性是善的。那为什么人性又有坏的一面呢？是因为后天的习惯造成的，父母、家庭、社会的教育，等等，把善良的人性染污了。

而跟孟子同时的荀子，认为人性天生就是坏的。譬如双胞胎婴儿，肚子饿了先抢着要吃，不管自己的手足，这是贪欲，以自我为中心，所以他说人性本来就是恶的。

还有一个人叫告子，也跟孟子同时，《孟子》上提到过他。

我相信现在的教育不会接触这些古书。其实这些古书流行了几千年，是普通的课本，我们从小不但要读，要背，还要会默写。告子认为人性不善也不恶，人性一开始没有善恶的问题，是后来的人用自己的观念建立一个逻辑，分别出善恶，这又是一派。这些问题研究起来都很大。

另外一家呢？就是墨家。我们刚才提到，唐宋以后代表中国文化的三家是儒、释、道，而在春秋战国时代，代表中国文化的三家是儒、道、墨，儒家以孔孟做代表，道家以老庄做代表，还有一个墨家，以墨子（墨翟）为代表。在诸子百家里，墨家是很重要的，墨子认为人性像一张白纸一样，人生下来以后，由父母、家庭、一切后天教育把他染上颜色。善与恶，等于白与黑，是染了两个不同的颜色。

关于人性问题，中国有这四五家说法，这四五家代表了几千年的中国文化。我们的文化教育，自古以来一直在追寻这个答案。所以我们过去的政治、法律、教育、社会，通通围绕着人性问题打转，转得很闹热。中国文化几千年，内容之丰富，多得不得了。你们诸位这一班人真是了不起，提这个题目，我看了眼睛一亮，很高兴，答应了才开始后悔。这么短的时间要讨论这么大的问题，太难了。

天主教、基督教也是讲这个问题，认为人性本来是善的。在座不知道有没有穆斯林？伊斯兰教也在讲这个问题。上帝造万有，人性本来都是善良的，人类自己把它搞坏了。这个人性究竟是个什么东西？中国文化讨论了几千年，西方文化也同样注意这个问题。

到了现代这一百年，我常常说我们近代人类的文化，尤其中国文化，受四个东西影响：达尔文的进化论，马克思的资本论，弗洛伊德的性心理学，还有凯恩斯消费刺激生产的经济理论。这四个理论转变人类世界的风气，扰乱了社会，而不管西方的教育也好，东方的教育也好，都没有真正去追寻这个人性的问题。大家看到西方文化，看到美国、欧洲物质文明的繁华，工商业的发达，因而眼花缭乱，忘记了根本。现在有人提出人性的问题，这是个大问题。第一段我先大概报告这些原则，关于这个问题，内容实在太多了，必须要懂得宗教、哲学、科学、政治、法律，一切一切都包含在内了。

我们回过来再研究刚才提出的"人之初，性本善"，人性是不是真的本善呢？不知道。这里还有一个逻辑问题，这个"性"是讲什么性？现在大家口语词也很多，什么科学性、发展性、自由性、民主性，各种各样，这是性质的性，譬如说这支笔的性质是用来写字，不是指本体的性。中国文化里头的性是本性，是人性的真相。

我们要怎么样认识自己？实在非常困难，我看诸位给我出的题目，人怎么认识自己？除了本题以外，还有那么多副题耶！这个考题很难答复的。而且这些问题提得很文学化，人究竟向哪里去？人向家里去，没有什么了不起（众笑）。但是严格地讲，人的生命有没有前生后世？人生的目标要做一个什么样的人？发财好还是做官好，或是做一个默默无闻的普通人就好？大概是问这些问题。

还有，你们提的掌握人性的方向，就是我刚才提的人生的意义、人生的目的。现在我也九十多岁了，抗战时我二十几岁，有人请我去四川大学讲演。当年大学的程度和现在不同，那时高明得多了。我从年轻就很狂妄，你要我讲演我就来了，不问讲什么题目的，到场才忽然想起来，问说你们要我讲什么？有一位学生就提出来要我讲人生的目的是什么。我一听，上台就讲了，我说好啊，这题目提得好。什么叫目的？譬如今天诸位要我来吹牛，我要来讲演，这是一个目的；你们要来听讲演，这也是个目的。世界上很多学问专讲人生的目的，有人说人生以享受为目的，有人说人生是以追求功名富贵为目的。譬如当年孙中山先生提过"人生以服务为目的"，非常伟大，他这个思想一直影响到现在，国共两党都还在用。但是，我说这不是目的吧！请问我和在座的大家，我们从妈妈肚子里光着身子生出来，会说我是来干什么的吗？没有这个事吧？我说你这个题目出的很有意思，但不能演讲，不能讨论。要我说的话，这题目本身就是答案。人生以什么为目的？人生以人生为目的。人生没有理由的，哪里找得出什么目的啊！我现在讲这个故事，就牵涉到你们这个题目。

知行的问题

拉回来长话短说，刚才提到中国文化儒、释、道三家，我今天清楚明了地提出一位与我们本题有关的明朝大儒王阳明，他的本名叫王守仁，阳明是他的号。这位很有学问的大儒是浙江余姚人，他的思想就是有名的阳明学说，影响非常深远。他在明朝的历史上功业很大，也很了不起。他的学说影响到后来日本的文化革命明治维新，建立了这一百多年来的新日本，明治维新一开始采用的完全是阳明哲学，这在日本史及国际史上都很有名。

明治维新采用了阳明哲学的什么观点呢？"知行合一"，即知即行，即行即知。人的知识跟行为常常配合不起来，譬如刚才我提的故事，我那个朋友在路上被土匪打伤，没有一个人帮忙，因此他深深感叹人性是那么不善良。是不是这样？这个问题很严重。我想当时路人看到一定很同情他，也想帮忙，可是自己又想到："会不会出事情？不晓得他是不是坏人？万一我替他打了电话，等一下警察来了把我也抓去怎么办？"有这么多的顾虑，就不敢了,这个善恶是非是这样。知是知道,行却做不到,即知即行是很难的。

讲到知行的问题,在一百年前推动革命的孙中山也有他的哲学理论,你们没有看过,叫"孙文学说",里面提出"知难行易"与"知易行难"两个方面。譬如现在科学昌明,到今天我们都晓得电灯一按开关就行了,很容易,这是行易,但是电的来历、电的原理你不知道,"知难行易",这是一方面。另一方面他提出"知易行难",理论很容易知道,像大家坐在这里讨论人性问题,人性怎么来的?人怎么会投胎变成人?人死后有没有灵魂?有没有天堂或地狱?有没有西方极乐世界?未来有没有一个生命?每个人心里都有感觉,但是"行难",永远不知道。这是"知难行易,知易行难"。

回转来讲阳明哲学,他在人生的教育作用上,提倡即知即行、知行合一,大大影响了中国明朝后期和后来日本的明治维新。我为什么提到他呢?因为诸位问的问题,就是他所说的教育问题。王阳明的著作颇丰,最有名的一本书是《传习录》,讲做人做事的学问,过去六七十年前在中国很流行,蒋介石先生在黄埔军校也是讲阳明学说,黄埔的同学每人身上都有一本《传习录》。我经常笑说,你们每人都有一本,但是大概没有人好好翻过。

王阳明四句教

王阳明当时讲学也同现在人一样,提出了人性的问题。他最有名的是四句教,很重要。第一句,"无善无恶心之体",他认为人性这个"心之体"本来是无善无恶的,根据中国儒家的文化,这和"人之初,性本善"的思想不一样。

第二句,"有善有恶意之动",意是思想的作用,我们的思想、情绪有善的也有恶的,比如我们要吃一个东西,该吃不该吃,吃了以后有没有好处?或者知道是有毒的就不吃了,就是善恶的问题了。

第三句,"知善知恶是良知",我们人生下来天生有个知性的作用,这个知性是本性第二重、第三重的作用。"良知良能"这个名词是什么人提出的呢?是孟子提出来的。孟子提出两个东西,一个叫良知,一个叫良能,同本性没有关系,他说譬如我们看到一个人掉进河里,这个时候不管坏人也好,恶人也好,任何人都很着急,都想去救他,这是良知良能的作用。我现在插过来,引用《孟子》来解释王阳明的话,知善知恶这一知是"良知",就是我们现在普通人讲的天地良心,自然都知道要助人、要救人,不用考虑的。

第四句,"为善去恶是格物",我们在行为上一定要向好的方面去做人做事,"为善"的为是行为的为。"去恶",坏的事情绝对不干。"格物"是引用孔子的学生曾子作的《大学》里的词。这个问题就大了,《大学》里讲"致知在格物",人能够不受物质世界的影响,自心不跟外物转,甚至转变了外物的功能,这个叫格物。我对七十岁的人说"你好年轻",大家就笑,其实我讲的是真话,你们只有七十岁,太可贵了,我想回到七十是做不到了,所以我看你们都是年轻人。我们推翻清朝到现在只有九十七年,还差三年才一百年。九十七年以前,我们受的教育,这些书都要会背的。那个时候把自然科学翻译叫"格致之学",就是根据《大学》这个格物来的。"格致之学"就是自然科学,换句话说我们要利用科学,不要被科学麻醉了;我们要利用物质文明,不要被物质文明所蒙蔽。王阳明四句教中提到格物,在这个名词上先做一个解说。

281

四句教的矛盾

我们回过来看王阳明的四句教。"无善无恶心之体",你们这个题目要讲人性,人性本来无善无恶吗?这个影响很大,尤其当年干革命的时候,黄埔军校或者各个大学,统统在讲这个问题,我就讲讲自己本身的故事,也等于宣传自己。当年国家政府的领导人蒋介石先生,也是黄埔军校校长,他对王学的研究很深。我正好担任政治教官,讲政治课就碰到这个问题了。那个时候我年纪很轻,二十几岁,胆子很大,一上台我就说王阳明这四句教错了。先解释这个,"无善无恶心之体",譬如这一张白纸,上头没有红色,也没有黑色,本体嘛,就是这一张纸。第二句话"有善有恶意之动",人的这个思想意识哪里来的?当然是由本体、本性的功能发起来的,就是"意之动",一起来以后"有善有恶",就分善恶了。这个本体功能无善无恶,一起来就分善恶;本体起用就是意志,而意志有善有恶,可见本体功能上本来具有善恶的种子。你王阳明讲"无善无恶心之体,有善有恶意之动",我说已经不对了。第三句话更不对了,"知善知恶是良知",人性里头能够知道哪个应该做、哪个不可以做的,叫作"知"。我们人都有理性的,譬如我生气要骂人,一边想骂,一边又想算了,不要骂了,不忍住的话会出事情的,就憋住,那一知,很难哦!"知善知恶是良知",请问这一知和那个本体有没有关系?当然有。这个知性是由本体功能来的,本来有个知,有个感觉,有个知觉嘛!知性就是知觉,这个知觉和"意"有什么关系呢?是不是从本体来的?也从本体来,好!在哲学上,王阳明的说法犯了三元论,本体不止一个了。有一个无善无恶的本体,然后有一个有善有恶的意志,两个了,再有一个知善知恶的良知，三个了，在哲学上叫三元论，不是一元论的本体了，那就成了问题。第四句话不批评了，"为善去恶是格物"，这一句是对的，不管西方的文化、中国传统的文化、所有的宗教和哲学，都是要人为善去恶，这个没有错。关于这四句教，我就这样公开讲了几十年。

明朝中期，历史上写王阳明归越国。我们江苏这里是吴国，隔一条马路过去，那一边就是浙江越国了。王阳明回到浙江，全国很多学者都跟着过来。他晚年讨论四句教，有个学生批评老师，另一个学生赞成，两个人分成两派辩论。王阳明听到了就说，你们两个都对，我讲的也对，我这四句偈对很有智慧的人，一悟便知；若要教育智慧程度比较低的人，就必须走为善去恶这一条路线。这个辩论我们暂时不讲。

王阳明的四句教是根据什么来的呢？我再给大家介绍。刚才讲到中国古代这四五家的理论，几千年来我们一直在讨论人性是善是恶，现在在座诸位又提出这个问题。所以我常常讲，东西方文化都说人为万物之灵，我说那是人类自己吹牛的，人类一点都不灵，这些人性的问题、生命意义的问题，不管东西方所有宗教、哲学，到现在还没有解答出来，拿不出一个结论。人怎么会生来的？一男一女在一起，精虫卵脏相结合，一下就变出人来，而且变出来的人个个人心不同，各如其面。人性到现在也没有结论啊！人类现在可以上天了，可是最基本的生命与人生的道理还没有得出结论，还没有脚踏实地呢！讲到王阳明哲学，先介绍到这里，这个问题是讲不完的，我们休息十分钟再来。

第二堂

佛家的说法
禅宗六祖
两首偈子

十一、谈人性的真相

刚才我们提到人性的问题，我很快地把它浓缩，讲到了明朝王阳明这个阶段。大家注意研究东西方文化，王阳明开始影响中国的时代，正是十六世纪，西方文艺复兴的阶段，这里头问题就很多了。西方文化为什么有文艺复兴？为什么中国没有？有，就在王阳明这个阶段，中国也在闹革命，后来朝代转换，明朝亡了，清朝入关，又是一个新的文化纪元，这个路线很有趣的。

现在我们回过来讲人性的问题。你们要研究人性问题，康熙时代有一部非常重要的著作《性理大全》，大家很少注意。中国几千年儒、释、道三家的学问，康熙特别推崇儒家讨论的人性问题。清朝入关后，康熙、雍正、乾隆三代对中国文化的贡献非常大，《性理大全》《康熙字典》《古今图书集成》《四库全书》，都在这个时候完成，这也是中国的文艺复兴耶！不过现在大家被工商业的发展、科学的文明迷住了，没有回转过来看。

现在美国开始有两个新兴的科学刚刚起来，一个是生命科学，一个是认知科学，有许多国内外学者都到我们这里来，讨论这个问题。我对外国的学者讲笑话，也是真话，我说你们要研究认知和生命科学的问题，这都在中国，你们先学会中文，慢慢来吧！可是我们自己也很可怜，古书上有那么多宝贝，却都不知道，变成我们自己的文化都没有用处了。这也是顺便提到的。

佛家的说法

我们继续刚才讲的王阳明这个问题。用唐宋来做一个界限，其实唐宋以前一直都在追求这个问题的答案。刚才我们提到春秋战国时中国文化的中心是儒墨道三家，到唐宋以后演变成儒佛道三家，这三家的文化都在追寻这个东西。你们现在看到佛教有庙子，这是中国人搞的。我常常说释迦牟尼佛是印度的孔子，他提倡不崇拜偶像，反对宗教；可是他的教化到了中国反而变成宗教了，这是另一个问题，很有意义。

什么是这三家文化主要的中心？佛家提出以"明心见性"为宗旨。学佛的人为什么要剃光头出家？不是去玩的，是要潜心追究这个生命以及人的本性的问题。这个学问走的路线，就是怎么样明心见性。什么叫明心呢？就是找出我们人的感觉、知觉、情绪、思想是怎么来的。现在西方文化从生理、医学来看，认为是脑的问题，可是这个科学理论也快要走到尽头，走不下去了。现在研究脑的科学，正尝试与认知科学、生命科学接轨，但还没有接上，所以这个问题很大。回到我们的本题，佛家提出了明心见性。道家提的是什么呢？修心炼性。儒家提的呢？存心养性。这都是心跟性的问题。

你们诸位提了本性的问题，如何去知道生命的本性呢？这个知识要在哲学里头找。西方人现在兴起了认知科学，什么叫认知？过去研究哲学已经有这个概念，不叫认知，不过现在美国人提出来，我们新的翻译叫认知科学，其实是根据中国文化来的，大家就不知道了。我们晓得哲学里有唯心、有唯物，譬如马克思的思想是唯物哲学。唯心、唯物以外，还有一个学问很大，在中国佛家叫唯识。佛家提到三个东西，心、意、识，这个心就是明心见性的心。心是什么东西？我们人怎么有思想、有情绪？这个生命有没有过去？有没有现在？有没有未来？美国现在很多非常流行的电影，都在研究生命轮回的现象。东南亚的泰国、缅甸、马来西亚这一带发生过很多。孩子生下来，稍稍会讲话，就说我不是你家里的人，我过去是某一家的老头子，现在投胎来的。奇怪得很，在亚热带地区特别多。美国有人派科学家跟踪，把这孩子带到他前生住的那一家去，老太太还在。这孩子说我是老头子死了投胎，现在变成某家的小孩。老太太一开始不相信，后来他在老太太的耳朵边上讲了秘密话，老太太就哭了，知道是真的。叫他去拿东西，他也可以把前生的东西找出来。这些目前已经开始在研究。

禅宗六祖

中国文化讲明心见性，心跟性怎么去知道呢？刚才提到王阳明四句教里的这个知，"知善知恶是良知"，人性有这么一个知觉，而这个知觉又从哪里来？现在西方的科学、医学说是脑的问题，不过最近新的资料出来了，并不是脑。那么这个知性究竟是什么东西？人有没有灵魂？有没有前生后世？回到王阳明这四句教，这个在中国哲学是属于明心见性的问题。所以你不要看到庙子就拜拜烧香，那是宗教形式，在宗教背后，释迦牟尼佛、孔子、老子的学问，追寻的都是人性的问题。

心怎么去明，性怎么去见？中国禅宗文化里有个非常有名的故事，"释迦拈花，迦叶微笑"，你们大概都听过。唐朝的时候，禅宗刚开始兴盛发展，不谈庙子里和尚念经吃素这些形式，我们谈它的中心内容。禅宗的文化在中国叫"教外别传"，在佛教的宗教形式、学理以外，另辟了一条路子，直接明心见性，叫

"直指人心，见性成佛"。换句话说，是印度文化跟中国文化的接轨，产生了新的东方文明，有这么一个伟大的目标。

禅宗在中国初唐，从唐太宗这个阶段起，到中国最伟大的女皇帝武则天时代，开始兴盛起来。小说、历史写武则天怎么怎么坏，我常常说你不要把她看得那么坏，这个做了皇帝的女人是非常了不起的一个人。你去看武则天的坟墓，她的墓前没有碑文的，一个空白的石头摆在那里。她的意思是，我的一生好与坏、是与非，给后人去研究吧！这是了不起的一个女性，你们女同学应该好好研究。

禅宗都讲传承，传到了第五代弘忍禅师，在湖北黄梅。后来禅宗又分南北两派。北宗讲渐悟，慢慢做工夫、做学问，一步一步达到明心见性，见到人性的本来。南宗讲顿悟，立刻明心见性，立地成佛，不分男女老幼，每个人都可以是圣人、都可以得道，众生平等的。

当时广东出了一个人，就是有名的禅宗六祖惠能禅师。他开始并不是出家人，父亲曾在广东做官，因为是清官，没有路费可以回老家，后代就住在广东新会，现在江门那个地方。他父亲早逝，家里很穷，只有跟母亲相依为命。那个时候禅宗流行，有一天，他砍了柴到街上卖，听到旅馆里有位先生在念《金刚经》，这部经可以说是直接指引明心见性的路。他听到"应无所住而生其心"，有所领悟。这句话是《金刚经》的中心，讲人行为思想和心性的修养。惠能很好奇地问这个人，你读的是什么书啊？那个人说是佛经。惠能说："我懂耶！"那个人说："你这个砍柴的不认识字，也懂这个意思？"于是他建议惠能到湖北黄梅去跟五祖学习。从广东到黄梅，现在开汽车很快，当年走路是很辛苦的。惠能说湖北那么远，我又穷又没路费，怎么去啊？再说还有一个母亲在，我要谋生养母亲，不能离开。这个先生很有意思，也没有留下名字，他说我给你钱养母亲，你去参礼五祖吧！

两首偈子

惠能到了黄梅，五祖对他说，你是岭南人，又是獦獠，你凭什么做佛？惠能就讲："人虽有南北，佛性本无南北，獦獠身与和尚不同，佛性有何差别？"他答说人虽有南北口音、文化的不同，佛性是一样的。你去看《六祖坛经》，"獦獠"这两个字很有意思。英国人统治了香港一百年，香港人叫外国人"鬼佬"，其实就是"獦獠"两个字，指的是文化落后的野蛮人。听了他的回答，五祖就让他留下，但没有让他剃度。五祖让他春米，做苦工，消磨他的业障，这是五祖的教育方法。这样过了一两年，同学们都在那里追寻明心见性这个问题，他在旁边当然也都听到了。

五祖年纪大了，想把这个心要传下去，于是吩咐弟子们每人写个偈子报告。佛教的偈子类似中国文化里的诗词。诗词要押韵、讲平仄，佛教的偈子不押韵、不管平仄，但一样有味道。五祖有位大弟子神秀，学问很好，修持、工夫也很高，他就写了一个偈子，题在回廊墙壁上：

　　身是菩提树　心如明镜台
　　时时勤拂拭　勿使惹尘埃

我为什么引用这个呢？你们诸位问到怎么掌握人生的方向、情绪、思想，尤其做老板的，动不动发脾气骂部下，动不动认为自己是资本家高高在上，拿薪水的人都比我矮一截，这个心理要赶快改掉，看看神秀师父这个偈子。"身是菩提树，心如明镜台"，这是智慧，此心要平静，没有杂念妄想，没有情绪。但是人的思想情绪、感觉，随时会发生，郁闷、痛苦、烦恼、自卑、傲慢各种情绪，多得不得了，所以要随时拿掉自己心里的情绪思想、感觉，这是最高也是最基本的修养，无论做一个普通人，或者做一个领导人，都需要这个修养。"时时勤拂拭"，心境像玻璃镜子，镜子上的渣子要时时擦干净，"勿使惹尘埃"，永远保持清明，像每天早晨刚睡醒一样。每天早晨将醒未醒，那个有知性没有情绪的刹那，保持那个心境，就是最高的修养，像镜子一样干净，不可以使情绪、心理感觉落到上面。你们诸位问修养问题，这个偈子是很好的答案。

这位大师兄写了这个偈子以后，全庙的和尚们讲这个偈子真好，大家都在背诵，传到正在做劳动舂米的六祖那里，当时他还没有出家。他问一个童子，你们念什么那么闹热？他说你不知道，现在师父年纪大了，他要传法下来，叫大家写报告，这是大师兄写的，师父让大家照这样修行。六祖说我也有一偈，可是我不识字。旁边有位江州别驾，就替他在墙上题下这首偈子：

菩提本无树　明镜亦非台
本来无一物　何处惹尘埃

人与万物的自性，本来是清净的，"菩提本无树，明镜亦非台，本来无一物"，什么东西都没有，很空灵自在的，"何处惹尘埃"！这一下整个庙子轰动了，当时那里也有好几百人啊！等于是一个学院一样。这个偈子传到师父那里，五祖走过来看到了，笑一笑不讲话，拿鞋把墙上他的偈子擦掉了。

我们提到六祖的偈子，回到刚才王阳明的"无善无恶心之体"，就是根据六祖这首偈子来的。六祖的故事很有趣，后来他被称为禅门南宗六祖。现在到广东南华寺，他的肉身还保存到现在。

讲到这个心性的本体，提到王阳明，再讲到中国文化禅宗所标榜的明心见性。刚才提过儒家的存心养性，道家的修心炼性，都是人性的问题，可见人性问题是中国文化很重要的一个中心问题，可是现在中国文化却把这个东西丢掉了，这样能和现在科学接轨吗？中国要恢复这个文化，才可以跟西方新的科学文化接轨。西方新兴的认知科学与生命科学，就是在研究生命自性，究竟有没有前生后世？生命以什么为本？又从何而来？研究自性的问题，就否定了一切宗教，也否定了一切科学，自己有个本体，这就是我们要讨论的心性问题。至于心性产生行为的善恶，这就讲不完了，中国几千年到现在，就是讲人要怎么把自己善恶的思想、感觉，烦恼的行为，心理的状态，统统研究清楚。这也是中国文化教育最高的目的，很可惜现在被忽视了。今天因为时间很短，我只提这个问题告诉大家，希望你们回去能够找这些书看，做这方面的研究，中国文化很有希望复兴起来，谢谢。

（整理：赵培珍）

十二、谈如何学佛

时间：二〇一一年七月九日

地点：太湖大学堂

听众：金融界中青年干部等

第一堂

佛教 佛学 佛法
佛的出身 佛的疑惑
佛的苦修与悟道
佛学中的宇宙观
佛学怎么看生命
三世因果 六道轮回

请坐！今天诸位远道而来，我听说大家想知道佛学的问题。学佛是个严重的问题。你们都是国内的菁英，看来都还很年轻。我常常告诉人，世界上有两种学问不要去碰，第一是佛学，第二是《易经》——中国文化的根根。如果碰了这两种学问，钻进去一辈子不容易爬出来的，所以大家最好不要轻易去研究。不过，这两样学问有两种人可以研究，一种是有第一流智慧、超人能力的人，其次是完全没有读过书的人，像一张白纸，那也可以研究。至于中间的一般人，最好不要去摸；非要研究的话，最好只学一半，不要钻到底。如果这两门学问有任何一门钻到了底，你就变成一个废人了。我呢，算是半个废人，这是开头给大家做一个序言。

佛教　佛学　佛法

想要了解佛教、了解佛学、了解佛法，这三方面太难了。第一是佛教，同世界上天主教、基督教、伊斯兰教，以及中国的道教、儒教一样，是一个宗教。什么是宗教呢？人的思想意识和情绪，有个假设的寄托，这就是宗教，这样就够了，不要再问什么理由。至于有没有上帝？有没有佛菩萨？有没有鬼神？都不要问，反正相信就是了，这叫宗教，宗教是不准问的。

十二、谈如何学佛

佛教之所以变成宗教，是后来学佛的人造成的，其实释迦牟尼佛没有创立宗教。所有的宗教就是一个"信"字，信仰是不问理由的，那就是宗教。佛教现在流行在全世界，尤其在中国大陆，表面上只是一个宗教，而真正佛法的内涵几乎没有了。

第二是佛学，那就太难了，不是宗教了。从古至今佛学的学问，中国有四个字形容，所谓"浩如烟海"，比四大海的海水还多、还伟大，不晓得有多少内容。佛学所包含的，有宗教、哲学、科学以及诸子百家，一切的学问都有，我经常说佛学像百货公司，什么都有，看你从哪一面入手。把佛学完全搞通了的人很少，凭现代人的年龄、精神与大环境，更难了，所以我说不要研究佛学，就是这个原因。

第三是佛法，这就更不同了。佛法，是对宇宙人生生命的道理，不但要懂理论，还要以自己的身心性命去求证，如何由一个凡夫变成超人。中国古文的"凡夫"二字，就是平凡的人、普通人。"凡夫"要"超凡入圣"，同科学一样有基本的理论，懂了理论还要身心去求证，达到超凡入圣，这就是佛法。现在有没有佛法呢？好像有，也好像没有。那么今天为了时间的关系，我只用两句话带过去，不做深入的研究。

佛学呢？好像有，也好像没有，各个大学的哲学系里头也有佛学的课，但是以我的观点认为，精通佛学的人太少了。这是我向诸位作的一个交代，因为你们的时间也不够，浩如烟海的佛学想在一两个钟头内讲完，那是开玩笑的话。可是我们想办法，至少要了解一点佛学是个什么东西。

佛的出身　佛的疑惑

在座诸位都想研究佛学或者佛教，不晓得有没有人研究过它的教主释迦牟尼佛？这个很重要。我们今天在这样一个知识爆炸、资讯发达的复杂环境中，想要了解佛学，首先要了解这位教主释迦牟尼佛。他是印度人，他出生的时代，差不多同中国的老子、孔子，及西方的苏格拉底前后差距一两百年。那个时代，世界上出了很多圣人，不过也有人研究释迦牟尼佛，说佛比孔子还要早百多年。

释迦牟尼是印度迦毗罗卫国（今尼泊尔境内）的一个王子，一般人讲他是太子，以中国文化来讲，他是个世子。因为印度那个时候和中国一样，也是封建的国家，整个印度有几百个诸侯林立的小国家，没有统一。那个时候的印度文化，有六十多种不同的文字、语言。他的出生地尼泊尔是靠近我们西藏这一边，在喜马拉雅山的南面。这样一个国家的王子，天生就要做国王的。现在先说一点神奇古怪的事，这个是顺便研究，本来不想讲的。（按：佛出生时间，一说西元前五五七年，一说前六二二年，《佛祖历代通载》说是周昭王廿五年即西元前一〇五二年，孔子生卒年是西元前五五一至前四七九年，苏格拉底生卒年是西元前四六九至前三九九年）

我们研究佛教的都知道，释迦牟尼刚出生，马上走了七步路，一手指天，一手指地，讲了一句话，"天上天下，唯我独尊"。说完就不说话了，变成普通的婴儿。所以塑造释迦牟尼佛的童子像，就是这个形象。现代人研究之后提出怀疑，这怎么可能呢？不过研究东西方文化历史，古人"生而能言"，生来会讲话、会动作的蛮多，不只他一个人。

他天生是个王子，长大以后，个性很特别，经常一个人孤独地沉思，好像在思考什么问题。照当时的预言家说，他长大之后，不是做一代的转轮圣王，就是会出家成佛。他的国王父亲很担心，因为他是独子，是未来王位的继承人，所以对他很重视。

到了十九岁，他半夜三更骑马逃出皇宫，入山修道去了。这是简单明了的报告。

他在年轻的时候受的是宫廷教育，精通了世上的学问，无论宗教、哲学、科学、数学，甚至于武功，样样都超过第一流的水准。尤其传记上讲他的力气很大，说他把大象的脚一提可以丢出城外。他各方面都超越别人，可是他在皇宫里始终不快乐。为什么不快乐？考虑人生问题，同在座大家一样。他从小就想过，生从哪里来？死向哪里去？宇宙万有的起源是怎么来的？像我亲身经验，小时候当然也问过妈妈，我怎么生来的？妈妈先是告诉我捡来的。那麻烦了，我就跟妈妈吵，在什么地方捡的？你一定要带我去。她说在垃圾堆，我说那一定要把垃圾堆找来。妈妈才说我是骗你的，你是我生的。那又是怎么生我的？是从这里生的吗（南师指着腋窝）？我就每天拉着她问，这里怎么会生出我来？

生命到底怎么样来的？人怎么会生出人来？尤其夜里睡着以后，一片黑暗，什么都不知道，睡着了到哪里去了？既然晓得人生来又会死去，也听过老前辈讲人有前生，那什么是前生呢？前生又是谁啊？清朝入关后的第一个皇帝顺治，据说他后来在五台山出家，他的儿子就是康熙。他有一首出家的诗，很妙很长，很有意思，其中有"未生之前谁是我，既生之后我是谁"，父母未生以前我在哪里？现在生出我来，我究竟又是谁？后面又说"我本西方一衲子"，他自己有所感悟了，他说我前生是一个和尚，"只为当年一念差"，当时不晓得，昏了头，"黄袍换却紫袈裟"，为什么忽然变成穿上皇帝的黄袍子，把和尚穿的紫色袈裟脱下了？所以他很不甘愿，据说他二十多岁就到五台山出家了。这是讲释迦牟尼佛，顺便提到顺治皇帝。

释迦牟尼佛常常思考生命从哪里来、人怎么会睡着了这些问题。我经常跟同学说笑话，你看看自己怎么睡着的，这是对普通

297

人说。可是你不要随便去研究哦,当你躺在枕头上想看自己怎么睡着的,你就睡不着了。要赶快放掉,不然你精神会崩溃的。人怎么睡着的?又是怎么醒来的?人为什么会衰老?生了为何会死亡?死了以后还有生命吗?没有生我以前有生命吗?释迦牟尼佛在没有出家以前,同样也常常在沉思这些问题。他观察到任何一个生命都有生老病死的程式。有生命一定会衰老,一定会生病,一定会死掉,这是永远解决不了的问题。为什么会这样?

他晓得自己将来可以当国王,但他也看清楚了,任何一个社会、国家,即使做到统一天下,最多也只有二三十年的太平,太平之后又会乱,乱了以后又闹,闹了以后再来求太平。

他也了解到整个宇宙、整个地球,都同人的生命一样靠不住。我们人有生老病死,整个世界、宇宙,也有成、住、坏、空四个阶段。一个世界形成以后,会衰老变去吗?会衰老,随时变去,这是物理的变化。成了以后住,住就是存在,这个世界能存在多少年?科学家、哲学家都有个假设的统计,不过一般人没有太留意这个,就不知道了。最后地球、天地也会坏,坏了以后是空,重新形成一个世界。

佛的苦修与悟道

两千多年前,年轻的释迦牟尼佛都在考虑这些问题,所以他想:即使我做了统一印度的转轮圣王,二三十年以后社会还是变乱,还是不能太平,这不究竟。那什么是究竟呢?人的社会为什么那么不究竟呢?是人性的问题。他是最聪明的人,十九岁就逃走了,去追寻这个问题,这也是我们想追寻的一个问题。

他在夜里骑马逃跑,把须发剪掉,变成一个出家人。经过六年求学,学遍很多宗教、很多修行方法,但他对世界上这些宗教、这些修行的方法，都否定了，因为他知道那不究竟，不是生命的真谛。最后他自己一个人跑到尼泊尔北面的喜马拉雅山的山脚，在那里打坐、修苦行，每天只吃一餐。这样修苦行修了六年，须发当然不剪，他才刚过三十岁，看起来已经是一个六七十岁的老头子了，骨瘦如柴。

佛的这段经历代表了什么？你看世界上，现在印度、中国都一样，很多人为了追寻生命的究竟而修道，或者吃素啊，或者修苦行啊，或者练气功不吃饭啊，花样多得很。这些他都玩了，他用六年的经验得出一个结论，"苦行非道"。他从十九岁出家，十一二年这么辛苦修行，各种各样的宗教都摸过了，最后他觉得无路可走了，便离开雪山。此时他人很衰弱，在路上跌跌撞撞地走着，碰到一位农场的小姐。她看到这个老头子那么可怜，好像没有东西吃，就拿乳糜供养他，乳糜就是用牛奶或酥酪调制的稀饭。他吃了乳糜，体力慢慢恢复了，历史记载他向南走，到恒河边上，在一棵树下铺上草，在那里打坐。这种草叫作吉祥草，就是香茅草。香茅草可以驱避蚊虫之类，是做香料的重要原料。

前面不是讲过佛在雪山六年苦行，也在打坐，各种气功、方法都经历过啊！在雪山修行之前，他也修证过各种法门，可是这个时候他把一切都放弃了，自己一个人铺起了草，开始静坐思维。由于农场小姐的供养，帮忙他把身体恢复了，他铺草打起坐来，发誓"不证菩提，不起此座"。什么叫菩提呢？这是翻译梵文的音，中文叫开悟，觉悟的意思。大彻大悟，找到了宇宙最初的来源，以及个人生命的来源，叫"证得菩提"。他说这一次我坐在这位置上，如果不大彻大悟，不得道成佛，就死在这里。佛是梵音佛陀的简称，是觉悟的意思，所以这一棵树后来叫菩提树。历史上记载他在这里坐了七天，是他自己的觉悟，无师自通。因为他前面经过很多老师，各种宗教都研究过，但都"知非即舍"了。

详细研究这七天的经过，佛经历很多境界的变化，还有魔王带领魔军来干扰，但都被佛降服了。佛当然也证得各种神通，如天眼通，能很清楚地看到宇宙的一切；天耳通，一切宇宙大小的声音都听清楚了；他心通，所有人的思想、情绪、感觉，他都知道了；宿命通，晓得生命过去、现在、未来三世之因缘，自己已经做了几次人，做过什么事，直到现在变成释迦牟尼，他都知道；神足通，可以离开座位，在空中走路。但是他不去用这些神通，因为那都不是道。任何一个人的精神，经过合理地修养，都可以发起这样的功能。现在有些人接触了一点皮毛，自己夸张叫作特异功能，其实神通也是生命本来具有的一种功能，是很平常的事，但即使得了神通也还没有悟道，不算数的。因此佛把这些神通都舍弃了。

到了第七天，天快要亮的时候，佛很疲惫了，一放松，忽然抬眼一看，看到明星，他悟道了！所以说佛"睹明星而悟道"，证得菩提。

这是简单向大家报告佛的一生经历，大要是如此。因为我们要研究佛学，所以我先抽出来简单明了地讲，如要详细讲就很多了。

佛学中的宇宙观

那么，佛悟道以后四五十年的说法，传播什么呢？他等于推翻了世界上一切的宗教迷信，主张一切的生命"因缘所生，自性本空，没有他力的主宰"。这一句话很难懂，可见佛学研究之难了。我们大家先记住，他的重点说"缘起性空"，"性空缘起"。一切物理世界万有的生命，是由很多因素构成的，一个人、一棵草、一棵树都是一样,现在最新的科技研究同这个很相近了。万法都是"缘起",因缘所生;"性空",自性空,因为空所以有了这个宇宙。这个"空"是代号,并不是讲物理世界的太空,这中间的学问太大了。所以"缘起性空,性空缘起","无主宰,非自然",这世界有个上帝、有个佛、有个鬼神、有个阎王或有什么命运做你的主宰吗?没有,是自性缘起性空、性空缘起,要自己明心见性,才统统知道,都是自性造出来的。那么既然没有主宰,物质的世界是唯物的吗?"非自然",不是唯物的,也不是自然有的。

这四句话"缘起性空,性空缘起,无主宰,非自然"讲完了,你要是研究这几句话,写一千篇博士论文都讲不完,内涵太多了。今天晚上对佛法这部分多讲了一点。

佛学的内涵,第一有宇宙观,宇宙包括时间、空间,这个宇宙怎么存在的?这个宇宙观以外,我们人的生命价值是什么?生命有没有价值?生命有没有目的?父母把我们生下来,这个生命出娘胎是带一个目的来吗?没有啊,这个生命生来是干什么的?生命有没有一个归属?譬如说有太阳、有月亮、有地球,地球上最初的人类是怎么来的?这是哲学经常问的,先有鸡还是先有蛋?这个世界上先有男的还是先有女的?人种的来源真如达尔文所讲的,是猴子变化来的吗?我说不是,那是达尔文的祖先,我的祖先不是猴子变的(众笑)。

佛学的世界观与宇宙观,生命的意义,生命的功能,生命活着是为什么?死了到哪里去?都是问题。这些问题是属于佛学的问题。例如我们都晓得什么叫"世界"。什么是"世"?时间叫"世",过去、现在、未来、昨天、今天、明天。什么叫"界"呢?东、南、西、北、上、下、东北、东南、西北、西南,十方空间叫"界"。我们人活在地球上,地球是一个世界吗?不是,地球是一个星球而已。什么叫一个世界呢？佛学的世界概念，譬如我们太阳系，太阳带领旁边星球，有地球、火星、水星、金星、木星、土星、天王星、海王星、冥王星等几个星球，类似这一个系统叫一个世界。

佛告诉我们，我们太阳系这个世界，在所有虚空里头是星球很少、寿命很短、范围很小的一个。他说一千个像我们这样的太阳系，叫作一个小千世界；一千个小千世界，叫作一个中千世界；一千个中千世界，叫作一个大千世界。所以他告诉我们，这个太空中有三千大千世界，表示不可知、不可数、数不清楚。换句话说，拿现在科学来讲，太空是无限扩张的，无穷无尽。

释迦牟尼佛三千多年前讲了这个学问，当时大家说他说大话、说空话，现在不得了，全世界向他的路上走。而且他早就告诉我们，时间是有等差的，譬如大家知道的，月亮上的一天，相当于我们这个地球一个月。现在如果研究佛法、佛学中的宇宙观，配合自然科学、天文、物理，非常值得研究。这是讲宇宙观。

佛学怎么看生命

至于生命怎么生来的呢？这是第二个问题，大概介绍一下。关于人的生命，佛在两千多年以前就说过，男性的精虫，女性的卵脏，通过性的行为，两个结合在一起。古代翻译叫男精女血，两个凑在一起，但还不能变成生命，另外必须要有神识（灵魂）加入，叫三缘和合，才可以变成一个生命。

佛学把人的生命讲得很详细，不是一句话说得完的，即使以现代医学进步的程度，仍然没有脱离佛所讲的原则范围啊！所以有些研究基因，或者做试管婴儿的医生，经常到我们这里来讨论。我说基因也不是究竟，后面还有东西。这些专家说，的确还有东西，但是还不清楚是什么。

精虫跟卵子的结合不过是一个胎而已，如果没有神识（灵魂）配合，三缘不具备，不会变成一个人。人的生命必须是三缘和合来的，由第一天入胎起，在母亲肚子里头，七天一个明显的变化。每七天这个能量的转动，叫作气，在佛经里叫作风。这样在娘胎里头，一共经过三十八个七天，九个多月，那个风——生命功能的力量，最后使身体倒转过来，头朝下出生。这个世界人是这样出生的，据佛所说，别的世界不是这样，有男性生人的，从肩膀上、头顶上生。有没有？不知道，大家还在求证。这个生命出生的时候，就那么顺利吗？不是，有些生命的业报，使他不会出生，或者有些在出生的半路死了，或者刚生出来就死去。所以说"黄泉路上无老少"，没有哪个长命、哪个短命，生命就在刹那之间。

佛学中有关生命的起源，我们只做简单的说明，两千多年前佛已经讲得那么清楚了。现在许多人讲西医、中医，研究生命科学，佛所说的，还是一马当先，还是最科学的。我们想想释迦牟尼佛也是个普通人，他当年也没有仪器可用，怎么能把生命的来源形容得那么清楚呢？这个生命的来源，如果写论文研究，要读很多东西了，要花几十年的。

三世因果　六道轮回

那么生命的价值在哪里？我经常讲，佛学的基础建立在"三世因果，六道轮回"。什么叫三世？三世就是现在、过去、未来。佛告诉我们，我们现在活着的生命只是生命的一段，不管是活一百年、活十年、活一年，都是一次偶然的现象，这叫作

"分段生死"。其实我们的生命过去无数生做过什么，都是轮转变化来的，未来还有未来的生命。这次或者变男人、变女人，或者做生意、做官，或者讨饭，这个现象是有因果的，是现在、过去、未来三世的因果。前生带来的种性，变成自己现在一生的遭遇；现在造的业，又变成来生的果报。

说到"六道轮回"，任何世界上的生命，最基本的分类有四种：胎生、卵生、湿生、化生。像我们人啊、马啊，由胞衣生出来的，是胎生；鸡、鸭、鹅、飞禽等，由蛋孵出来的，是卵生；像蚊子，靠水或湿气生的，是湿生；像天人、地狱，是化生的，由生命的变化作用变出来的。这是简单的分类，我们人是胎生的一种，胎生要有灵魂配合，那么其他的鸡鸭鱼一样吗？和我们一样。那我们也会变成鸡鸭鱼吗？这中间为什么会这样呢？这与你前世今生的思想、情绪、行为有关，错综复杂的各种因果关系，因缘成熟，就变成六道轮回现象。

哪"六道"呢？一是天道，很多是在太阳系以外的天人境界，譬如我们讲的上天、神仙。二是阿修罗道，其他宗教讲，与上帝同等力量存在而对立的是魔鬼。所谓魔鬼，在印度的梵文就叫阿修罗，也享有天人的福报，但是瞋心很大，脾气很不好。等于说我们社会上那些有权有势的人，有的非常慈悲善良爱人，这是接近天人境界，有些人则非常坏、非常狠，则是接近阿修罗、魔道的行为，是跟天人对立的。再下来就是人道。天道、阿修罗道、人道，这是六道里头的"上三道"。

四是畜生道，比人低一点的生命，也叫傍生，不像我们站起来用两脚走路，他们要靠四个脚走路，像猪、牛、犬、马等，所以叫傍生，低一级了。再下来，第五是饿鬼道，有时候有形有象，有时候看不见，不容易分辨。有许多生物，像海里头的鲸鱼，体积越大，它要取得能维持生命的粮食越困难，这等同于饿鬼道的境界。有些鬼是有福报的,本事也很大,比畜生道要舒服。六是地狱道,生在黑暗中,譬如深层的海底,或者生存在泥土下面的那些生命,这个是地狱境界。

这六道生命是简单的分类,生命在六道轮回,详细地分析不止六道。譬如佛经又讲生命有十二类,包括胎、卵、湿、化四生,还包括"有色",看得见的,像我们人或畜生等,有颜色,有形象,有物理、物质的作用;"无色",没有形象,看不见的生命,饿鬼等是肉眼所看不见的;"有想、无想,非有色、非无色,非有想、非无想"等。释迦牟尼佛当时又没有科学仪器,怎么能分析得那么清楚?事实上我们现在科技也证明了这些生命的存在,分析起来很多很多。先休息一下。

第二堂

贪 瞋 痴 慢 疑 恶见
十善业道
答问解疑

时间不多，我们把问题拉回来，讲到生命的现象是怎么来的，讲起来太多了。刚才讲入胎以前三缘和合，提到几个观念，"无主宰，非自然，缘起性空，性空缘起"，听了还记得吗？

大家不要盲目迷信，认为求佛、求菩萨，或者求神、求上帝可以保佑你。自己做了错事，以为马上到庙里烧个香，或者到教堂做礼拜就可以忏悔赎罪，这是笑话，不可能的。你想想嘛，买一包香不过几块钱，再弄几根香蕉，一共不到一百块吧？跪在佛菩萨、上帝前面祷告半天，想要股票发财，又想要家人平安，要保佑我的丈夫好、儿女好，什么都要好。拜完了，几根香蕉还带回来给孩子吃。难道菩萨、上帝是贪污鬼吗？而且贪污得很小气，拜他就会帮忙，就会让你忏悔，不拜他的就不理，这叫什么菩萨、上帝啊？连普通人都不如。所以说不是这个道理啊！刚才提到佛告诉你，"三世因果，六道轮回"，一切自求多福，"无主宰，非自然"。

贪　瞋　痴　慢　疑　恶见

我们人的生命来源，讲起来很深奥，简单现实来讲，是每个人自己个性与行为带来的。佛告诉我们，任何一个人带来的个性都有六个要点，贪、瞋、痴、慢、疑、恶见。任何一个生命，不管多么伟大、有学问的人，都有这六个特点的。

贪，人有贪心，当母亲怀孕的时候，你这个灵魂一入胎，已经有贪心了，在娘胎里，吸收了母亲的营养变成自己的，要母亲提供一切东西让自己成长，这是基本的贪心。一个婴儿生来，你不给他吃，不给他奶喝，他会哭的，贪嘛，占有心，都要抓来给自己，因为天生有个"我"。这个"我"的毛病就包括了贪、瞋、痴、慢、疑、恶见的成分在内。佛说了这个大原则，这就是人自己心里头坏的一面。

瞋呢？我们心理上，凡是不喜欢的、讨厌的，就会想把它丢开。婴儿也一样，不喜欢看的人，看到就会哭。瞋恨、埋怨、讨厌，这都属于瞋的心理。

痴，没有智慧。譬如从小读书，老师教的功课看不懂，学也学不会，乃至听了课记不住，考试成绩差，没有记忆力，因为脑子不灵光、混乱又容易痴迷。中国这个"痴"字怎么写呢？是"疒"旁，是一种毛病，人脑筋不健全这个病，"疒"里头一个多疑的"疑"叫痴，这是繁体字古写。那么后来有了俗体字，"疒"里头一个知道的"知"，叫痴，就是无知，自己的智慧有了病态，不知道，心不专一，不冷静，就是痴迷。

什么叫慢？任何一个最笨、最没有学问、最没有出息的人，还是自觉我是第一。有时候功课比不上人家，过后一想，格老子我运动还是比他好一点。或说世界上哪一个人长得最漂亮？每个人不管怎么丑，镜子里看看自己，越看越漂亮，仍觉得蛮可爱的，这是我慢。人人天生有个"我"，如果有了学问，就更傲慢了，叫增上慢。譬如年纪大的人说：你们年轻人懂什么？我活了几十岁还不及你啊？这就是老年人的增上慢。有声望，有地位，有两个钱，我慢就越厉害。慢比骄傲还讨厌，骄傲的心理是痴慢的结合（贪爱一分），是人生命的病态。

疑是不信任，不信任自己，也不信任任何人，更不信任任何事，永远在怀疑中。生命就在怀疑中，我究竟活到多少岁会死啊？明天怎么样？后天又怎么样？随时每分每秒都在疑。

恶见就是不正确的见解认知。要掌握正确的认知很难很难，我们绝大部分的认知都是错误颠倒、不合事实的。

贪、瞋、痴、慢、疑、恶见，这是心性带来的缺点，人人具备，能把这几样改正好了，才是教育文化的重点。可是现在的教育文化呢？越来越乱。我经常说笑，问说现在有没有个皇帝啊？有啊！就是钱，大家都向钱看。自己生个孩子，就教导孩子将来要拼命赚钱。像这样追求某个东西，也是恶见，一切恶法都是这样来的。

十善业道

这些缺点毛病，既然是人性本身带来的，就要用修行来改正。什么叫修行？自己用智慧、学问、修养，改正了贪、瞋、痴、慢、疑，以及不正确的观念，这就是修行之路，并不是求佛菩萨、上帝、鬼神来帮忙。那么如何改正呢？修行又要修个什么行呢？有个名称叫"十善业道"，修一切善，这叫修行。当然打坐、念佛、做工夫，也是向这个路上走，不过不如修正自己平常的言行，从做人做事方面改正自己，这是走十善业道的路子。什么叫十善业道？身业有三：不杀、不盗、不淫；口业有四：不妄语、不绮语、不两舌、不恶口；意业有三：不贪、不瞋、不痴。这就是修善道了。

我们生命活着有三个条件，身、口、意。这个身体爱做坏事，身体所造的罪过是杀、盗、淫。杀是杀生，侵害别的生命，一听说乌龟营养，不惜花大钱买一只杀来吃，什么好就吃什么，都是为自己,这个是杀。盗就很严重,侵占别人的东西,欺骗人家。譬如做生意,想办法推广宣传,用各种不正的手段使人家上当,把别人口袋里的钱骗到自己的口袋来,这也是盗的行为。狭义的淫是男女关系,广义的淫就是享受得过分,贪图享乐、刺激快感的,就叫作淫。

为了慈悲尽量做到不杀生,所以后来中国佛教提倡吃素。前天有一位快八十岁的老学生,也是退休的大学校长,他讲到一个不杀生的问题。他说有人告诉他一定要吃素,这个很难办啊。我说你是个大学校长,我问你,人们吃素是为了不杀害别的生命,那么世界上有没有一个真正不杀生的人呢?他被我问得愣住了,不答话了。不是答不出来,是这个问题很难答复啊!

我说不杀生是应该的。譬如孟子也讲,对动物"见其生,不忍见其死;闻其声,不忍食其肉",在厨房里看到鸡鸭被杀,听见那痛苦的叫声,就不忍心吃了,这是慈悲心,没有错,应该的。那么你吃素,蔬菜、草木,它们就没有痛苦吗?"生""命"是两回事,活着的都有"生","命"则是思想感情。那些青菜花木,据植物专家研究,它们也懂得音乐,不过"命"——思想感情这方面少一点。虽说最好是不杀生,但除非打坐修行到了家,不吃东西可以活,乃至入定不要呼吸了,才可能不杀生。不然我们鼻子呼吸,一口气吸进来,空气里多少细菌黏到鼻腔死去了,也是杀生。一切都是比较而言的。所以学佛要先学慈悲喜舍,爱众生的生命,不但爱我的生命,也爱别人的生命,乐于帮助人。

那么嘴巴呢?嘴巴最厉害,有四种业:妄语、恶口、绮语、两舌。什么是"妄语"?就是说假话欺骗人。尤其现在做生意或是搞政治的,喜欢搞宣传打广告,以多报少,在市场上欺骗人,这是妄语,这个恶报很大的。"恶口"就是骂人,比如"他妈的"，各种各样的骂法，叫作恶口，对人没有慈悲、亲爱的口吻。"两舌"，我们经常犯这个毛病，对老张讲老王坏，对老王讲老张不对，古人有两句话："谁人背后无人说，哪个人前不说人。"每个人背后都有人讲，当面说人好话，转过身来，嘴巴一歪，就告诉别人这个家伙多坏多不对，人最容易犯这两舌的口过。"绮语"不单指黄色笑话，无聊的话、过分的话说多了，也是犯了"绮语"。我们检讨自己，一天说正经的话有几句？其他都是无聊的话，而且有些人不说无聊话还不能过日子呢！这四种是口的罪过，把这四种错误改正过来，就是口业的善德。这里随便说一个佛经故事，说明口造善业的果报。据说释迦牟尼佛有三十二相与常人不同，其中一相，他的舌头伸出来，可以触到额头发际这里。为什么？因为他多生累世没有说过谎话，因而得这个好的果报。所以每个人相貌好坏、身体的健康状况、寿命的长短，都是六道轮回、三世因果的报应。

讲到意识思想，内在的起心动念，严重了！贪、瞋、痴这三种恶业随时会犯。刚才我先讲了前面六个：贪、瞋、痴、慢、疑、恶见，都是意识思想配合情绪的。我们简单介绍了这身口意十个恶业。我们研究自己，身体、嘴巴、思想情绪，这十种不好的行为，我们每天在犯，如果把这些错误改正过来，就叫十善业。佛学的道理，即使你不信佛，也不信任何宗教，如果身心行为合于十善业道，也等于在修行了，就会有好的果报。所以我一听基督教、天主教讲不拜偶像，我就笑。我的学生中也有牧师、神父、修女，我说你们没有研究，你们的宗教强调不拜偶像，不迷信，这是从佛教来的，万法"缘起性空，性空缘起"，反对拜偶像。佛教真正的意义是一切唯心，"自求多福"，只要自己改正自己，就改变了命运。这是在行为上配合佛学方面的讲述。

在很短暂的时间里，只能初步告诉大家这一点佛学的认识，至于对于生命的认识，详细研究的话，那太多了。你们还有别的问题没有？

答问解疑

学员甲：我想问一个关于佛法和生命的问题，中国禅宗的祖师都是非常有名的得道高僧，他们的修行有高低，佛学的造诣肯定是不同的，但是从寿命来讲，六祖活七十多岁，五祖活八十多岁，神秀活九十多岁，怎么去理解这件事？

怀师：我们刚才讲了贪瞋痴慢疑嘛，你所提的问题一般人都要问的，但是你仔细想想，这个问题的内涵都在贪瞋痴慢疑。《金刚经》告诉我们怎么见道、悟道呢？所谓"无人相、无我相、无众生相、无寿者相"，不要拿寿命的长短来比较他们道行的高低，这是比较性的。你的问题很有趣，但是没有离开贪瞋痴慢疑的范围。而且假设你这样去研究佛法，不如自己修证多好啊！

学员乙：您对《易经》研究得也非常的深，但是从您公开的这些著述和您的讲座来讲，这些讲得非常少，我想请教一下，为什么对这个讲得少？我们非常想听听您《易经》和道教这一方面的讲座。

怀师：我对这三教的文化都是平等的，道教方面讲得很多啊，我对道教讲过出版的有《道家密宗与东方神秘学》《禅与道概论》《我说参同契》《庄子諵譁》《老子他说》，还有《列子臆说》《小言黄帝内经与生命科学》等，这些都是道家的啊，都是有关生命的，不晓得你有没有看过？

学员乙：我看过，但是我感觉就是和您对佛学的著述相比，它占的比重不是特别大。

怀师：对，当年讲佛学多一点，这是看机缘的，没有什么哪一家特别重要就多讲一点，不是这个意思。譬如说你们诸位来，谈到有关于佛学方面，有时候也会讲到别的，是这样的。

学员丙：您说三个学问，一个是佛教，一个是佛学，一个是佛法，听您的意思是说，一般人最好不要接触佛学和佛法。我是这样想的，一般人把佛教作为宗教的话，是不是会有一种迷信的心态在里面？您对一般宗教有什么期许？

怀师：你问我现在对于中国的佛教有什么期许吗？不但对于佛教，我对现在的五大宗教都很失望。记得是三十几年前，我在天主教的辅仁大学教过书，我的学生有神父、牧师、修女、和尚、尼姑。我到了香港，他们几大宗教联合起来，要我讲二十世纪的宗教，我对他们做了公开的演讲。我的结论是，现在开始，所有的宗教要把门打开，把宗教的外衣脱掉，把内容公开地与大家讨论研究，去掉宗教的形式，研究宗教的内涵，在二十一世纪人文社会才可以站得住。不然的话，五大宗教按目前的形式做法，我说只有八个字，"关门政策，自杀主义"，一定要失败的。未来不是有谁会出来反对宗教，而是科技、科学文明的进步，宗教没有跟科技文明配合起来研究，就统统有问题了。所以要把一切的宗教外衣都抛开，才有希望。

至于现在的宗教啊，在我看来都是很灰心的，现在不是宗教的问题，是整个社会对自己的文化没有信仰了，全体文化也包括宗教在内，这个比宗教问题还严重。现在大家活在这个时代很茫然，自己的文化教育都没有信仰。我的看法是这样，对不对不知道。

学员丁：您不是说不要去碰佛学吗？但是一般人都没有去接触佛学……

某同学：这位先生是说，第一堂课的时候，老师说佛学和

《易经》不要去碰，这不是说不要你碰，而是说这个学问很深很深，怕你钻进去爬不出来，是这个意思。

学员丁：所以对我们一般人来说，对佛教要怎么接触，应接触到什么程度？

某同学：老师刚才不是讲了十善业道吗？先从十善业道改变自己的行为，就接触了嘛，深入的慢慢再研究，先做到这个初步的。真做到了，是很了不起的。

怀师：大家先反省一下，这个十善业道的道理，已经够用了，不要认为这个是空洞的理论。

学员戊：我们要如何修禅？

怀师：修禅必须要用功，修静坐的工夫。静坐的方法很多，我不晓得你学过佛法没有？那么你最好是念佛跟禅修配合为一地修持，这个方法最好了。再不然修安那般那，那要深入地研究才可以。所谓修行的方法有八万四千法门，我觉得最简单是采用禅净双修，念一句阿弥陀佛配合禅修，这个等一下请李老师帮忙他们一下。（李老师辅导学员静坐并教授念佛方法）

（整理：马宏达）

十三、谈神通与特异功能

时间：二〇〇九年三月三十日
地点：太湖大学堂
听众：中国某人体科学学会

特异功能不特异
是神通，还是神经
神通无用，价值有限
神通扭不过大势至

十三、谈神通与特异功能

　　南师：李先生，非常抱歉啊！你用了两三天的时间专程跑来这里，很辛苦。今天，我先给你做个结论。

　　第一点，先讲这六十多年来，日本人投降以后到现在，特异功能研究的大致发展经过。

　　第二点，讲神通，现在叫作特异功能，它的道理与人类生命的关系。

　　第三点，你同大家以后应该怎么做，谈谈我个人的意见。

特异功能不特异

　　第一，我告诉你，神通这个事，以三千年人类文化发展来说，是东西方人类都喜欢追寻的。不但东方如此，西方也是，欧洲如德国、法国、英国，以及后来欧洲其他的小国家，再然后美国，包括相信上帝的西方白种人，也是同样迷恋。这是人类，不管反对还是相信，与生俱来的成分里都有的。

　　其实现在大家认为的特异功能是个小事，只是神通的一小部分，一点都不"特异"。这个生命的功能，究竟是什么东西？到现在没有人搞清楚啊！我们中国人讲的成仙或者成佛、得道了的人，他已经搞清楚了；没有成仙、成佛以前，搞不清楚的，不管你学问多好，神通多广大，也搞不清楚，因为成仙、成佛不是神通广大,而是智慧的成就,智慧成就才搞得清楚。

在中国来讲,那么多苦难,他们在哪里啊?一个一个都去闭关,都同我一样跑到台湾躲起来了?诸佛菩萨、神仙、上帝、四大天王、二十八宿,不是神通很大吗?那个时候他们的神通在哪里?四海沸腾,水深火热啊!一切唯物,是不是呢?你说我也好,朱校长也好,你李先生也好,信不信?信啊。但这个时候怎么没有神通了呢?不值得信了吧!信还是不信?先保留问号在这里。

都说救苦救难,尤其我们佛教念"南无大慈大悲救苦救难广大灵感观世音菩萨",结果呢?念了几千年,到这个劫难当中,灵感也没了,也不广大了,救苦救不了,救难也救不了,诸佛菩萨的神通在哪里?这不是个大问题吗?这个问题我也不做结论,只向你们提一下。刚才我提出来了三点,这一段所讲的重点,等于开始写文章的序言,先写到这里。

我们到了台湾以后,一九六〇年到一九六七年,我在台湾的第一个学生,比较起来我认为是我真正的学生,跟着我的,叫朱文光,他是美国加州伯克利大学的农化博士,台湾人,可惜他先走了。他真是个科学家,无所不通,不但通西方科学,也通中国的阴阳、五行、八卦、天文、算命,无所不会。但是他在科学上碰到大问题的时候,反而问我,我就点他,这里应该怎么样,那里怎么样,他完全同意。

朱文光有一天告诉我,老师啊,你看这个资料。他拿来在台湾刊登的外国科学研究文章,讲到美国有几件特异功能事迹,文章写得很吹牛,可是现在这些资料我找不到了,当时很轻视这些。资料上说,美国在西海岸,海陆空三军在那里做试验,一个命令下来,开动,飞机飞起来,海军军舰发动开炮,陆军开炮,这些有特异功能的人拿手一挥,统统没有用了,飞机动不了,海军军舰也开不了。我说有这样一回事？文光啊，这一篇文章是假的。他说对啊，老师，我看也是假的。他相信绝对有神通，但认为这一件事是假的。我说你再去查查，翻译出来给我看。他听话，查了回来说，老师啊，这个是由苏联开始的，二次大战结束，苏联开始研究情报，赫鲁晓夫他们花了很多钱，找了好几个蒙古黄教的喇嘛，还有好几个中国的道家人士，花了很多年秘密研究，研究这个干什么？搜罗情报用，可以把人家敌人秘密的会议，乃至作战的计划、战争的命令发布、哪里出兵、怎么打等搜罗起来。我说有道理。他说苏联认为自己本事很大，都用道家、佛教密宗做出来的。美国知道了，也花了很多钱，赶快研究这个，在五角大厦美国国防部里头研究，两方面都花了很多钱。

朱文光还告诉我，老师啊，这两边都是笨蛋，这个研究不出来的呀！我说是啊，那他们有没有成果呢？他说有一个秘密资料——那个时候还没有电脑，他到处查来的——据说美国五角大厦有三个人成功了，可以出阴神，打起坐来灵魂出窍。成功了以后，派一个人去拿苏联的情报，拿到了，回美国来翻开，情报上的字都变了，而且那个人出神回来以后，三个月才能恢复过来。我说那还算什么阴神出窍，一点工夫都没有。他说是啊，靠不住。后来我晓得这些资料都是造的，所以美国人究竟到了月球没有，要将来再求证。

这个阶段以后，我还在台湾，还没有到美国去，我们那个时候不能回大陆啊，这是大约三十年前了。李绍崑博士来台湾看我，他是湖南人，是大学的大教授，在天主教入会做神父，拿美国的身份，可以回大陆，他也研究特异功能。我说你从哪里来？他说从大陆来，在华中某大学研究特异功能，有一班儿童能够用手指头看东西。他对于这个特别有兴趣，下次我找他来跟你碰面。我们佛教剃了光头叫作出家，天主教进去做神父，不叫出家,叫入会。他现在有太太,大概已经出会了,还俗叫出会。

我说大陆也有研究吗?他说某大学就有,从各地找来的几十个特异功能人士、天才儿童。他问我的意见,我说神父啊,教授啊,可以旁观,不要参与研究,搞不成的,糟蹋孩子。我说这些孩子没有破身、没有发生男女关系以前,还可以研究看看。就像你刚才讲有个名称叫"功能人",我说这些孩子如果结了婚,破身以后就没有"功能"用了。

当年抗战以前在大陆,我有个好朋友叫王赞绪,是国民党在四川最后的省长,他叫我大师兄。他告诉我:"大师兄,这个不稀奇,我在十八岁以前,生来就会,看到空中的天人走路,穿的各种与我们不同,不要闭眼睛,就是随便看到。"我说真的吗?"那还骗你,当然真的嘛,我也不搞这一套。"我问后来呢?"结婚那一天晚上起,一进了那个洞啊,这个就没有了。"他讲得很白。真的啊?"真的。"

这里讲的是第一点,六十几年来特异功能研究大致的发展经过。

是神通,还是神经

第二点讲神通。

神通是古代时中国人的翻译,从梵文翻过来的。你要读古书,尤其在孔子以前道家的书。先不讲道教,道教是后来才有的。中国的传统文化经典《管子》里面有四个字,"神其来舍"。打坐做工夫的人,到某一种程度——我现在没有讲佛,没有讲道,只讲修养到某一程度,那个神会进来。不是说我们现在没有神哦,人生来就有神,只是我们的神散在外面、散乱了。打坐做工夫修养好,神凝聚回来,叫"神其来舍"。这个身体是房子,

十三、谈神通与特异功能

神进来住在里面,所以叫神仙。每一个人、每一个孩子生来都有精气神,没有经过修炼,神是向外散的,特异功能就是神向外散了。"神其来舍",道家叫作结丹,也就是佛家的入定。

怎么样叫入定?怎么样叫结丹?讲明白了,中国有四个字,"神凝气聚",神回来住在这里不动,神跟气凝结了。所以道书上讲"重安炉鼎,再造乾坤",在我们自己父母所生的这个生命,把气脉修到变化,重新变化,现在讲就是复制人,由自己生命再复制出来一个生命,不需要经过娘胎的,这个叫脱胎换骨。变神仙,重要的是靠修炼神跟气两个。我们普通说,你看起来很"神气",这是指普通人气色很好,但神跟气没有凝结拢来。凝结拢来变成神了,把精气都化了,炼精化气,炼气化神,炼神还虚,还丹了,就"重安炉鼎"。这才是中国所讲生命的功能,有一套方法,有一套程序,有一套公式,大家搞不清楚。所以完整地说,男孩子没有破身就是精不漏,女孩子月经还没有来,性没有冲动。到女孩子开始第一次月经来,男孩子十五六岁时有几天两个乳房会发胀,就开始性欲冲动,经过这个就不行了,生命破了,要重新修炼过。

那么普通人呢?在没有修炼以前,我们这个生命的神都向外面跑,所以普通人就没有神通。神通有五通:天眼通,能够无所不见,不是这个肉眼哦,无关的,眼睛蒙起来一样看见,那是意识上有个眼睛,在佛家叫作"法处所摄色"。耳朵可以无所不听,《封神榜》上天眼通叫千里眼,天耳通叫顺风耳。鼻子通,舌头通,这个大家都不知道。还有身通,身通叫神足通,道家精气神炼好了,身体可以在空中走路。在空中走路成神仙了没有?没有,那叫作天仙;活了几百岁,叫作地仙,都还没有到神仙,在空中走路不过是神足通,整个的身体通了。所以普通我们讲神通,就是你说的不用肉眼看东西,不用耳朵可以听,特别是千万里以外的声音都可以听到；还有像台湾、香港有些人说有特异功能，给人家治病——"你在美国，什么病啊？"电话约好时间，坐在这里打坐，就把你病治好了，这个也有啊！这几年很多人玩这个。我看到很多，心里都在笑，这一些都属于小通灵里头的小五通，真的神通没有的。

刚才讲五通，还有他心通，你心里想什么？瓶子里装什么？心里一定知道，这也不是看到哦，是他心通的一种。宿命通，他就不知道了，我前生是什么人？我再前生又是什么？是男的、女的啊？怎么变成现在这个我？这个叫宿命通。泰国、马来西亚、印尼、缅甸、印度都有，现在也有，但很少。现在美国人讲生命科学，正在研究追踪这个。他们到印度去看一个小孩，他生来就讲前生我是哪一家的、住在哪里，譬如说我是这位老太太前生的先生，然后说有个东西放哪里，真能把前生的东西找出来。现在美国开始在研究，录下影像，我也看过这个录影片。

前面讲的神足通更少见了，你们学密宗的，看《密勒日巴传》（又叫《木讷记》），最后讲空，就在空中走路。那飞机票还要不要买了？照样要买飞机票啊！

现在没有真五通的人了。神通的原理道理，心理关系怎么变化，我都可以给大家讲出来。但我没有神通啊，我是非常普通的一个人，一辈子爱乱吹牛的一个糟老头子，我只是讲这个学理给你们听。真神通不容易，没有了。我活了九十多岁，道家佛家的朋友太多了，到我前面，我只好一笑，他那一些本事到我这里也使不出来，也没有用了。以前我住在香港，有好多特异功能的人到我前面来。我说在这里做表演啊。搞了半天，他说"你这里磁场不同"，我只好笑了，因为我什么都没有，什么都没有，碰到空的地方，什么本事都玩不出来。你喜欢他就玩得出来，格老子不喜欢，看他这一套我还不如睡觉，也不管他，也不理他，他就没有办法。这些所谓神通没有一个是真的。

有许多是依通，靠画符或者念咒，或者一种特别的工夫，心念特别动一下会起作用，这属于依通。修通，打坐做工夫出来的，现在也不多。此外你说北方什么特异功能，我不讲名字，有的是妖通，是另外有一个生命妖怪附在他身上，你看《楞严经》五十种阴魔里头，就有一种是鬼通。依通、妖通、鬼通都是靠另外一个生命，换句话说，这类的人拿医学检查，必定百分之百是精神分裂，不正常，脑神经的问题。

好了，这个给你们介绍完了。我们有几个好朋友，也有外国特异功能人士，大概八月间会带脑电波仪器到这里来，他们也测验了很多喇嘛，还写了脑科的书寄给我看。我还有个老朋友，都七十多了，他叫我老师，他是真正的西医，脑科的世界权威，过两天也要来，他编译的研究打坐修行关系的书，寄来给我看，我笑一笑摆在旁边，不承认。我说你们找来几个会打坐的就叫作有禅了吗？禅包括四禅八定，他到哪一禅、哪一定的工夫你都不知道，会打坐的就找来测验，说这个脑电波与这个打坐人的关系如何如何，这样就叫作禅？我说那是狗屁，脑电波测验睡觉的人、做梦的人，与醒着的人都不同的呀！我说你脑科专家把一岁到一百岁的人，每一年、每一个月做个测验，你再拿资料给我看。不是这个样子的呀，你这些不是科学。在我的观念，你们根本不懂科学，这个人在情绪激动的时候脑电波不同，在情绪安定的时候不同，感冒的时候脑电波不同，不感冒又不同，抽烟的时候不同，喝酒的时候不同，你们做过这些研究吗？你们没有这些资料，叫什么科学啊？！要我来骂人很容易，因为我平生无长处，骂人为快乐。我说你们这些资料我根本不承认，你们拿这一套的理论基础来看病，一定是错误的，这就是逻辑上以偏概全的错误，知道了一点点就认为整个是这样。所以第二点跟你们谈神通的道理。

神通无用，价值有限

第三点，将来怎么走？你们这个坚持下去是对的，但是不要那么固执。我知道你们，也支援你们，可以做有限的研究，用现在的这些方法来测验研究都是"有限公司"，有限的！我是故意借用法律名称，法令规定公司有有限责任、有无限责任。我的口音，你们听懂吗？是有限的。

你们刚才说的，把药片从瓶子里拿出来，这个不叫搬运法，勉强叫小搬运还可以。搬运法，大搬运是用鬼灵的，拿到刚死的人的八字，还年轻，有年龄限制的，用他的八字念符咒，不准他的灵魂投生，让他跟在旁边，硬是搬运，可以帮你搬桌子、搬东西耶，那个叫搬运法，有它的修法的。

至于神通就不是这个鬼的搬运了，那是神而通之，前面讲过，要炼精化气，炼气化神，神炼到身外有身，这个肉体以外，自己复制、制造了一个生命，这是神通了。佛家过去笑道家的人，"只修命不修性，此是修行第一病"，在身体上修气，练习呼吸，气脉打通，有特异功能，手里会举起什么东西，这个指头一指，瓶子就破了，房子也破了，但这都是只修命、修身体，不修性，没有明心见性。而道家的人笑佛家的人，反过来讲，"只修祖性不修丹，万劫阴灵难入圣"，你打坐、念佛，修六妙门，这些只修祖性，求明心见性，不修丹，没有锻炼这个身体，做不到炼精化气，炼气化神，炼神还虚，永远也不会成功。两方面互相批评。其实要性跟命都修，身体复制出来另外一个身体，又明心见性，才叫作仙佛，才叫神通。

道家说阴神阳神，这里再讲一个故事给你们听。你们山西那边，宋代有一个和尚跟一个道士（张紫阳真人），两个人是好朋友。道士晓得和尚有工夫，明心见性了，但是阳神没有修好，只有阴神。两个人约好，如李白的诗说的，"故人西辞黄鹤楼，烟花三月下扬州"。"扬州的琼花开了，老兄，我们两个明天中午在扬州玄妙观看琼花，好不好？"两个人比工夫。第二天两个人各打各的坐，都到了扬州的玄妙观，看了琼花。两个人碰面谈话了，"我们回去吧！可是回去要留一点纪念，我们各摘一朵琼花带回去。"到了下午两个人都出定了，这个道士就问，花呢？这个和尚回答，没有。其实他也摘了，可是他是阴神，摘了却拿不出来。他问道士，你真有吗？"花在这里。"道士从袖子里拿出花来，他这是阳神，有形有相。

现在这种事情拼命地研究，研究完了，你以为拿到世界上有用吗？帮助人干政治，帮人天下太平，做得到吗？永远做不到！譬如该有地震的时候，你手一指，把地震止得了吗？这个劫数来了，有大瘟疫来的时候，吹一口气让瘟疫不生，做得到吗？所以我常常告诉学佛学道的人，你看西方三圣，阿弥陀佛是主体，右边是观世音菩萨，救苦救难，左边这个菩萨叫什么？叫大势至菩萨，那个大势一来，所有神通都靠不住，都没有用。像你的老太爷（医生）了不起，如果在，我一定给他磕三个头，你的老太爷很有修持，至少是阴灵入圣，阴神成功了，真了不起。但是人的生死一到来，你说你叫老太爷不死，做得到吗？大势至菩萨来啊，神通无用，所以我讲神通无用论。

但是做生命科学的研究是有价值的，所以我回过来还是说支持你，但是不要那么固执了，真神通很难。神通是生命功能的一种，是值得研究的事，是一个科学的问题。

如果要真懂这个，要研究佛学里的法相唯识学，我这里是只此一家，别无分号，但是我还没有讲，还没有对象，等正式要来听的时候，准备半年一年讲这个，把法相唯识学配合禅密的修炼，才讲。现在美国新兴两门最新的科学，一个认知科学，一个生命科学。要懂认知科学，一定要懂中国真正的法相唯识以及道家、密宗气脉之学才可以。现在美国在学术科学上刚开始萌芽，他们所讲的生命科学，走到心理学路子上，是以唯物观点做基础，是从现有心态现象去做分析、研究，是表层的，并非究竟，不是真懂。

这个我们要做，所以我说支持你，少数人研究。这个到底是少数人的事，你希望国家正式研究，这不行。我讲过，要害美国很简单，叫美国六七亿人口通通学打坐，三年就瘫痪了。要是中国十三亿人口都学特异功能，这个国家完蛋了！所以我说不要迷信特异功能，这是少数人的事。你是做官的就知道，假使你整个山西的人全体都搞这个，那完了。政治有政治的哲学，有政治的道德，这个特异功能有它的道理，对生命科学的发展，做医学的贡献，做卫生的贡献，做特殊的研究，还是有好处的。

现在有人说是伪科学，哪里有伪的啊，科学本来就是假的，哪个科学是真的啊？科学所知的都是偏见，不是全面，真假谁能够确定啊？说中国传统的老的东西是伪科学，自己新的东西到了明天又给人家推翻了。牛顿发现了地心引力，爱因斯坦一推翻他，他就完了，但是最后还是被承认了。以前我们都吃阿斯匹林，后来医学界说阿斯匹林有毒啊，怎么怎么不好，现在回过来又拼命捧阿斯匹林。唉！科学家你都不要信，就是这么一回事。我支持你，但是不要希望普及，做不到的，这个不是普及的学问，是一种特殊的学问，对大科学的研究有帮助，对一般不懂科学的没有帮助；对大医师有帮助，对一般小医师，西医中医，没有帮助，他不懂。就是这么一回事。

十三、谈神通与特异功能

神通扭不过大势至

朱校长：刚才老师说的特异功能确实存在，对人体科学就是个贡献，不要想用特异功能去做国家的大事，那是不行的。

南师：我告诉你，特异功能、神通，人家问我真的、假的？我说小事情包你灵，大事情是保险你不灵，就这么一个东西，我从小玩起的啊！当然现在没有真有神通的人，有神通的人你问他十年以后的中国是怎样，他敢讲吗？他真有神通才不讲咧，为什么不讲呢？四个字，"众生共业"，就是道家讲不能泄露天机，该死的就该死，该还账的就要还账，三世因果，他不能讲的。所以中国写预言，都写一些诗啊、词啊，过后一看都对。我讲算命的神通给你听，你就懂了。你回去摆个桌子，在街上给人家算命。"来，给你算个命二十块。"他如果肯坐下来，你说，"你最近心里有烦恼"，这一句话一定对，他不烦恼就不坐下了，"心思不定，看相算命"嘛！算命的人告诉你，先算你父母。"我父母怎么样？""父在母先亡。"这句话，你说母亲先走，还是父亲先走？你看这五个字，怎么说都灵。很多神通都是这样，很多预言也是这样，过后一看都灵，庙子上很多签诗是这样。所以我跟人家说，你修个庙子，我帮你做签诗，包你灵，你随便写一句诗，"春暖花开人去也"，他倒霉了也灵，赚了钱也灵，就是这样一个事，所以这个东西很难讲。

我没有泼你冷水啊，你把我当成泼冷水就糟了。这个事情值得研究，刚才朱校长讲了，非常值得研究，但不要希望扩大，不可能的，也不能够在世俗上面做实用，乃至于治病也不可能，治病只是偶然有效。我在台湾的时候给医学界讲过话，在阳明医学院，政府创办的，当时是孙中山的外孙做校长，他是留学德国的

327

西医。我上来就痛快批评了西医,也批评了中医。然后我讲,你们西医不要反对中医,都讲人家不科学、迷信,你们没有研究过嘛,什么叫作迷信?不懂的事乱下断语,本身已经犯了一个错误,就叫迷信,不知道的事情你乱去批评就是迷信。中医呢,也不要轻视西医。中国人有两句话,"药能医假病,酒不解真愁",真的愁喝酒没有用的;"药能医假病",世界上不管中医西医,哪个不死的病你们都医得好,到了真死的时候,谁都没有办法,你不要认为谁了不起,神通、特异功能也救不了死亡的。

(朱校长)老师的意思,一个是那些神通是小神通,地震要发生是大势至,一个国家社会的事情,不管你怎么样,这是更大势的作用,命到了,你再厉害也医不好。所以小神通可以发现人体的科学,但不要想用小神通扭转大势至。

李先生:我基本上听懂了。

南师:我们年轻的时候比你们还热情。日本人准备要打我们的阶段,政府还没有撤退去重庆,我倒早半年就去了四川,为什么?我也同你一样从练武功开始,我到四川是想学剑仙,两手一指,一道金光出来把日本的元首、天皇的头就砍下来,不要打仗了,一样的迷信,是为了这目的到四川的。所以我到重庆住了四个月以后,整个南京政府才撤退到重庆。老朋友都说我有先见之明,我有屁的先见之明啊,是迷信来的,想学神仙啊,四川人讲仙佛很多。那上当了没有?一点都没有上当,仙佛真有。有一首诗很好,我常常告诉人家,这一首诗是明朝的,我们从小拿毛笔描红——描红你们听得懂吗?我们小的时候写毛笔字,老师用一张红笔写好字,铺在那里,我们把纸放在上面描。

　　　三十三天天重天　　白云里面出神仙
　　　神仙本是凡人做　　只怕凡人心不坚

十三、谈神通与特异功能

这一首诗，我们从小受这个教育来的。特异功能、神通真有的，绝对不假。你研究"神通"两个字，是神而通之。现在用的不是神，是想拿肉体来通，变成肉通了，那不是多吃几块肉就通了吗？

再讲一遍，所有特异功能都离不开脑的神经作用。真的神通，就不靠这个脑了，这里头科学就很深了。脑的神经有十二对，最重要了。十二对就有二十四条线，脑神经向外的，就是等于我们科学的这个雷达，接收一切，跟外面沟通。眼神经的雷达在后面，叫视觉神经。瞎子能不能看到东西？能看到。瞎子能不能看到亮光？能看到。大家以为瞎子看不见，那是我们的观念，他看的是前面黑黑洞洞的，黑的，或者其他颜色，我们叫它黑的，它是有色相、有境界的。就像梦中能看见，不是靠这个眼睛，是视觉神经的影像。你刚才讲孩子看到东西，是那个影像刺激了视觉神经发起，后面还有一个发动力的，这个发动力是意识，那个意识不在十二对脑神经里头的。

李先生：在哪里？

南师：在内、外、虚空，通的。所以这个科学很深，那个很难测验出来，不是测验得到的。耳朵的听觉也是一样，所以所有特异功能离不开这十二对脑神经的作用。譬如睡熟、彻底休息了，意识不起作用，就不知道了。

打坐修炼，工夫做得好，会出阳神，同脑的神经关系是非常密切的。灵魂同生命功能在脑。譬如现在重病濒死，最后已经没有药了，家属有钱叫他不死，插了管子，上氧气，使脑细胞不死。本来是医生想救这个人，不晓得用什么方法、哪一种药，所以先把氧气插着，其实这人已经死了百分之九十了，一插管以后，有时候可以多少年不死，但身体都烂了，很残忍。

李先生：那么耳朵呢？

南师：十二对神经，眼、耳、鼻，这三个有相关的神经路线，这样连结一起的。所以密宗有时候用手印，这个手印就代表哪个神经的关系，是这样一个东西。耳朵也同眼神经、鼻神经，同呼吸神经连带的，而且通这里，淋巴腺，淋巴腺是非常重要的。

（整理：牟炼）

十四、谈『照明三昧』

时间：二〇一一年十一月十七日

地点：太湖大学堂

听众：苏州明善盲人博爱演艺队及中医朋友等

引言
绝利一源　用师十倍
在黑暗的光明中
照明三昧——生命的功能
对话与答问

十四、谈"照明三昧"

今天,我听了苏州来的失明的这些同胞兄弟姐妹们一番讲话,看了他们的修养、表现,非常感动。我当时忽然动念,很想贡献他们一点生命功能的意见。关于这方面,我对自己身边这些同学都没有讲过。那么,跟他们讲,也许不会相信。但是我在情感上,很想为大家做点贡献。这个贡献,还不止对他们苏州来的失明的诸位同胞兄弟姐妹们,扩大的话,是对全人类的失明的医学作一个贡献。所以我叫吕先生他们也注意,要医生们来参与听一下。

讲起来话很长,失明的朋友们听我的口音,或者听我引用古书上的文字,如果听不懂的,你们其他的人要帮忙他们。

引言

首先介绍我自己,我今年九十四岁了。

你们眼睛看不见,一般社会上叫"盲人";我现在不讲这两个字,只讲"失明",失去了光明的朋友,这一点希望注意。什么盲人啊、瞎子啊,是普通老百姓的俗语。

眼睛看到光明是很重要的,不但我们人类,一般的生物大部分都有眼睛,都喜欢看到光明,生命的活动才充实。但是大家要注意,世界上有更多的生命,同我们大家一样都是生命,都活在

333

这个世界上，它们并不需要眼睛看，并不像我们需要有白昼的光明，但是活得也蛮好。这个生命的功能，自己要深入明白。

我今天要说的请大家注意，尤其跟在我旁边一班男女老幼的同学们，自己做修养工夫的，更要特别注意。

譬如我的眼睛，现在也快要同他们一样失明了。我的眼睛在十三、十四岁时已经有点近视，因为我喜欢看书，也喜欢乱玩。但是当我发现的时候，自己就练习，把它挽救回来。所以现在看到小孩、年轻的同学给我写信写小字的，我就非常担心，告诉他们要写大字。凡是近视、眼睛视力不好的人，天生就爱写小字，这是很不对的，这里是顺便提到。

所以几十年前我在台湾的时候曾建议教育部告诉出版界的人，你们做点好事吧，出版的书字要印大一点，后来他们有些人也采用我的意见。外文英文喜欢排列小字，那个不同，因为是横排的字，另有一个道理。我说中文出版的书，尤其是小说，或者孩子们的书，不要小于四号字，五号字就千万不要印，太小了。还有所有出版的书纸张颜色不要太白，要暗淡一点，乃至带一点米黄色，对眼睛比较好。

像我们这一代，从六岁就开始读书，那个时候没有电灯，我是在青油灯下面看书的，就是用炒菜的菜油，加上两三根灯草。我一辈子看书用眼睛很多，尤其是在峨眉山那三年，阅读《大藏经》等万卷书，也是在这个灯草的油灯下看的，灯光暗，纸张不会太亮，保护了眼睛。所以我的眼睛一辈子很对得起我。

刚才跟大家报告过我的岁数。前年我到香港去，忽然发现眼睛有问题了。我想，我的眼睛为我昼夜工作，用了九十多年，我很对不起它。我是准备失明，所以也很放心，没有在意它。

下面这一句话，大家注意啊！我对吕先生那边的医生说，人类任何的病，只有三分，但心里恐惧、害怕、失望，这种心理作用，把自己的病加重了七分，千万要注意。我的一生，比如大家说我精神很好，老实讲，就说走路吧，我要是正式跟你们比走路，你们年轻的还跟不上；乃至我可以几天不吃饭，也活得好好的。这里还有一位朋友——登教授，他是国际上有名的设计师，现在在这里半个月只吃一餐饭，当然平常零碎也吃一点点，喝点啤酒、咖啡啊什么的。所以不要被自己心里的忧思、害怕什么威胁住了，我们生命有特别的功能，这些先讲在前面。

尤其是失明的朋友，我先长话短说，贡献你们一个意见，你们听了以后，也许会引发自己特殊的功能。

绝利一源　用师十倍

讲中国文化，其中太多内涵，在中国诸子百家中有一本书《太公阴符经》，一般人是不大读的。像我年轻时出来，学军事，同时又喜欢研究中国上古的兵书，读到《阴符经》里头这两句重要的话："绝利一源，用师十倍。"我对失明的朋友再报告一下，"绝"是断绝的绝；"利"，利益的利；"一"，一二三四的一；"源"，三点水，流水的源头；"用"，作用的用；"师"，老师的师，这个师在古代就是带兵团的，是古代带万人以上的军队。

"绝利一源，用师十倍。"这一句话非常深刻。比如一个人做生意、做任何事业，都很贪的，样样利益都想贪图。其实人不要太贪。譬如我们坐在圆桌子上，前面摆的都是好吃的东西，你统统吃吗？会把你吃伤了、吃出病来，你只好放弃其他的，只吃需要的一样，这叫"绝利一源"。乃至连需要吃的也放弃了，你在别方面所得到的就更多。

用到生命科学、医学上讲，我们病了，为什么要开刀呢？譬如说癌症，开了刀拿掉，就是"绝利一源"；譬如手坏了，切掉一只手；腿坏了，切掉一条腿，能活得更长、更好。注意"绝利一源，用师十倍"这句话的意思。

我刚才不是随便讲的，我这两三年早就准备失明了，可是因为我这种心境，加上自己修行、打坐、修养，现在反倒渐渐好转了。前两天还有在我身边的同学说，老师啊，我有信心你的眼睛一定会好。我就笑，我说很有可能，我自己现在也觉得好一点了。

当然这个里头内容很多。所以说，我们眼目失明了，这有什么稀奇！记住，眼睛不好，失明了，耳朵更灵光，其他的感觉方面更加强，要发现自己生命的功能，有那么多用处。生命的功能，也是"绝利一源，用师十倍"。譬如今天我看到你们诸位失明的朋友，唱歌的歌声嘹亮，身体动作都很好，忘记了眼睛看不见。这是第一点。

在黑暗的光明中

第二点，我们也知道，物理世界自然的光，一般是白天有太阳的光明，夜晚有月亮的光明。但是到了北极，半年没有太阳，是夜里，另外半年是白天，偶然还有极光，那里的人也活得好好的。挪威有些朋友来，我说你们黑夜那半年干些什么？嘿，我们半年就是吃啊喝啊，然后两个夫妻在一起，都是黑夜嘛，所以都是吃得胖胖的，个子大大的。

因此，我们活在这个地球上，生下来就受骗了，把太阳的光、月亮的光，当作必须靠它们生活。加上科学的发明，点油灯、点蜡烛，用火光来代替，乃至现在用发电的灯光来代替。我们知道，没有太阳、月亮的光明，我们还有一半活在黑暗的夜里。夜里的大家，像失明的朋友一样看不见，因为黑暗。但你们搞错了，那不是黑暗，黑暗也是光。光是没有形象的，白天太阳光、晚上月亮光、电灯照的光，都只是光的色，不是光。夜里那个黑暗，包括失明朋友看到的那个黑暗，并不是没有光哦，叫作黑光，这个黑暗的黑色，它也是光的色哦！就像青黄赤白等光色一样，青黄赤白是色，不是光，后面的那个才是光，黑暗的后面也是光。这一片光，是我们生命最初接触的功能。

中国文化几千年以前就知道，天地本来分阴阳，后来西洋人在十六世纪以后，科学发明才知道这个道理，但我们老祖宗五千年以前就知道了，天地本来分阴阳。我们的生命，一半活在白天，被这个亮光骗走，另一半活在黑暗，自己偷懒睡眠睡去了。所以人生很可怜，活一百岁，实际上只活了五十年，五十年睡眠睡去了；还有三餐吃饭，加上大小便，把五十年又切去了三十年，剩下二十年；再扣除小时候七八岁以前不懂事，老了又动不了，所以百年的人生，真正只活这么短暂的几年，自己却被生命功能骗了。

那么，我们回转来讲，尤其我们人类，也同一般生物、动物一样，无论空中飞的、陆地上跑的，都是喜欢白天的光明。学过生物学、自然科学的人懂得，夜里活动的生命比我们人类多很多倍，它们不喜欢光明，喜欢在黑暗中生活。这要注意，水里游的又是另外一回事。

所以，我过去给大学生上哲学课时说，人类自称万物之灵是吹牛的。我们人类是世界上万物里头最坏蛋的，什么生命都吃，人家很少吃我们。河里的游鱼犯了什么罪啊？刮了鳞还要加上葱花。我们是万物之灵是自吹自慢的，自己还搞不清楚。

不说远了，讲回来，黑暗与光明。所谓光，不是亮与黑暗的差别，实际上，我们白天活在亮光里头，有不同的光色。拿佛学来讲，我们活在光色里头。我们不要把失明，把看不见白天的光明的习惯，认为是盲。我刚才向大家报告过，我这两三年随时准备看不见。实际上，同学们跟着我都知道，我厌恶亮光，每到明亮的地方，他们看到我来了，马上把灯关小，有一点点阴暗，乃至关到全黑，我看得更清楚。

所以说，失明的朋友们，你们也看到光，你们现在不是活在黑暗中，还是活在光明中。不过呢，大家习惯上被光色骗走了，以为看不见白天的光明就是看不到光。把有形的光明的习惯观念丢掉，因此你的听觉、感觉能力，各方面发展得更快。这一点要注意。

把握认识黑暗这一片光，也是我们全体的生命，不要给肉体骗住了，肉体的机能是要死亡的，老了就会死，死了就没有身体了。光是不生不死的，是永恒的。所以佛教念阿弥陀佛，阿弥陀佛是梵文，实际内涵是无量寿光。梵文"阿"就是无量无边，非常伟大永恒的存在；"弥"，是无量无边的生命，永恒存在的这个生命是光；"陀"，就是光明，世界上万物都有生死，都变去了，光没有变过，永恒存在，佛，是觉悟，自己要觉悟自性的生命。阿弥陀佛也就是无量寿光佛。

所以失明的朋友，忘记了身体，活在这个无量寿光中，不要被光明骗去了，更不要自己忧虑，认为我是盲人，什么也看不见，你们可以返回到生命的功能，这样很了不起。

照明三昧——生命的功能

再进一步呢？我说过，我们自己同学们，你们修行很多年，打起坐来闭着眼睛什么都不看，实际上你们都在看，对不对啊？（同学回答：对！）打起坐来，眼睛前面有很多光影，实际上是

十四、谈"照明三昧"

半盲,没有看东西嘛!虽然没有看东西,而前面有没有东西啊?有很多境像都看到,乃至看到山、看到水,对不对?(同学回答:对!)有些还看到菩萨,看到草木,还有些朋友坐得好,完全忘记了眼睛,看到整个的世界,有没有?多少有点经验吧?(同学回答:是。)

好,这个生命功能,叫作"照明三昧"。注意,照明的功能,照相的照,光明的明。就是利用黑暗,包括你们失明的朋友,虽然看到前面黑暗,但黑暗中间有影像。我这几个字,大家听清楚没有?苏州的朋友听懂我的口音么?(回答:听懂。)黑暗的当中有各种影像。你看见没有?看见的,不过你不承认,因为你被光色骗了。那些影像是什么?很神奇的。

所以学佛修道、做工夫的人,有个名称叫"天眼通",不用肉眼可以看到三千大千世界的影像。这个叫天眼,天然有一只眼睛。譬如当婴儿的时候,生下来眼睛闭着在吃奶。你说那个婴儿眼睛半开半闭的,看到没有?有时候健康的婴儿还在笑呢,一边吃奶一边笑,一边脸上有表情。这等于我们没有用眼,闭上眼睛在梦中玩,看到的世界非常大,玩啊、讲话啊,所以脸上有这个表情。

在看不见的黑暗当中,你们天天都在看见嘛!换句话说,失明的人睡一天一夜,等于我们睡一夜,他白天也可以在睡眠。在黑暗中能看到,这个发起的生命功能,是天眼通一部分的作用。这个照明功能,是我们生命下意识就有的功能。假设自己耳朵聋了,就不需要这个耳朵,我内听声音,还是有声音,这个也是生命的功能。

这一点,大家静下来体会,我贡献给失明的朋友们,忘记了身体,忘记了脑的观念,忘记了一切医学的理论。

现代医学科技进步,已到了二十一世纪,我最近常常告诉大家，现代人有个最迷信的东西，比任何宗教还迷信的，就是迷信科学。什么叫科学？科学是没有定论的东西。今天发现的真理，到明天发现新的，就又推翻了原来的，它是个未定数。科学的前途很远，你不要光听现代医学、科学，我讲的也是科学，是生命的科学，而且是以我的经验告诉你们。例如我眼睛好像看不见了，自己还把它挽回一点，好像好一点，也许明天我也失明看不见。可是我告诉你，看不见没关系，一样地走路，更轻松了。

有个例子，这个例子牵涉到宗教。说佛教里头有一位大阿罗汉，是释迦牟尼佛的弟子阿那律陀，他失明了，佛叫他不要怕，由黑暗里头发现自己有个功能看到一切，因此他得了天眼通。他为什么失明呢？因为他喜欢偷懒睡觉，有一天他的老师释迦牟尼佛呵斥他，怎么不用功，那么偷懒！他就惭愧哭泣，昼夜用功，一下子用功过头，把眼睛弄瞎了。佛很怜悯他，你怎么这样搞呢？他说你骂我，我就用功嘛，昼夜不睡觉，所以失明了。那看不见怎么办呢？释迦牟尼佛就教他在黑暗里头发现自性光明，发现另外一个生命功能，他就得了天眼通。但是得了这个天眼通以后，他的肉眼好起来没有？没有，肉眼还是看不见。有一天，他的衣服破了，他拿了针线在那里叫唤，哪位师兄弟、哪位同学能帮忙我穿线啊？这些同学在打坐或做学问，没有注意他。他的老师释迦牟尼佛听到了，赶快下来，过去帮他把针线穿好。他就问，是哪位同学帮了我？谢谢你。释迦牟尼佛说，是我。他吓了一跳，说世尊啊，你怎么亲自来帮我穿线呢？佛回答说，同学们没有听见，都在用功，我在修功德、做好事，帮忙失明的人，有什么不对呢？他说，佛啊，你还要修功德吗？佛说，做好事、修功德是没有休止的，任何地位、任何立场都要去帮助别人、做好事。

我今天看了苏州来的失明的兄弟姐妹们那么努力，我非常受感动,把我的经验贡献给你们。不要认为我有天眼通,我不过有一点不同而已,所以把我的经验告诉你们,不要被白天的光色把自己骗了,我们这个生命里头的功能发出来是很伟大的。当你们有特别发明、发现的时候,来,我拜你们为师。

先讲到这里,再看看学医的同学们,吕先生这里有几位医师吧?发表一些高见,或者有什么问题可以提出来。

对话与答问

吕先生:老师,我请问一下。

南师:这位吕先生是做医学方面的工作的。

吕先生:按照西医的说法,眼睛,就是由眼神经通过脑神经,然后通过晶状体折射产生光明。如果一旦没有了光明,老师讲的这个"照明三昧",它发起的根在什么地方呢?是生命这个本体的光透出来了,还是另外有一个"照明三昧"的根子发出来的呢?

南师:你问得好。不过你一个问题里头有两层逻辑观念。第一层,你刚才引用我们现代医学讲的,眼睛通过视觉神经看见,对不对?视觉神经在后脑部位,与中医所说的风池、风府穴这里有密切关联。所以年轻同学们做功课多了,我叫他们眼睛闭着,转一转,赶快按摩后脑。

通过眼神经看到外面照明,不是光明来照眼睛,或眼睛去找光明,也不是黑暗来找眼球,是视觉神经去接触黑暗。这是第一个逻辑,第一个问题。

眼睛好的时候,要保护眼睛,要注意后脑视觉神经。视觉神经和听觉神经是连着的,跟鼻子的嗅觉神经也连着,下来呢,跟喉咙的神经、咽喉连着。我们普通叫喉咙,古人有称为"左咽右喉"，咽是食管，喉是气管，其实就是前喉后咽。那么，这个视觉、听觉、嗅觉神经，这个系统，等于我们现在用收外太空或外国资讯的雷达，我们的脑部神经有十二对二十四条，就是像雷达一样，向外接收资讯。

所以我们这个生命，眼睛看东西，对于我们来说，伟大不伟大？一般都觉得伟大。伟大个屁！眼睛看东西，只看到前面和斜角左右两边四分之一这么多。鼻子、嘴巴更差，只管接触到的。最厉害的是听觉，上下左右十方的声音都听得见，所以声音也是修行中的重要法门。

第二个逻辑问题，你问的是"照明三昧"。你的问题是，没有眼睛、看不到光明，或者闭起眼睛来，忘记肉眼看到的光明，这样要怎么发起"照明三昧"？天眼怎么发起呢？"照明三昧"不是神经系统，是意识境界，心的境界。这个意识境界，譬如我们会做梦，对不对？请问失明的朋友，有没有做梦？（回答：有！）你梦中还是会看到东西的，在梦中，看见的功能并没有坏，发起的这个就是天眼功能。

答复完了。满意不满意？

吕先生：满意。

南师：难得吕先生对我满意（众笑）。

张先生：我问一个问题，什么是"三昧"？

南师："三昧"是个名称，是梵文的翻译。我们翻译中国文字，不需要管它"三妹二妹大妹"了（众笑）。"三昧"，是梵音，发音三摩地、三摩呬多地，中文喜欢简称，翻译成"三昧"，也就是定境界的意思，你听懂了吗？

张先生：听懂了。那么"照明三昧"和妄想的区别在哪里？

南师：妄想起来，是思想分析的作用；"照明三昧"是意识思想没有加以分析。譬如你等一下要回上海了，明天一早要回成

十四、谈"照明三昧"

都,要怎么样搭车?这些都是妄想。"照明三昧",则是在完全宁静的状态,好像一片黑暗一样。其实真正的宁静是黑暗哦!黑暗中定久了,身心空了,黑暗中会有各色的光起来,自性的光明就发动了。例如,北极没有太阳光照到,但有极光就会发起来。深海动物的体质很大,深海是黑暗的,太阳透不到底,那些生物自己会发光的,谁给它发光啊?

所以生命的功能就这样伟大。这个时候,意识,不是身体哦,也不是神经,很清楚的,"照明三昧"在这里。这很难懂,你还要好好用功呢,如果不懂你就再问。你如果这样就懂了,我倒很佩服你(众笑)。我都觉得我没有说清楚,你说懂,我就很奇怪了。

李先生:我想借张先生的问题继续深入。如诸葛亮讲的"宁静致远",事实上,要真正发起"照明三昧",第一要心里很宁静,第二再慢慢进入寂灭,那个时候才发起"照明三昧",对吗?

南师:差不多,你问的比较实际一点。"照明三昧",就是观自在菩萨,观察自己。譬如失明的朋友更好办,外面形象看不见,前面一片黑暗,就认黑暗光是我的生命,这个肉体、神经都不管,这个光就是我,我就是光,认为光与生命合一了,乃至肉体生命要死亡,死就死掉了,不要了,身体是向爸爸妈妈借住的房子,用几十年了,该还给他们了,你就在光当中,自己观自在,就发动了。

李先生:所以要发起"照明三昧",连认识白天白光这个观念也把它放掉。

南师:对,要放掉。先告诉你,不要认为只白天的光色叫光明,黑暗本身也就是光明,在这个里头,又一层生命功能发动了。譬如眼睛看不见的朋友,他心里下意识怀念的,是那个外面

343

太阳、月亮的光色,下意识会厌恶看不见,觉得这不是光明。这是认错了,户口认错了。一号是门口,二号也是,三号也不错,每个门都可以进去。在黑暗中,害怕的感觉就是"忧"。要是忘记了自己,自性的光明就发动起来了,能明能暗的不在明暗上。所以你们用功不上路也是在这里。

李先生:老师刚刚有讲到佛陀的弟子阿那律陀,他虽然得了天眼通,但穿针线仍穿不过去。要是他用天眼通去穿这个针线,是不是一样能够做到?

南师:这是个秘密,会做得到,但他不愿意发起来。这个秘密很难讲了,我现在还在试验,试验了几十年了。我现在九十四岁,假设我明天死了,永远不知道;假设没有死,我会一直试验下去,等我试验完了告诉你应该是怎么样。

(铃声响起)好了,到时间了,谢谢大家!诸位苏州来的兄弟姐妹们,保重哦!

 补充资料:南师著作《楞严大义今释》
 第五章 修习佛法实验的原理
 二十五位实地修持实验方法的自述

 阿那律陀,即从座起,顶礼佛足,而白佛言。我初出家,常乐睡眠,如来诃我为畜生类。我闻佛诃,啼泣自责。七日不眠,失其双目。世尊示我乐见照明金刚三昧。我不因眼,观见十方。精真洞然,如观掌果。如来印我成阿罗汉。佛问圆通,如我所证,旋见循元,斯为第一。

 阿那律陀(译名无贫)起立自述说:"我最初出家的时候,经常喜欢睡眠。佛责备我犹如畜生一样。我听了佛的申斥,惭愧反省,涕泪自责,自己发愤精进。七天当中,昼夜不眠不休,因此双目失明。佛就教我乐见照明金刚三昧的修

十四、谈"照明三昧"

法。我因此可以不需肉眼，只凭自性的真精洞然焕发，看十方世界中的一切，犹如看到手掌中的果子一样。佛印证我已经得到阿罗汉的果位。佛现在问我们修什么方法，才能圆满通达佛的果地。如我所经验得到的，旋转能见的根元，回光返照以至于无，就是第一妙法。"（乐见照明三昧，经教中但有其名，究竟不知道是如何修法？自阿难教授提婆达多修习天眼，得到眼通等神力以后，提婆达多反因神通狂妄自用而成魔障。以后显教经论就没有修法的记述了。密教所授眼通及观光的修法，也是利害参半。而且没有得到正定的人习之，不但无益，反容易受害。所以对于这一修法，不需详细补充说明。本经所载阿那律陀的自述里，对于这个原理原则，也已很明显地说出。眼的见精，分为能见与所见的两种。眼见到外界的一切境像，都是所见的作用。即使双目失明，心里还是看得见眼前是一片昏暗。这种昏暗的境像，依然是所见的作用。它是从自性能见的功能上所发出的。由此体会，返还所见的作用，追寻这个能见眼前现象的自性功能，久而久之，所见的作用就完全返还潜伏到能见的功能上，然后并此能见的功能也涣然空寂。在道理上，这就叫做能所双忘。在事相上，完全入于性空实相。旋见，就是返观返照的意义。循元，就是依止自性本元的意义。由此性空实相，泊然定住在常寂的无相光中，洞彻十方的天眼作用就自然发起。但切须记得，如为求得天眼而修，不依性空而定，不但能所不能去，纵使能够得到部分天眼，都是浮光幻影，便为魔障。再说，所谓眼通，并不是有如肉眼的眼。到了那时，由自性定相所发生的功能与虚空融为一体，无尽的虚空和能观的作用浑然合一。虚空与我，只是一双眼而已。）

（整理：牟炼）

十五、漫谈商业道德

时间：二〇〇八年六月十五日

地点：上海国家会计学院

听众：上海国家会计学院师生

第一堂

中学为体还是西学为体
什么是中国文化
出国看门道
要对商业反思
正确理解「重农轻商」

夏大慰院长：尊敬的南老师，各位学员、各位来宾，大家下午好。弹指一挥间，匆匆已经四年，四年前的金秋时节，南老师曾莅临会计学院，以"大会计"为题，开讲于上海国家会计学院SNAI论坛。那一次，使我们大家能有机会聆听老师的教诲，一睹大师的风采。那么，四年以后学校有了很大的发展，但是很多新来的同学一直对我有意见，他们说，师兄们可以听南老师讲课，我们为什么不可以？但大家知道，南老师不是说请就可以请得来的，这要有缘份。

今天南老师以九十一的高龄，在四年之后又亲临我们上海国家会计学院，这是我们全体学员的无上荣光！我建议大家再次起立，以热烈的掌声，向不辞辛劳赶来的南老师，表示我们最诚挚的谢意！下面请南老师开讲。

南怀瑾先生：各位兄弟姐妹们，今天我又在这里接受考试。我一生这样的时间蛮多，差不多从二十岁起，一直有很多机会上课，可是每一次上课，我都感觉到被大家考试，这次我又来被考试了。

我已经超过九十岁，这次跟大家见面，也是逼不得已的。第一是因为夏院长，他是我们的老朋友，经常有来往。第二是吴江盛泽商会的盛会长和其他几个地方的商会联合，让我来报告一下中国文化里的商业道德。当时一听，我说这是非常重要的题目，因为现在工商业界的道德的确是大有问题。

中国现在有个皇帝——姓"钱"的，是个无形的皇帝，大家都向钱看，这是一个大笑话。这个过程不过二三十年，我都亲身经历的。所以我常常说，我活到现在，是近百年历史的见证人之一。

这个题目很好听，叫"商业道德"，我认为不止是商业的道德问题，是全人类的道德问题，又是我们国家五千年文化发展到今天，整个的社会规范、人生的道德问题。尤其是近三十年，开放发展以后，道德出了更大的问题，很严重！所以当时听了商会会长出的这个题目，我非常有兴趣，说很值得大家讨论，换句话说，这个商业道德问题值得我们全体中国人反思。反思是现在的观念，我们老的观念叫作反省，要每个人自我深刻反省的。

中学为体还是西学为体

上个月我有个演讲，是欧美同学会出的题目，讨论"中学为体，西学为用"。我一听这个题目，觉得很好笑。我说社会上对你们这一帮欧美留学回来的，称之为"海龟"（海归），现在你们这些"海龟"却让我这个"土鳖"讲这个问题啊！（众笑）其实我也不是土鳖，也喝过洋水的，欧美我也住过，不过不像你们去念书，我出去是一边讲学，一边观察。

"中学为体，西学为用"的提出，是一百多年前的事情。鸦片战争以后，中国发生了问题，太平天国起来，被当时清朝的所谓四大中兴名臣曾国藩、彭玉麟、胡林翼、左宗棠打垮了，这四位都是湖南人。南京收复以后，有一天，曾国藩检阅水师，现在叫作海军，那时水师的长官叫彭玉麟，是清朝末期有名的清官，学问非常好，喜好画梅花。当曾国藩正在检阅水师的时候，有一艘洋人的小轮船开过来，水的波浪一冲，我们那些木船都差不多翻了，曾国藩一看，"哇"，吐血了，急了，洋人有坚船利炮，我们国家的水师没有，这怎么办啊？

因此这个时候就提倡"洋务运动"，要学外国人。其中有一个人，跟李鸿章齐名的，就是当时在湖北的巡抚张之洞，他早已看到了这一点。他旁边有两个老牌的留学生，一个是容闳，安徽人，留学美国的；一个是辜鸿铭，福建人，生在南洋，留学欧洲，通九种语言的。张之洞先办兵工厂、开采煤矿、铁矿，创办织布局、缫丝局。那个时候保守的人反对搞这些事情，认为中国有几千年文化，为什么跟洋人学？所以张之洞重提"中学为体，西学为用"的口号。我怕有些年轻同学们不了解，所以倒转来说这段历史。

我说中国从鸦片战争后近一百年来，到现在为止，都是西学为体，西学为用！哪里是中学为体？现在中国人已经不懂中国自己的历史了，你们留学欧美的同学们都是当代的菁英，但也没有好好读历史，都不懂历史与人生的经验，不懂政治、经济、商业的历史经验。大家不要认为读了中学、小学的这点历史课本，就已经读懂了历史，那差得远了！鸦片战争以后，跟着是太平天国，太平天国用的也是西学，不是中学，可以说他们是用西方宗教的皮毛组织了一场运动，使我们国家的文化倒退了好几十年。假设太平天国不是以西方宗教的路线起来，假设当时曾国藩等人不是以传统文化为中心去对付太平天国、保国卫民的话，那么太平天国的前途以及后来历史的评论，就不知道如何了。所以我说这是西学的问题。

接着下来清朝被推翻，民国建立，孙中山先生的三民主义、五权宪法，我说并不全是中国的哦！也是西学为主的。三民主义的所谓民族主义、民权主义、民生主义，是采用美国的民有、民治、民享而成的。所谓民权，就是现在讲的民主；在孙中山的著作中讲，民生主义就是共产主义，这一句话可不是我给他加上的喔！五权宪法是采用西方的行政、立法、司法三权，加上中国文化的监察、考试，所以也大多是西方的文化。

民国以后到现在，西方的思想，什么君主立宪，什么无政府主义，以及各种主义，统统搬到中国政治舞台来用过。直到现在，我们十三亿人口那么大的国家，用的还是西方文化，包括马列主义、共产主义、社会主义，都是西方文化。中国自邓小平先生开放发展，至今已有三十年了，当时的文章讨论姓资还是姓社，这些仍然是西方文化的问题，不是中国文化的问题！

什么是中国文化

关于这个问题，我们的老朋友周瑞金先生，就是皇甫平，有文章领先发表过，今天他也在座。我说，到今天为止，大家动辄就讲中国文化，请简单明了说一句，中国文化是什么？如果你讲中国文化是孔孟思想，那完全错了。我们中国文化上下五千年，诸子百家的思想太丰富了，孔孟思想不过是诸子百家里的一家。

但是现在大家对孔孟思想的认识也成了问题，五四打倒孔家店，我说打错了！这个我曾在书上讲过，中国在春秋战国时有三家大的店，道家是老庄做代表，儒家是孔孟做代表，还有一家是墨家，那个时候佛家的文化还没有来。

墨家是什么呢？墨家这门学问是真正的社会主义，所以中国过去早就有社会主义了。我说中国人现在对于墨子（墨翟）的学问没有研究过，所以不懂。墨子的主张，"摩顶放踵，以利天下"，那完全是社会主义、共产主义的前驱者。

春秋战国是这样三家,讲儒、佛、道三家是唐代以后的事,因为佛家加入而把墨家取代了。所以我告诉欧美同学会的同学们,真正的中国文化是诸子百家里的杂家,是把孔孟的儒家、道家等各家各派综合起来应用的。举例来说,秦始皇统一中国,他的干爹是吕不韦,也可以说秦始皇真正是吕不韦的儿子,吕不韦的著作叫《吕氏春秋》,这部书是杂家之学,它把儒墨道等各家合在一起,现在很少人仔细去研究它、读它了。

出国看门道

我说,留学欧美的同学们,你们很年轻,与我来说是忘年之交的朋友,说声对不起,你们高中毕业或者大学毕业就出国留学,中国文化没有打好基础,所以谈不上懂中国文化。从外国留学回来,西方文化真懂吗?我看也没有基础。你们通过考试出国留学,在国外啃面包啃了几年,在一个学校里读书,等于在国家会计学院的小教室里躲了几年,没有交几个外国各阶层的好朋友,对那个国家的上中下层社会也搞不清楚。

我出去就不同了,我出去架子摆得很大,你们出国还将就外国人,我出国啊一定穿现在身上这个长袍,拿个手杖,中国人有代表中国自己民族的衣服嘛!你们身上穿的都不是,不晓得是哪一国衣服!(众笑)一个国家民族,"文物衣冠"很重要,中国五千年文化,十三亿人口,到现在没有自己的衣冠,这是最大的讽刺、最大的玩笑吧?我从小读书就穿这个,现在还是一样,而且我身上穿的这件长袍,看起来还蛮新的,其实已经四十年了,我所有衣服现在不敢乱穿,穿破了没有人会做了(众笑),很可怜!所以我到外国每个地方,美国也好,法国也好,都是学孔子的观念,"居是邦也,事其大夫之贤者,友其士之仁者",到了别人的国家,我先与他们上流社会打交道。譬如我一到美国,不几天,他们特务头子就来看我,我就笑,因为我刚好住在他们特务机关的后面,这是特别选的地方。我说,你来了啊!我还正想去拜访你。他第一句话说,你是看不起我们的。我说,什么话!他说,你晓得我的职务?我说,你是美国的特务头子,我当然知道!他说,我也知道你啊!我说,我不是中国的特务头子。他说,你影响中国的宗教界、文化界。我说,你不要客气了,我很看得起你啊!你是 CIA 的领导之一,对不对?中国几千年来都有特务,而且特务的工作不是普通人,是圣人做的。圣人你懂吗?他说,哦,我知道!我说,管仲、诸葛亮都是特务头子!情报不够怎么可以从事政治、军事?所以中国的特务,自古都是圣人做的。你们是专属特务机构训练出来的特务工作者,不算什么。

我再举一个例子做比方。美国卡特时代的财政部要员,曾专门来请我吃饭。到外国人家里吃一餐饭,要花五个钟头,很痛苦。去了以后,他的夫人亲自接待泡咖啡,亲自弹钢琴;我心里笑,我也不懂音乐,这真是对牛弹琴了。然后每人拿一杯白兰地东摇西摇,可是我也不会喝酒。等了半天,拿出牛排,吃了一块,我也不喜欢。这样应酬了半天,回到家里,我一进门就说:"赶快给我炒饭,根本没有吃饱。"(众大笑)从此以后不去了,他们就到我家里来吃饭,我还是"人民公社"的圆桌子,吃中国菜,他们吃得很高兴。

这位财政部要员问我,你看了美国有什么观感?我说,刚来两三个月,会有什么观感?!他说,你一定有,我们国家很欢迎你这样的人,最好你长住在这里。我说,对不起,我不会长住,因为我是中国人,我们中国人两兄弟吵架,我是夹在中间的,难办,暂时到你们这里住一段时间。他说,你总有个观感吧?最后

353

逼得我没有办法,只好说了。

因为我刚到美国三个月,看了三百多栋房子,从几万块美金一栋的看起,看到三百多万一栋。在美国看房子,后来我看出兴趣来了,没有事情就请介绍人陪我们去看房子。介绍人开部车子到处打开房屋看,路上我问,我们看了半天也并不一定买,他们怎么办呢?随行的人说,他们拿钥匙帮你打开门以后,你买不买没关系,他们工作已经做了,公司会给他们薪水的。我说,那多去看看,也可以帮他们多赚一点钱。(众笑)在美国看房子多半主人不在家的,介绍人连衣柜都打开让你看,看到地下室小孩子的玩具最多,其他像男人有几套衣服,女人有几双高跟鞋,都看得比较清楚,有钱的、没有钱的都看到了。

所以那位财政部要员逼着我问,我说:"你一定要问我啊?我这个人是中国的老百姓,乡巴佬出身,不懂的,我三个月来对你们美国的观感有三句话:第一,你们是世界上最富裕的国家。"嗯!他很认同。"第二,是最贫穷的社会。"他正在吃饭,把筷子就放下来,"嗯!有道理。""因为我看到那些家庭用的汽车、家具、电视机、洗衣机、冰箱,等等,都是分期付款的,用不到几年就旧了,新的发明出来又要换新的了,一辈子都在分期付款中,包括住的房屋。所以我说你们整个的社会是贫穷的社会。"他说非常有道理,饭都不吃了,就看着我。"第三,你们是世界上负债最大的国家,你们根本是空的,都是欠人家的,欠全世界的,骗全世界来的,可是全世界的国家对你们没有办法,因为你们有原子弹,所以人家不敢向你们讨账。如果我们中国只有鸭蛋,欠了债,人家就会来要账了。就是这三个观点,其他我不懂。"他说:"完全准确。"我说:"真的啊?总算给我蒙对了!"但是这个话是我二十多年前讲的,今天的美国还是这样。大约四十年前我在台湾国民党中央党部讲过,我说美国五十年后就会走下坡了，这在我的书上也有记载。

现在时间差不多了。我给欧美同学们也讲了几个钟头，中间讲的内容很多，这里就不再报告了。

要对商业反思

回到我们今天的本题，讲到中国文化，我们的商业行为，现在走的是西方文化的路线。我觉得所有的商人，包括国家、社会，以及各行各业领导者，到今天为止，应该反省思考，我们的商业要走条什么路？对于商业的发展，我们现在学的是西方商业发展方式，很有问题，而且还不是完全西方的。

大概是一九八九年，那个时候大陆已经开放发展，我们先回到香港，并且叫同学们先到上海来考察，因为我在大陆准备修一条铁路，现在这条路早修好了，这是商业行为。顺便先交代一声，修铁路可以做生意，但是我修了一条铁路，自己没有占一分利益哦，也没有拿一分钱，现在我到铁路买票还要排队，谁也不知道我是干什么的。这个商业的反思，我这一句话先放在这里，是值得研究的问题。

说到我们今天的商业行为，先要了解是什么时候开始的。大家拼命去学工商管理，现在这些管理学都是西方来的，就是刚才提到的，都是以"西学为体，西学为用"，对于自己几千年的商业文化、商业道德都没有研究。

站在中国人的立场，以我的观点坦白来讲，现在商业的行为都是兼并别人资产的手段。我也常常问大家，研究工商，研究金融，研究经济的，对于五千年来自己本国历史中这一套学问，有没有看过、研究过啊？好像大家都认为只有西方才有这套学问，那么中国自己几千年是怎么过来的呢？难道那么笨吗？

正确理解"重农轻商"

比如讲商业,有人说中国儒家思想是"重农轻商"。注意哦!很多书上都那么写,说中国到今天在经济、科学上不能发展,就是害在"重农轻商"上了。这四个字的问题很严重,字是读对了,可是却完全理解错了。世界上的第一经济是农业,农业经济发展为工业经济,由工业到商业,这个轻重量是两个相比较的先后,并不能因此认为儒家只注重农业而轻视商业,那就把中国字理解错了!

中国过去以农业经济为主体,没有像商业那么轻便地向外发展。在座的商界朋友要了解中国文化,注意这个"商"字,查一查古代的字典,"商"字怎么写的?属于哪一个部首?在中国古代几千年文化,"商"字有九种写法,下面有一个口,属于嘴巴的,就像说"祖国的江山美不美啊,就靠导游一张嘴"。(众笑)这也是全靠嘴巴吹出来的。

现在我们这个"商"写的是一个口,古代还有两个口、三个口的写法。譬如我常常说你们做生意的人,报纸上或书上都把这个老板的"板"写成木板的"板",老板是商店、公司的主体,"闆"是一个门字里面的三个口,这叫老板,现在把有钱的老"闆"写成背个棺材板的"板"了。(众笑)所以"重农轻商",是以农业跟商业比较,商业是很轻松的,此其一。

第二,"商贾"这两个字,在中国古书上是连着的词句,这个"贾"字念古,作姓时念假,就是《红楼梦》里贾宝玉的贾。什么叫作"商贾"呀?"行商坐贾",在外面做生意,例如做国际贸易的叫"商人",坐庄开店的叫"贾人"。这就是中国文化,你读了中国的书,就知道这个历史的发展。例如《易经系传》

上说:"神农氏作……日中为市,致天下之民,聚众天下之货,交易而退,各得其所。"又如司马迁《史记·货殖列传》说:"农不如工,工不如商……"所以说要了解商业的文化,中国人并不是轻商。

为什么大家会误解"重农轻商"呢?那是汉朝以后的事。

春秋战国到汉朝三四百年间,这个国家都在内战中。现在商业的行为学了外国,专门打人家主意的,大的并吞小的,强的并吞弱的,就是"兼并"。所谓"兼并",是春秋战国时期军事战略的一种名称,像现在这样的商业已经大有问题,不懂得中国传统文化的精神了。

汉朝刘邦统一天下以后,其实还不算真正统一。汉初刘家的后代汉文帝有机会上台做了皇帝,为了使这个国家富裕起来,他先从"休养生息"做起,提倡节俭,以使社会安定、经济发展起来。中国文化有个重点先告诉大家,中国人的经济思想哲学是"勤俭"两个字,也就是要勤劳节省。我们现在整个的社会发展太过奢侈,刚好违反这两个字,这是非常严重的!我先提出来。如果要用"休养生息,重农轻商,注重勤俭"这个题目,把每代的历史做对照,至少要讲半年的课程。

由汉文帝到汉武帝这个休养生息的阶段,是国家受外人欺凌得很严重的时期,使刘家的祖宗脸上无光。刘邦死后,匈奴给当家做主的刘邦的太太写信,你老公也死了,我嘛年纪还好,你最好嫁给我!这等于侮辱中国的国母,这是很难受的,可是汉文帝这几代都忍下来了。为什么?因为经济发展不够,要休养生息,提倡节约。所以汉文帝做皇帝,一件袍子二十年没有换过,非常节省;要修一个房子,下面报上来多少钱——"哎哟!那么贵,不修了。"做皇帝的人也要为国家节省,把国家财政充实富裕起来。汉武帝起来以后,先向西域发展,再讨伐匈奴外患,向外拓展。

我们讲到这些历史文化商业的发展，顺便提到相关的资料，所以把话题岔开了，现在回转来，再谈中国是不是"重农轻商"这个问题。

从汉文帝到汉武帝这个阶段，对于国家的前途路线讨论热烈，是走向经济、商业发展的道路好，还是着重发展文化比较重要？汉朝有名的一本《盐铁论》，对这个问题讨论得很深刻。这个书代表了一个时代文化跟商业发展的关系。记得诸位所尊敬的毛主席，我叫他毛大哥，当年也提倡过这本书，要大家研究，可是大家没有注意，我觉得还是值得注意研究的。这是讲到商业经济在历史文化里有如此的重要，所以我劝大家有空多读历史。读历史要注意司马迁这部《史记》，他在《货殖列传》中引用管子两句话，"仓廪实而知礼节，衣食足而知荣辱"，这是大政治家管子富国强兵的政治经济思想，和商业道德有关系。

司马迁还有几句话很重要，"天下熙熙，皆为利来；天下攘攘，皆为利往"，世界上的人为什么那么忙碌？都是为了自己的利。这个利并不只是代表赚钱哦，我们把利看成赚钱，是缩小了的观念。

这里我插一个故事来解释这几句话。历史上也有记载乾隆下江南来玩，站在江苏金山上看长江的船，旁边有一个方丈和尚陪他，他问这个和尚："你出家多少年了？"和尚说："我出家四十多年。""你在这个庙子上那么多年，看到长江的船那么多，究竟每天来往的有多少呀？"这个和尚说："两只。"乾隆听了说："一天来往船那么多，怎么说只有两只？"和尚回答："一只为名，一只为利。"乾隆听了甚为佩服。换句话说，上海街上的汽车那么多，每天有多少来往？只有两部（众笑），一部想做官，一部想赚钱，没有别的。

现在大家休息十分钟。

第二堂

居安思危了么
中国的传统美德遗失了
自我管理与管理人事
财富的用途

居安思危了么

我本想贡献诸位很多的意见,现在一看时间来不及,很遗憾。盛泽商会的盛会长提出来商业方面的问题,我们浓缩这一面来了,将来有机会再做详细的报告。

现在只拿商业来讲,从开放发展开始到现在,应该只是三十几年,当时重新开始做生意根本没有经验,从前的商业文化也断了,面对现实又不晓得怎么做。这些事大家还记得吗?我想在座的老板们,大都是二三十岁起来,到现在五六十岁,最多不会超过六十岁,你们现在都很有钱了。刚开始发展时,因为整个社会是贫穷的,对商业没有经验,也没有资本,所以先做"倒爷"。"倒爷"这个名称,年轻同学听过吧?所谓倒爷,就是抗日战争时的跑单帮,自己个人没有什么钱,向朋友借一点钱,专在战地后方之间的空隙地区做个人买卖的贸易,倒来倒去,背个包包,装一点货品到处东奔西跑,其实也是冒着生命危险,很辛苦地赚一点血汗钱。

当我们忽然宣布对外开放发展的一开始,全民都眼红了,很多人抛弃农工去当倒爷做生意,跑单帮,这在当时也不是法令所明确许可的。譬如说温州人,十七岁离开家乡,到现在几十年没有回去过。有人常常告诉我,温州人很厉害,很会做生意。我说你们不知道,温州种田的土地都没有,无法以农业谋生呀,只好向外面跑啊!你看欧洲的历史,早期的像希腊、荷兰、比利时、葡萄牙、西班牙等小国家，他们不能以农业立国，只好从事商业，极力向外面发展。温州也是这种情况。

中国开放发展到今天为止，据我所知，很多所谓的企业家，由跑单帮开始到做老板，从小生意到建工厂、办公司、办集团，累计到现在民间商业的资本，好像比公家政府还多。可是大家是散漫的，换句话说，开放发展以后，我们一切都是手忙脚乱的，才有今天的"繁荣"。但这个"繁荣"是很浮夸的，必须要"居安思危"了！我常常说，我们全体中国同胞要关起门来反省才行。

现在大老板们有了钱，目标看外国，一部分人把产品尽量地想办法外销。外销当然是好事，但是不懂什么是真正的国际贸易。我们做的工业商品销到国外，看起来是自己赚了钱，事实上人家赚的比我们多得多；自己所得的有限，还很得意呢！这个账没有仔细算过。赚了钱以后，又想办法把太太孩子送到外国去，乃至到国外搞个商业、办公司、买房产。我说你们注意哦，这个时候要居安思危了！你们要晓得，第二次世界大战的时候，拿了美国国籍的日本人在美国有多少钱，成为欧洲人的犹太人在欧洲有多少钱，但是一旦两国发生冲突，日本人、犹太人在外国的财产一概被就地没收，被赶到集中营去。所以我对这些老板们说，你们怎么这样做呢？而且你们的孩子送到外国受教育变成香蕉——外面肤色是黄的，内在意识是白的，不伦不类，三代以后，他们仍然是白种人里的五等公民，你们以为了不起啊？有人说在外国很自由，当然自由，你在别人的国家坐在那里骂自己中国的人，谁管你啊？骂得越凶越好，这个很自由，但这不是好事啊！这是站在大的方面来讲。

再说第一，大家自己没有计划，没有思考，这个财富的流失有多少？自己甘愿送出去。第二，在国内一般商业界没有道德，非常奢侈。听说现在上海、北京每餐酒席两万块,一个人一餐吃下来要一两千,相当于农村落后地区一家人一年的生活费用。这是一个什么国家?什么社会?这是什么样的人民?什么样的心态啊?!

中国的传统美德遗失了

中国文化讲经济有几千年的历史,不管是孔孟之道,还是诸子百家,都是讲勤劳节俭的。譬如《大学》里说"生之者众,用之者寡",这是经济的大原则,生产的要多,用的要少。老子也讲,吾有三宝:"曰慈",仁爱爱人;"曰俭",勤劳节俭,俭省不是小气哦;"曰不敢为天下先",绝不成为开时代坏风气的先驱。

我刚才讲到,我穿的衣服都几十年了,至少看上去还干净整齐。你们现在的穿戴都非常浪费,然后有钱都消费在吃喝玩乐、声色犬马、烟酒嫖赌上面,这是一个国家的什么国民呀?!当然你们有的也喜欢读书,发了财又去读什么班。我说你看外国的好多老板,只要有钱,只要做一个好的事业和公司,愿意给你用的博士一千个都有,自己不必去读什么博士班了,你虽然什么都不是,可是所有的硕士、博士都是给"不士(不是)"用的,不对可以换人嘛!这些大学培养的博士,都是送给有钱的老板去用的。

现在学校已经变得像商店一样,随便开班,随便就可以拿个博士学位。我一辈子讲学授课,是在做布施。佛学讲布施有两种,一种是钱财布施,另外一种布施是法布施,智慧精神的布施。譬如我修铁路,做些事业,我也做过生意,赚来的钱,取之社会,用之社会,我没有占有。现在听说讲一堂课、一次演讲要几十万，今天不晓得商会给我多少钱？（众哈哈大笑）如果有人告诉我，"老师，我请你讲课，给你二十万"。我一定把这个人轰出去，一定骂他，你有两个钱，来找我干吗？但这是对我个人而言，我没有要求别人照我的样子。中国人讲的学问是"道"，道是天下人的公道，不是哪个人私自占有、自称权威的，所以你们读了书有了学问，知道的就应该告诉不知道的人。

中国人做生意有一个毛病，我看了几十年很伤感，譬如国内外同行做生意，假定外国有个生意来了，十块钱一件，隔壁一家晓得了，就卖九块半，另一家晓得了，卖八块，这是中国人的坏毛病。其他很多国家的人不是这样做的，譬如日本人，虽然你两个不痛快，虽然是"同行生意，三分怨气"，但对外是团结一致的。可是我们中国不同，这些商业道德现在统统破坏了。我所知道的中国传统的商业道德，讲究仁、义、礼、智、信。像我的家庭，如果依共产党当年的标准来讲，小资产阶级还够不上，开个店铺，虽然比较小，但有卖布、卖米，还卖南北货、日常生活物品。我们商店门口贴的，就是几千年传统商业文化的标准格言："贸易不欺三尺子"，做贸易不欺骗人，不要花样，不讹诈，价钱定了就定了，不二价，就是小孩子、老人来买东西也不准欺骗的，都是一样的价钱；"公平义取四方财"，这是中国人商业道德的标准，大部分商家店门口都贴的这个。

现在开放发展以来，我们整个商业的风气好像转向了四个坏的方向——欺、哄、吓、诈，这个我们要深深反省。中国几千年文化，是教育人人成为礼义之邦的国民，结果现在连基本的道德都没有了，这成什么话？所以讲商业道德，不是零零碎碎一点一点来讲的。

总而言之要注意，"天下无如吃饭难"！我常常跟同学们讲，我父亲是遗腹子，我父亲出生时，我的祖父已经去世了，他自己读书学问也蛮好，后来做生意，靠自己站起来操持这个家庭。他告诉我一副对子，"富贵如龙，游尽五湖四海"，一个人有钱有地位像一条龙一样，非常自由，游尽五湖四海，这是富贵的重要；"贫穷如虎，惊散九族六亲"，一个人穷了像老虎一样，亲戚朋友看到都害怕，认为是来揩油的。所以我父亲常常告诉我，"孩子啊！小心节省，一文钱逼死英雄汉啊！"一块钱会逼死你，最难是一块钱。所以我常常引用古人的诗，"美人卖笑千金易"，现在老板有了钱，到外面乱来，包二奶，讨姨太太，撒手千金万金，多容易！"壮士穷途一饭难"，一个了不起的人才，穷途末路，饭都没得吃。这些都是我从小受的教育，深知这个道理。可是现在整个社会那么富有，商界不知道团结，你就靠政府？政府现在都很辛苦啊，挑的担子也蛮重的，也在手忙脚乱当中。

我们工商界在三十年当中这样发展，民间的流动资金好像比国家国库还多一点吧？可是没有团结，很散漫，假设我们中国的商会商界跟国家联合对外，今天就不会是这个形势了。我们自己要反省，要赶快重建商业道德，建立好的商业风气。这是第一点。

自我管理与管理人事

第二点，譬如讲管理，我常常说现在做事业，用的是西方的管理，西方的管理是机械式的管理，是侵略式的管理。譬如一个工厂，做一个钟，是分开的，螺丝归螺丝，架子归架子，这个流程；人事的管理，也是机械式的管理。但是最难管理的是人性自我的管理，做老板也好，做伙计也好，怎么能够管理自己？人有了钱就乱来，钱多一点的，就是像我前面提过的，吃喝玩乐，声色犬马，烟酒嫖赌。现在商界的朋友乃至公务员，都说忙不停也不知道在忙什么，我讲那有什么稀奇，古今中外都一样，但现在实在是太过分了！过去说上班的是"签签到，看看报，抽抽烟，聊聊天"，一天基本就过去了，但现在的人，号称上班，其实每天中饭、晚饭、夜宵三次应酬，又喝酒又吃饭，五六个钟头就去掉了，再加上打打电话，玩玩电脑，回来太太一吵，孩子一闹，每天这样，再没有读书进修的心思了。虽然有些跑去上个硕士班、博士班的课，那根本是应付，是玩票，等于是买个证书，不是真读书，是在那里交际应酬交朋友。（众会心地笑）这个叫什么社会呀？值得反省啊！

再说管理人，人是没有办法平等的。在立足点上，人都是平等的，立足点以上是不平等的，智、贤、愚、不肖，聪明人和笨人，好人和坏人，怎么平等啊？无法平等。换句话说，男女怎么平等？平等是立足点上的平等，是人道主义，还不是人权。讲民主、讲人权，那是外国人故意拿来整别人的，把大家迷糊住了。

智、贤、愚、不肖，给大家上个中文课。"不肖"这两个字会写吧？现在简体字姓"萧"的变成这个"肖"了，太可笑了！不肖是什么意思？不肖就是不像样，以前说不肖子，就是孩子自谦说没出息。比如学生们在我的相片下写南某人的肖像，就是这个肖，像他那个样子。所以做儿女写给父母的信，写"不肖子"是这个肖，意思就是，爸爸妈妈你们很了不起，我这个当儿子的不及你们好，所以叫不肖子。这个"不肖"和那个不孝顺的"不孝"是两个概念。父母死了之后，讣闻上写的"不孝子"是那个"孝"字，我不孝顺，没有把父母健康保养好，所以他们早早死了。"不肖"是不像样的人，有些人根本就不像样的。现在一般大学毕业的，跑到工厂、公司做事，并没有诚心，而是来学习的，半年一年懂了要跳槽的，越跳得快，薪水就越多，然后夜里再读个硕士，薪水就更多了，拿个博士薪水再加上去，所以没有真正诚心在学东西、做事情。

中国过去师徒之间不是这样。像我们家里做过生意的，徒弟学三年只给他吃饭、一点零钱，没有薪水，三年以后开始起薪做伙计。譬如我们家里有个布店，那个学徒在布店学会了，做了五六年，我父亲说："你行了，开个布店去吧！"他说："不行啊，那我不是对不起你，不是跟你抢饭吃吗？师傅，我不能走。"我父亲说："不要紧，我鼓励你，给你本钱，你到别的地方去开同样的一个布店。"然后学徒勉勉强强才肯走了，自己去做老板。现在不是这样，学生进来做事不会跟你同心的，这跟商业道德都有关系的。

财富的用途

所以讲商业道德，首先有一个观念你要认识，就是财富究竟有没有用？这是一个大问题呀！

人，活着只有两件最难办的事，如孔子说的，"饮食男女，人之大欲存焉"。佛家、道家、儒家都讲这个问题，人生两个大欲望，一个吃东西，一个男女关系。现在社会的消耗太过，饮食男女没个规范，社会的风气实在太乱了，太糟糕了。当然，政府有责任，但是不能完全推给政府，社会上人人自己有责任。我常常告诉大家办教育的事，不知大家是否注意到，中国三千年来帝王政治，汉唐宋元明清历代的政府，没有出一个钱培养人才。中国过去的教育，都是老百姓自己培养出来子弟卖给政府的，政府拿什么来买？功名！通过考试来买进的。这是教育方面的问题了。现在是政府拿钱办学，培养出来的人最后在道德上出了大问题。

那么人生的目标,有钱就为了饮食男女吗?这要搞清楚了。古人有一首诗,我把它改了一改,不是我有意改的,改了使大家比较容易了解:

世事循环望九州　前人财产后人收
后人收得休欢喜　更有收人在后头

"世事循环望九州",世间的事情就是轮回的,都是回转,跟圆圈一样循环的。望九州,中国上古把全国分为九州,是没有三点水的"州",世界也分九洲,这是有三点水的"洲",现在世界分为八大洲。

"前人财产后人收",前人发了财,钱财永远是你的吗?不会的,会到别人的手上去。后人有了财产你也不要高兴,更有后面人在等着接收你的。(众笑)这九十年来的商业行为,由倒爷的社会开始,到现在乃至发大财的,你仔细研究研究,多少人起高楼,多少人楼塌了!我看了九十多年,看得太多了,不管官做得多么大,财发得多么厉害,最后都没有了。

世界上所有的财富银钱,在哲学的道理上来讲,是"非你之所有,只属你所用"而已。从出世法的观念来讲,刚生下来的孩子,这个手都是握着的、抓着的。你们生过孩子的人都注意啊!如果手不那么握着是不健康的。婴儿躺在那里,两脚是蹬到的,好像拼命向前面跑。这样跑啊抓呀,到什么时候放呢?殡仪馆的时候放了。

所以"后人收得休欢喜,更有收人在后头",人就这样,就是不明白财富功名,连这个身体、生命,都非你之所有,只属于你所用,这个原则先要把握住。懂了这个道理,就要好好安排自己的财富,考虑如何对人类做贡献。有人说他也做了贡献,搞了基金会了,很多地方也捐了钱。你是不是为了逃税啊?还是为了求名啊?(众笑)如果有逃税或者求名的夹带心理,这个好事就不纯粹了,大有沽名钓誉的成分了。

所以,我常常说,你们大家只学西洋的经济学,但很少学中国的经济学,更没有研究过释迦牟尼佛的经济学。我说如果你懂了释迦牟尼佛的经济学,就真懂得经济了。释迦牟尼佛说,财富是靠不住的,不属于你的,只是给你所用,不是你所有,任何人赚的钱,第一是官府收税,第二是有盗贼抢你或骗你。佛经上是王贼并称的,皇帝是合法的盗贼,盗贼是不合法的皇帝,所以赚的钱先要扣掉王贼这一份;万一碰上个水灾、火灾又扣掉一份;还要花在父母儿女、六亲眷属、朋友等人的身上一份;再一份花在健康、疾病上,相对最后一份可以自由做主的,也只有使用权,没有所有权,并非你真正所有的,只属于你所用,最终死的时候还是两手空空,这样一摊,光屁股地来,光屁股地去,躺在殡仪馆里交白卷!(众大笑)就是这么一回事,所有人的财富道理都是这样。

我的一个学生,他是美国很有名的斯坦福大学经济学博士,他还不是普通经济学博士,是总体工程经济学博士。我在美国的时候他还正在读书,毕业了在世界银行做事,现在也在国内发展。我就告诉他一个道理,你学了经济,你去问你的老师,经济学是个什么东西?我说我有一个题目,你们美国哪个老师答得出来,我一定发奖金给他。所有经济都是十个杯子一个盖,你怎么把它盖到每个杯子上都有盖?这就是经济学。这个题目大家去参考研究研究。

今天关于商业的道德、商人的修养,希望大家自己把人生的理念搞清楚,这是从事商业的道德行为最为重要的。这件事不能依赖政府,不能依赖社会;但要帮助政府、帮助社会自律地发展起来,这是我今天最后浓缩贡献给大家的话。

谢谢!

(整理:马宏达)

十六、谈文学与修养

时间：二〇〇九年十一月廿八日

地点：太湖大学堂

听众：人保资产管理公司成员

第一讲

失心疯的社会
学习文化　注意文学
韦应物的诗
刘克庄的词
谈性情

诸位请坐,对不起,因为最近眼睛不大舒服,看诸位有点模糊。我自己觉得很好笑,为什么呢?我一生有点玩游戏的态度,所以轻易就答应跟大家碰面,虽号称上课,但我自己觉得是跟诸位在聊天。这个事情是周立成先生跟周瑞金先生发起的。周瑞金先生在新闻界很有名,他写信给我,说周立成先生与诸位要到这里来看看,要我讲点话,我说好啊,就这样答应了。

答应以后,我非常后悔,要讲什么呢?对保险公司好像该讲保险,保险我很内行,当年为了保险的事业也专门研究过。那个时候是抗战时期,所谓社会福利的课题刚刚出现。当年抗战的时候,被日本人占领了的地方叫作沦陷区,那时候每一所大学都迁到后方,避难到了重庆、成都。在那个阶段,金陵大学成立了一个研究院,那时的教育长专门研究社会福利。我说这个很好玩啊!听到这个翻译的中文名字叫社会福利,对社会有帮助,我心想大概就是中国人讲的做善事、做好事。那时候我是中央军校负责政治的教官,也是主任,我说我要去听课,只听了很短的一段时间,我就说我知道了。

社会福利牵涉到银行,还有现在流行的基金会、保险事业,等等。说到"保险"两个字,我是研究哲学的——很喜欢哲学,不是真研究哲学,我说人生哪里有保险?譬如一个人生出来的时候,从妈妈肚子里爬出来是光屁股来的,什么都没有,而且来了以后毫无保险地活了一生。我经常跟年轻的朋友们说笑话，八十岁以下的老朋友我都叫他们年轻人。我说人生只有三句话，"每个人都是莫名其妙地生来，无可奈何地活着，不知所以然地死掉"，就是这么三句话，没有保险的，人生一点保险都没有。我提到这个是因为你们现在的工作在保险事业的范围里头，当时你们周立成先生提出来，我们这里马主任就问我，老师你要讲保险吗？他听我平常的谈论听了很多，他的意思是你最好不要讲这个题目，因为这个题目讲了很深刻。世界上没有保险的。

失心疯的社会

因此我就想，今天跟诸位碰面，要贡献些什么呢？刚才我提了人生三句话，我平常也讲过，现在整个人类文化是个大问题，过去十九世纪威胁人类的是肺病，像我们年轻的时候最怕了，因为我们是十九世纪末二十世纪初出生的，还没有脱离这个环境，一染上肺病就无药可救。二十世纪最可怕的毛病是癌症，到现在还没有办法完全脱离癌症的威胁。我说二十一世纪有个病比癌症还厉害，就是精神病、心理病，大家都会茫然了。以我对这个社会的观察，尤其我们的国家、社会，现在统统走入了疯狂的状态。在中医有个病叫作失心症，忘失了心，发疯了，今天全世界以经济金融决定政治的方向，使全人类知识分子发疯了，尤其像银行界同诸位，每天困在数字和钱堆里头，忘记了自己的心了，很茫然。

从一九八〇年以后到现在，我看这二三十年的发展，我们中国的社会太安定了，我们如果研究自己的历史，中国历史几千年来从没有像这二三十年的太平日子。这是真的，我可以拿很多的证据告诉大家。这个太平时代，大家都很平安，可是大家变成给经济金融蒙住了,走入一个精神状态,在古代的医学叫失心疯。

现在可以说有两个病态很严重,一个是过度依赖经济金融的心理病态,一个对科学迷信的心理病态。什么是科学?也搞不清楚。我常提醒学经济和学会计的朋友,从几十年前就这样告诉他们,我说我也做过生意,什么都玩过、经历过,跟银行打交道算是熟练了,我对于金融界的朋友有几句话:"圈子越画越多",开始由簿记出身,做个小会计,几百块、几千块,万把块就是大数字了,以后地位越来越高,圈子越画越多;"房子越住越大",因为职务上升了嘛;"车子越坐越新";可是人呢?"人越来越渺小",茫然了。

学习文化　注意文学

如今我年龄不小了,几十年来看了很多金融界的朋友,发现他们已经玩到进入精神失常的状态,自己的人生却没有目标、没有方向。所以我常常劝金融界的朋友,劝他们多学习文化。什么叫文化?文化是空洞的名称,下不了定义的哦!譬如说我们常常提中国文化,请问中国文化是什么?有人说中国文化是儒家、道家,等等,我说你们都讲错了,文化是总体的,政治、经济、教育、社会、文学、艺术、军事,没有哪一样不包含在内,总体有个空洞的名称叫作文化。我说你不要拿大的来说,文化是什么?文化的基础在文学,这是基础啊!很基本的。

我今天与诸位朋友碰面,首先劝劝进入金融界的大家。我算算大家的时间,上班八个钟头,早晨起来到晚上,中午跟晚餐的应酬大概要两三个钟头,吃吃饭,聊聊天,喝喝茶,抽抽烟,讲些空话,然后根本没有时间办公了,考虑的就是这个"钱"字。十个杯子一个盖,到底要怎么盖?这就是说你们玩弄精神,回来茫茫然，自己的人生没有方向。尤其碰到我们这二三十年真正的安定，如果研究历史，这样的安定前所未有，但是这个安定是非常空虚的，真的很空虚，没有根基的。因此我发现社会上各行各业的人有个通病，问到前途都很茫然，没有方向，一切都不敢信赖，因为知识太渊博了，所见所闻太多。我们这一代啊，像你们诸位这个年龄，我拿六十岁来计算，受这个时代的文化教育影响，没有真正的学问中心，可是知识又非常渊博，各方面都知道，都很清楚，也很茫然，整个的茫然。我劝大家学金融的要多学文学，最好每天抽时间学一点，少去应酬，听说现在北京应酬一餐可以吃到一万块，我们觉得很好笑，这种生活我们年轻时都经历过了，可是自己没有人生宗旨是很可怜的。

现在我先跟大家讲一点文学的重要，后面再向大家报告如何找到自己，这个是哲学的问题了。现在的哲学系是怎么样研究哲学的，我不知道，这个先不管。所谓哲学，涉及几个方面，哲学跟科学连在一起叫生命的科学，生命怎么来的？全世界都在寻找，还没有找出答案。这个宇宙怎么开始的，先有鸡还是先有蛋，先有男的还是先有女的，整个社会同物质世界究竟是唯心还是唯物的，这一切都还搞不清楚，东西方整个人类文化还很幼稚，根本找不到生命的答案。第二个问题，人生下来生命的价值究竟在哪里？生命有没有价值？生命有没有目的？生命有没有方向？站在诸位现在的立场看，当然就要问：生命有没有保险啊？谁也做不了结论，这是一个哲学问题——生命的价值和人生的方向。

韦应物的诗

那么现在我同大家讲，希望多注意一下文学，你们每天抽一两个钟头读书，多看看唐诗什么的。我随便举一首唐诗来做例子，你们诸位年轻时应该背过，这个我们在十一二岁就背来的，出自《唐诗三百首》，里头有两句话，我想大家听了都会有感受，"世事茫茫难自料，春愁黯黯独成眠"。现在的社会，我所接触到的人，不管男女老幼，谈到实际的问题，谈到自己个人生命的问题，我想都有这个感触，自己不晓得方向，究竟该怎么办？这个社会的前途会怎么样演变？世界的大势转变又如何？"世事茫茫难自料"啊！"春愁黯黯独成眠"，春天这个时候，尤其到晚上回来，酒喝多了，一觉睡起，问题还是存在，很痛苦。

这一首诗的内容很好，我们耽搁一点时间来讲讲。作者韦应物是中唐时代有名的诗人，他同你们诸位一样也是做官的，不过他不是金融界的，是行政官。他这首诗是写来寄给一个朋友的，全诗是：

去年花里逢君别　　今日花开又一年
世事茫茫难自料　　春愁黯黯独成眠
身多疾病思田里　　邑有流亡愧俸钱
闻道欲来相问讯　　西楼望月几回圆

"去年花里逢君别"，去年花开时跟好朋友分别；"今日花开又一年"，过了一年了，非常想念这个好朋友。"世事茫茫难自料，春愁黯黯独成眠"，心里头很忧闷，是悲观吗？不是，是伤感，这个人生的前途究竟怎么办？一个人很孤单地入睡，心里很难过。"身多疾病思田里"，他说自己的身体很弱，像现代的公务员也是一样，随时要去检查身体、看医生，外表看起来很健康，内在可能一身都是病，他也是这个感受，身体多病，很想退休回家安养自己；"邑有流亡愧俸钱"，他做地方官，大约是市长、书记这个地位,甚至更高一点,虽想退休,可是自己反省,我对于这个地方有贡献吗?没有贡献,"邑有流亡",很多人都跑出去,不想住在本地,社会有变乱,我惭愧拿这个薪水。做官的责任太大了,拿到每个月的薪水都在难过、惭愧。他心里头很苦闷,是时代的苦闷,跟我们现代一样,没有一个知己的朋友可以谈。所以下面两句讲个人的感情了,"闻道欲来相问讯,西楼望月几回圆",听说你要来看我,我很高兴,很期待,天天等着你。上个月等你,你没有来,这个月又等你来,等了几个月,看到月亮不知圆了几次,你还没有来,无限的感慨。

我们的唐诗宋词里头,很多像这样的心境描写,同现在诸位的心境是一样的。可是古人的教育呢?从小学中国字,办公下来退到自己的书房,所有的牢骚都在诗文上发挥,而这些诗文后来则流传千古,非常了不起,这一首诗就是个例子。

刘克庄的词

下面还有一首是宋代的词。诗以后演变为词,这些都可以唱的。我们当年读书不像你们现在这样,从书本上硬记下来,记了没有用,没有进去。我们小时候是用朗诵的,虽然意思不完全懂,背下来以后一辈子忘不了,随便到哪个时候碰到哪件事,读过的那些东西就从里头翻滚出来。所以自己办公也有好处,一个人坐在书房,鼻子里就哼出来了,这个朗诵有方法的。我这是劝你们金融界的朋友最好接触一下文学,不要再钻研科学或哲学了,再搞思考,脑子会崩溃的,走文学的路子可以调整自己的感情。

我们现在引用宋代刘克庄的词。词跟诗不一样,是用唱的,填词用的曲调叫词牌,每个词牌配哪首曲子有一定的规则。这个词牌名叫《沁园春》，一提到《沁园春》大家就会想到毛泽东，他做了一首《沁园春》，就是根据这个词牌做的。我们来看看刘克庄《沁园春》的下半阙：

> 饮酣鼻息如雷，谁信被晨鸡轻唤回。叹年光过尽，功名未立；书生老去，机会方来。使李将军，遇高皇帝，万户侯何足道哉！披衣起，但凄凉感旧，慷慨生哀。

"饮酣鼻息如雷"，他说自己晚上喝醉了睡觉打鼾，他描写自己的气魄，打鼾的声音像打雷一样。这首词的上半阙讲了很多心里的烦恼痛苦，酒一喝醉，睡着了，打鼾打得很舒服，心里无忧无虑，把所有的烦恼丢开了，可是"谁信被晨鸡轻唤回"，偏偏听到了鸡叫，醒了。

提到喝酒想到李白的诗，"抽刀断水水更流，举杯消愁愁更愁"，我们这个思想情绪的烦恼、痛苦像流水一样，拿把刀想切断它是做不到的，拿酒或安眠药来解决自己的烦恼，也是解决不了的。我插过来引李白的两句诗来解释刘克庄的心境，回来再讲他的词。

"饮酣鼻息如雷，谁信被晨鸡轻唤回"，早上的鸡叫，一下把我叫醒了，这一醒来以后呢？心里痛苦马上来了。"叹年光易尽，功名未立；书生老去，机会方来"，自己年纪大了，才刚刚坐上现在这个位子，可是再过几年就要退休了，一辈子的学问抱负想要施展，好像没有机会了。"使李将军，遇高皇帝，万户侯何足道哉"，这两句是引用历史上的故事，说李广命运不好，没有碰到汉高祖，如果他年轻时碰到这个机会，那起码做一番大事业。"披衣起，但凄凉感旧，慷慨生哀"，刘克庄这个时候不过五六十岁的人，心中那么多痛苦烦恼，要靠喝酒当安眠药来麻醉自己，麻醉完了醒过来以后呢？不行，还是烦恼。我看了社会上很多朋友，有钱的、做官的，早上起来也是这样，酒醒了、睡醒了，"披衣起"，衣服一穿，想想这些事，"慷慨生哀"，心里头永远不痛快，永远是痛苦的。

我为什么引用这个呢？刚才前面提过，现在的时代，大家对国际的情势、整个社会环境、个人的前途以及手边的事业等，都很茫然。世上众人追求的往往只有两个东西，一是权力，一是金钱，也就是古人讲的名利跟权势。你们现在玩弄金钱，又兼带一点权力，在政治上则是玩弄权力兼带金钱，都是这两样。权力和金钱，就是这两个东西困住了自己。想建功立业，想探究这个人生的机会、前途究竟怎么走，都是大问题。

谈性情

我们周立成先生要大家到这里来玩一天，找我这个老顽童开玩笑，我想大家要追寻的目标，就是中国文化中所讲的"性""情"，这是两个大题目。生命究竟哪里来？我们现在活着的这个思想情绪，究竟是由脑里头还是心里头来的？这个思想情绪如何去调整？如何配合思想情绪，跟着时代社会的演变，做一番有贡献的事业？就是这些问题。

我今天提到，希望大家搞金融的回去多读书，最好学一点文学，文学中这一些诗词歌赋里头有很多指导人生方向的东西，太多太多了。可惜你们现在没有办法读书了，一天被工作及应酬塞满，尤其应酬比工作还累，这样下来自己一点时间都没有，等到想抽一点时间研究一下东西，那也同刘克庄一样，"饮酣鼻息如雷，谁信被闹钟吵醒了"，时间又没有了。

现在我们在这个主题之下，研究性情的道理。人的思想从哪里来？情绪从哪里来？这也是科学哦，为了找出这个东西的究竟，有个新兴的科学叫认知科学，想要认识这个生命，找出知性从哪里来。我们现在不介绍西方，只介绍中国自己的文化，中国几千年来，一直把性跟情当作是教育的基础。

如果有人问中国文化的根本中心是什么？只有一个字——"道"，不是道家的道，这个道是中国原始的，五千年以前就有了。代表什么？宗教、哲学、科学，一切文化、艺术、政治、经济都包括在内，给它一个总体名称叫道。我们后来研究自己的历史，发现是一个阶段一个阶段地演变，一开始是道的阶段，慢慢人口变多了，社会繁华了，但不能说社会进步了，因为所谓的"道"退步了，变成了"德"，道以后才有德。如果我们把几千年的历史画成一个表格，什么时间是道的阶段，什么时间是德的阶段，很难划分开来。德过了以后，社会的演变、人类的发展，对于性情的道理更找不到目标了，同我们现在一样，一路茫然下来，这个时候开始有仁义。儒家孔孟之道讲仁跟义，社会再接着发展下来，到后来仁义也不行了，就变成礼治，由礼而形成法治，也就是政治体制。社会的风气就是这样演变，礼法以后一直延续到现在。我们中国曾是所谓的礼义之邦，如今没有了，讲求法治，但我们现在的法治究竟是哪里来的？是中国自己的，还是西方的？这个问题也太大了，我们不讨论，一讨论到这个，牵涉到的问题很多很多。总之这一些演变的结果，都是人的思想出来的。

再回过来讲性跟情的问题。我们中国文化讲性就是生命的根本，人性的根本追寻起来是个大问题了，生命究竟是从哪里来呢？人性天生是善的还是恶的？东西方到现在都还没有结论。

我们五六岁就开始背《三字经》，"人之初，性本善，性相近，习相远"这四句，我想大家就算没有背过，也应该都听过，这是根据中国儒家文化著的教材给小孩子背的。"人之初，性本善"，人的本性本来是善良的，这个人性就在我们本身身上，不是向外面去找的。"性相近"，本身就在我这里，一个孩子生下来一直到老，他的本性没有变过，"习相远"，可是后来受教育、生活习惯以及社会的影响所熏习，慢慢变成错误的行为，离开了善良的本性。

儒家也有一派是荀子，认为人的天性是恶的，认为人性天生就爱斗争，都是自私自利的。另有一派叫告子，他认为人性非善非恶，善恶是后面加上的观念。另外还有墨子，他认为人性像一张白纸一样，为什么长大了知识越多，烦恼越深呢？因为这一张白纸上面染的颜色太多了，所以墨子主张人性是不善不恶的。西方文化则较少有类似的争论，基本上认为人性是善的，恶是后天的错误行为。

第二讲

文化的重要性
谈思想
什么是真正的学问

十六、谈文学与修养

文化的重要性

刚才休息阶段，我自己检讨反省了一下，你们远道而来，如果光听我这样乱七八糟乱讲，没有什么用处的。我一生做任何事，都想要有点贡献，像这样扯开很远，好像到学校或者党部听人家上课、讲话一样，越听越难受，我们改变方式，讨论一下就好。

你们在座诸位都很优秀，而且运气很好，站在金融界的最高点上。过去我们认为，一个知识分子读书出来，进入银行界、金融界是铁饭碗。刚才讲过的，搞金融的人，一切都很满足了，就是觉得自己很渺小，不晓得怎么办。那么刚才我讲了性情这个方向，是想为大家贡献一点修养自己的方法。

这一百年来的演变，东西方文化的冲突，我们现在的金融经济受西方文化的影响很大。我曾经为金融界的人讲话，问他们"你们研究西方的经济金融，这些东西中国几千年来没有吗？"我的学生很多都是海外留学回来的，我说你们学那个没有用的，中国有五千年的历史，经济是怎么发展的？碰到时代困难的时候，中国的金融经济是怎么样挽救过来的？你们有没有研究啊？你们又不懂历史，中国人要翻开中国书来看。

四十年前，哈佛大学有个教授到台湾来问我，说他有一个问题解决不了。他说根据历史发展的法则，一个国家民族一旦灭亡就消失了，在西方历史上看了很多，可是你们中国人几千年来亡国了好几次，你们的国家民族却永远是这样蓬勃发展，这是什么原因啊？我说你问得真好，原因是统一。他问："是政治上统一吗？"我说不对，是文化统一。他说我明白了。

接着他又问我一个问题，他说他读过《大学》，还用中国话背给我听，"大学之道，在明明德，在亲民，在止于至善……"我听了就说你真了不起，这里有什么问题？他说他对《大学》的诚意、正心、修身、齐家、治国、平天下，非常佩服，认为完全对，可是还差一条。我问是差了哪一条？他说没有社会的观念。我告诉他，中国的诚意、正心、修身、齐家就是社会问题；中国过去讲齐家，这个家就是社会耶！譬如南家、李家，几代下来都不分家的啊，所谓五世同堂，一个家族的成员有上百口，再加上姻亲也是上百口，扩展开来就连结成社会了。所以齐家是很难的，这个"家"讲的不是两夫妻小家庭的观念。我也常常告诉现在的中国人，现代人几乎没有家庭制度，连小家庭制度都快没有了，男女关系也是需要讨论的问题。

谈思想

这是我刚才临时想到的，再回过来讲金融保险。我说你们学的经济金融都是西方文化过来的，中国有没有？有，几千年前就有。东方文化同西方文化不同，中国文化从儒家、道家乃至诸子百家，都有一个传统的观念：只要政治安定清明了，经济的问题不必考虑，经济问题是政治的一环，等于一只手的一根指头。而西方的思想刚好相反，十六世纪以后，尤其从十九世纪到现在，西方思想多半认为经济问题解决了，社会就安定了。

今天整个国家的前途是站在一个十字路口。你们在金融界权力蛮大的，在政府机关的黄金殿堂里工作，与社会的距离很远，

十六、谈文学与修养

眼前的路越看越窄。所以刚才我首先提出来希望大家多读书，注重文学方面；再讲到个人修养以及人性、心性的问题。周先生的意思是要我告诉大家心性修养的方法，等一下我们有需要再谈。

我们还是继续先前讲的性情的问题。刚才我们提到唐代诗人的诗，"世事茫茫难自料"，现在大家也都茫茫然，尤其你们诸位在这个职业环境之下，一切都很好，但是对个人生命或者整个社会的前途却有茫然之感，这都牵涉到性情的问题，也牵涉到思想的问题。人性的问题就是思想的问题，这是专属于人类的学问。我们现在普通人都是讲"思想"，而思跟想是什么东西？在中国文化里头，思跟想是两个不同的东西。到了唐代以后，儒、释、道三家综合起来，这个思想有个代号叫念头，念头代表了思想、情绪跟性情，总名叫作念头。

思和想有什么不同呢？先说想，譬如诸位听我讲话，你们真的在听话吗？没有，大家自己看一看就知道。我讲了一句话，你们听到了，心里头开始分析同意不同意，或是想到别的事情，在乱想，不会专门只坐在那里听人家讲话的。又或者在办公室拿笔准备写东西的时候，虽然在写东西，但你脑子里的思想是乱飞的，那个就叫想。在中国文化里头有个名词，叫作妄想。

思呢？不同了，思比想细得多了，深入的叫思。思是什么东西呢？刚才我说我在这边讲话，你们诸位耳里听到，但心里头各有各的思想，同时在想很多事，话听进耳里能够知道这个老头子讲话对不对、好不好，这是想的作用。思呢？我现在讲话你们听到，假定你心里有个重要的事，不管是金钱、前途、功名、地位，或者爱情、亲情等其他情绪，即使你没有去想它，心里头就是有个东西，那个叫思。思等于文学上你们诸位读过的"剪不断，理还乱，是离愁，别是一番滋味在心头"，剪不断，放不掉，你没有去想它，但是在心里头放不下，这是情的问题了。尤其是两个谈恋爱的人分开了，念念不忘地在想他；又譬如说父母把孩子送到外国去读书，远在重洋，心里头永远记挂着，那个都是思。

我再引用苏东坡的词来补充。苏东坡在山东当太守的时候，有天梦到他过世的太太；他的太太很年轻就去世了，埋葬在四川眉山一带。苏东坡梦醒以后，非常怀念亡妻，想到她孤零零地埋葬在远方的荒郊，心里很难过，写了一首词，其中爱情很深。这首词开头是这样的："十年生死两茫茫，不思量，自难忘，千里孤坟，无处话凄凉。"其中"不思量，自难忘"，就是思的道理。我们现在引用这个东西，是要说明思跟想两个是分开的。

刚才讲到性情跟思想有关系，像我们读的书，你们诸位也是人到中年了，去过很多国家，知识很渊博，但这些进来的知识不是学问，中国讲的学问不是指知识，这些知识是妄想，它浮在水面上，东飘西荡的，知识愈多，烦恼就愈深。所以庄子讲过一句话，"巧者劳而智者忧"，聪明人因为太能干了，所以很辛苦；而知识愈渊博的人，痛苦愈大，烦恼愈深。所以庄子又说"无能者无所求"，最好是做一个无能的笨蛋，没有知识，也无所求，人无所求就没有烦恼。人有所求，求官、求名、求利、求健康……有求就皆苦。我现在只是引用这一点说明思想的问题，不是要讨论《庄子》哦。

什么是真正的学问

思跟想是这么两个东西，而我们平常的思想被情绪所左右，情绪又是什么呢？什么叫情呢？中国文化里头有"七情六欲"，喜怒哀乐爱恶欲，这七种叫七情，六欲是唐代以后加入的，这个是佛家的文化，就是色声香味触法，这六个叫六欲。那么思想

十六、谈文学与修养

呢？我们这个时代知识混乱，人的年纪愈大，思想愈乱，情绪也愈不稳定，一般讲学问啊、修养啊，就是讲怎么样解脱这些思想束缚，把捆住自己的绳子解开，脱离情绪的困扰。在佛学叫作解脱，解脱情绪思想烦恼，恢复到心性的本来的清净和平，这是中国文化修养的工夫，这就叫学问，不叫作知识了。

学问是什么？要广博多闻，孔子早就提出了几个步骤："穷理尽性以至于命"，内容很多，要懂得一切宗教、哲学与科学等知识，叫作穷理，穷理是知识面的，而尽性是真正内证的修养，把性情两个东西搞清楚了，自己做一点工夫，这个叫学问。穷理尽性之后"以至于命"，最后学问到家了，就晓得个人及物理世界的生命是怎么样一个道理。现在西方文化受东方文化的影响，尤其受喇嘛教、道家的影响，新兴起研究生命的学问。过去西方的宗教不碰这个，也不大讨论，现在讨论得很热烈，是受东方文化的影响。这个生命有没有前生？有没有来世？人死了这个生命是不是还存在？有没有灵魂？这个不是情绪问题了，那这个又是什么？中国文化在这一方面有很丰富的资料和学问，可是这一百年来，受白话教育的影响，一般人对古书古文没有下过工夫，一点都不知道了。所以今天我个人觉得最悲哀的是，所有的中国人谈到中国文化都是一片茫然，自己仓库里头有太多宝贝，可是却把钥匙搞丢了。这是教育问题了，受白话教育启蒙的人打不开这个仓库，这是一个很大的悲哀。"世事茫茫难自料"，像我们这个年龄，讲起文化前途，真是觉得很难过、很悲哀，这个棒子交不下去，不晓得怎么办。这是另外一个问题了。

我在这几十分钟以内，想贡献大家讲讲思想跟性情的问题。你们在金融界打滚的，在我看来是玩火，在火山上玩，虽然你们不是点火的人，不过你们很老练了，就像孙悟空在太上老君的八卦炉里头，被熏出了火眼金睛，不怕火了，忘记了火的危险。在我看来，现在大家都在玩火，这一把火将来怎么平息？怎么走上一条正路？我已经声明多次了，现在不去讨论金融的问题，讨论起来很长的。在这一个环境里头谈修养，你们诸位要认识思想和情绪问题，尤其大家到了中年了，至少都是四十以上的人，讲句中国的老话，"人到中年万事休"，已经开始准备走下坡路了。一个人假使生命活到六十岁，以每十五年至二十年做个单位，一到中年就是四十了，差不多太阳到天顶，要开始向下沉了。人中年以后的思想，往往就是下坡路的思想。那么个人要如何走修养的路线？又要如何安定自己的情绪？我们先从这一个方向入手。等一下就休息吃饭了，吃过饭以后再告诉大家如何做修养的工夫。

明朝有一个才子讲了一段话，很有意思。他说每个人的一生只做了三件事就走路了，哪三件事？"自欺"，自己骗自己。"欺人"，骗人家，结果呢？结果是"被人欺"，被人家骗。人生谁都逃不过这三件事。

我们这一堂下课，我心里对诸位有点抱歉，远道而来却没有好的收获，我变成在这里自欺欺人，你们则是被我骗了。我们晚上再说。

第三讲

初学静坐的要点
不要怕思想情绪
修养仍需配合文学

初学静坐的要点

（李老师指导学员七支坐法与呼吸法门）

刚才由李老师教大家静坐的姿势，普通称为打坐，在佛学里头叫坐禅或禅坐，其实不只是坐，睡觉有睡觉的方法，走路有走路的方法，坐着、站着、睡着，有各种方法。刚才李老师教大家的是坐禅基本的姿势，是属于跏趺坐，实际上坐禅姿势有九十多种。跏趺是印度的梵文，翻成中国文字叫跏趺。这两条腿盘起来有很多种姿势，有双盘、单盘、散盘，等等，两条腿与生命息息相关，这就牵涉到医学了。

你们诸位都是公务员，在现代生活的浪潮中浮沉，就是茫茫然地吃喝玩乐，被这个环境包围了，运动方面比较少。我们请一位同学教大家做简单的运动，在房间里就可以做的，梵文叫YO-GA，中文翻译叫瑜珈，很柔和的运动。某某你到前面示范一下，这个礼拜的姿势在印度流传了几千年。我最近看到外国人写的文章，说西方文化很快就要被东方文化吞掉了，由两个东西开始，一是饮食，中国、印度的馆子遍及全世界，全世界的人都晓得吃中国菜、印度菜；另一个是修定，中国的禅定和印度的瑜珈，吞没了西方文化。这篇文章讲得很实际，这个趋势确实如此。我几十年前在美国的时候也讲过，我说三十年前全世界的人如果不懂英文就到处碰壁、吃不开，但是三十年后，要是不懂中国文化、不懂中文，换你们吃不开。

现在示范的这个姿势叫拜日式，可以在室内做，不过不可以在沙发或床上做，一定要在平地进行，最好铺一张席子或毯子。你们静坐起来后，可以借此调整身体，比练太极拳还简单，都不要用力的，全身放开、放松，现在还不用管呼吸，初步就是这样。拜日式在印度仍很流行，等于每天早晨太阳出来的时候朝太阳礼拜，就是那么简单的动作，全身都运动到了。你们现在工作繁忙，做运动的机会太少了，身体这样调整，不必用力的，最好再配合一呼一吸。

　　瑜珈的动作很多，都是锻炼身体、配合呼吸的。在印度认为可使自己保持长生不老，也就是中国求仙道的办法。这个比太极拳还简单、还柔和，一共有几十个动作，都是练身体的，有些人内在的病因此而康复了。

　　回来讲到静坐，刚才叫大家放了腿，因为你们是初学者，最好每天上座的次数多一点，时间短一点，这两句话怎么说呢？第一次自己盘腿静坐时，最好看一下时间，譬如坐到十五分钟，腰开始有问题，或是两腿发胀，或者烦躁，身体不行，你就先坐十五分钟就好。开始练习坐禅的时候，每次最多十五分钟就够了，差不多觉得身体不对了就下座，做一下运动，引导气血的流通，这个在中国道家叫导引，现在反过来讲叫引导，你的意识引导自己做运动。譬如这条膀子不舒服，我就专门对付它，越是不舒服的地方越要运动它，你不要逃避，不要害怕那个不舒服，否则长久下来就变成病态了。你就慢慢动，让身体活起来，病也就治好了。

　　刚才讲初学的人上座时间不要太久，等到你工夫熟了以后，也许盘腿一坐三五个钟头过去，却觉得只有几分钟，很快就过了，破了时间的观念，也打开了空间的规律，自己也不晓得自己坐在哪里，好像在虚空中坐着一样。到了这一步，就很替你高兴了。不是说你得道，而是在身心健康方面有了帮助。所以初学打坐的人次数可以多，但时间不要过长，如果说只能坐十五分钟，不要硬熬到半个钟头一个钟头，这样不对，会把身体搞坏了，要细水长流。譬如像你们白领阶级，早晨起来坐在床上，最好不要睡沙发床，起来先不洗脸，也不要刷牙，被子一围，先静坐，坐个十几分钟再下床刷牙洗脸。像这样慢慢练习，早晨这一堂坐下来，你一天的精神就够用了；晚上睡觉以前再坐一下，坐到自己想睡觉了就躺下去睡，绝不失眠，早晚两次。世上所有的工夫都是方法加上练习，再加上时间与恒心，这叫工夫，工夫就是先有一个方法，慢慢去练出来的。静坐的姿势还有很多，这是讲外形的部分。

不要怕思想情绪

刚才李老师教了大家打坐的方法，怎么听呼吸，目光怎么摆。不管什么坐禅、修道，现在全世界很流行这一套，所谓印度的冥想、密宗的观想，各种花样多得很。实际上这在中国文化讲修养方面是很普通的家常便饭，可惜现在反而不受重视了。这是修养身心健康的一种方法，希望大家多注意。

我们下午讲到思想的问题，刚才讲了静坐的外表姿势，里头的思想怎么得到宁静则是另一个问题。我们现在静坐起来，不管叫禅定也好，叫做工夫也好，这些都不管，反正是身心修养的方法，你把它简化一点，把宗教神秘的外衣脱掉就很简单了嘛！我这个生命活着，想要宁静下来，就是安详而已。可是闭起眼睛打坐，真能安详吗？不安详，心里头的情绪与思想乱跑，很闹热的。我们读古书，《庄子》里头提到，外表静坐在那里，里面的思想念头停不了，他说这个是白坐了，以为自己在修道、做工夫、做修养,其实完全错误,他给了一个名称,叫"坐驰",等于打坐起来,表面上说自己在打坐、修道,其实心里头却在开运动会,烦恼、情绪、思想统统停不了,都在乱跑,静不下来。你做一个工夫,或者练气,或者观想,这些内在修养的方法,在佛学里头有八万四千个法门那么多;但不管用哪一种方法,只要念头静不下来,坐在那里就是在里头开运动会。

我们人有个知性,这个知性是很普通的。我们从妈妈肚子里生出来就晓得肚子饿了会哭,有感觉与知觉。感觉与知觉是怎么来的?就是这个知性,知道的这个功能没有变过。知性是一个问题,譬如我们静坐起来,觉得心里头的思想停不了,你怎么知道自己的思想停不了?就是因为自己的那个知性知道。"哎呀!好烦,我不要去想它。"你的知性知道,希望不去想它,可是又阻止不了这个思想。若是偶然给你碰着了,思想不动,可能是清净,也可能是糊涂,有一下很安静,在这刹那之间,哦!我得道了!其实没有得道,因为自己天生这个知性还知道这个时候是安静的,所以这一知就很重要了。

譬如平常你办公时,处理一件公文,尤其你们从事金融保险的业务,这个生意要做不要做,批准还是不批准,除了思想的作用外,思想后面还有个东西,自己认为有问题,还是不敢做决定,向上面报告吧!这个就是知性的作用。这个知性是什么东西?这要另外研究了,至少要晓得思想后面有个知性。讲了半天,其实静坐起来,你不要怕思想,思想本空,妈妈生下我们到现在几十年,我们每一个念头、思想、情绪,想过多少事,喜怒哀乐经过多少次的演变,一个都留不住。喜怒哀乐也好,感觉知觉也罢,有一句话叫自性体空,它的本性是空的,你不要怕它。你说我因为家庭和工作,心里烦得很,我虽然知道自性体空,可是空不了啊!你已经知道了自性体空,那个"知道"它没有烦恼，我们自己知道，所以你上座一静下来的时候，一切烦恼思想不要去管它，不要想去找一个办法把它弄掉，你知道这没有用的。

譬如我们都晓得，不论你是科学家、艺术家，或是写文章的，专门想一个问题时，想让一个思想钉在那里不动，做得到吗？做不到的，它自己会跑掉，不过前一个思想跑了，后一个又追上了，连绵不断，像一股流水一样。我们看到流水永远在流动，实际上学科学的人就知道，流水跟电流一样，比如说电灯的灯光，我们看这个灯好像永远在亮，实际上不是，你开关一打开，前一秒钟这个光明已经散了，没有了，但是下一个光明又接上来，看起来永远是亮的；流水也是一样，我们看到一股水在流，实际上是一个一个水分子连结起来的。换句话说，我们的思想情绪也是一样，它是流动的，只有知道自己在烦恼的那个知性没有动。你静坐起来只管知性，不怕烦恼，不怕情绪，这是第一步。

如果这样做不到，就照刚才李老师所讲的，先管呼吸，利用呼吸替代这个妄想。但也不要故意去呼吸，先吸气，再哈气哈出去，这是调整身体的。要晓得我们从娘胎生下来前，本来胎儿在妈妈肚子里没有用鼻子呼吸，只靠脐带跟母亲的呼吸相连，生出来以后，嘴里一坨脏东西被护士挖出来，脐带一剪断，孩子就开口"啊"的一声，这不是哭哦，是气的问题，这一张口，空气进来了，然后开始呼吸了。我们呼吸是自然的，不要故意去做它，所有生物包括植物都在呼吸，其实矿物也有呼吸，这是大科学了，生命的科学。

呼吸为什么一定是一进一出？因为吸进来的是氧气，到了身体内部就变成二氧化碳，所以要交换，这是很自然的，不需要你特别加力量去练这个呼吸，那是另外一个工夫。刚才也讲过了，你静坐的时候，若是怕自己体认不到自性的这个妄想情绪本来是空的，就只好利用呼吸，把杂乱的思想慢慢清理干净，这个呼吸等于是吹风一样，把我们的思想灰尘吹干净。这些理论很容易听懂，做起工夫比较难，先休息一下。

修养仍需配合文学

中国有几千年的文化，好的坏的都存在，五四运动把中国文化拦腰砍了一刀，接下来"文化大革命"更是把中国文化连根都铲去了，可是中国文化没有断绝。我觉得非常好玩。年轻时我担心中国文化在五四以后怎么办？现在自己看来很好笑，因为即使经过"文化大革命"，中国文化还是存在着，近来甚至一些乱七八糟的东西都出笼了。可是大家不要迷路了，现在乱七八糟的东西很多，因为失去了传统，大家抓不到重心。尤其你们这个年龄更乱，自己没有方向了，这是很严重的一个阶段。

讲到静坐修道这一方面，现在外面很流行、很普遍，各种各样的方法都有，千万不要乱相信。我们看了几十年，什么稀奇古怪的事情多得很，像我们这里，不管禅也好，道也好，密宗也好，你看这一班年轻的同学跟着我，每个人各有一手，都有一套的。你们来到这里，我总想对你们做一点贡献，可是时间那么短，一个下午，一个晚上，很快就过去，等一下你们就回去了，我心里觉得很抱歉，所以想多讲一点东西。现在大概贡献大家修养身心的方法，主要是心法，内心的心法，思想、感觉、知觉要怎么办，我今天想要讲的是这个，请大家注意。

我有一本书叫《楞严大义今释》，把很深奥的佛经，配合西方思想哲学科学的道理，翻成白话讲出来。书里讲到我们静坐的时候心性杂乱，知觉与感觉去不掉。我有一首诗，用文学的境界来表达：

> 秋风落叶乱为堆　　扫尽还来千百回
> 一笑罢休闲处坐　　任他着地自成灰

"秋风落叶乱为堆",秋天到了,掉下来很多树叶。我们在乡下住久了,所以晓得落叶在秋天是扫不干净的,你刚清理好,一回头又是一堆落叶掉下来。我们的感觉知觉,烦恼思想,这些念头一起来,你要它静,是静不了的。"扫尽还来千百回",这些树叶落下来,才刚一点一点扫干净,新的一批落叶又下来了,跟我们的思想情绪是一样的。"一笑罢休闲处坐",算了,不扫了,两眼一闭,两腿一收,两手一放,静坐吧。"任他着地自成灰",这些情绪、烦恼、思想,你不理它,它就没有了,何必费工夫去忙着扫它呢?如果你做到这一步,差不多了。

但是有人学佛看佛经,看了《金刚经》"应无所住而生其心",或是知道过去空、现在空、未来空,就觉得自己念头空了,已经悟道了。你真悟了吗?你怎么晓得悟了?这不是又有了吗?这一知又有个东西,又是一片落叶了,而且是很大的落叶啊!不要这样认为,不是这个道理。

这里是举这首诗作为例子,说明思想情绪。要学中国的文化、做工夫,是离不开文学的。所以下午我除了贡献大家之外,也请求诸位,像你们这个职位,环境太好了,有空多注重文学方面,可以调剂自己的身心情绪。尤其是中国的唐诗或宋词,甚至于清诗里头,很多关于修养的东西,大家都没有接触到,这里面的财富太多了。

(整理:赵培珍)

东方出版社南怀瑾作品

论语别裁　　　　　　　　孔子和他的弟子们
话说中庸　　　　　　　　原本大学微言
孟子旁通（上）　　　　　孟子旁通（中）
　梁惠王篇　万章篇　　　　　公孙丑篇　尽心篇
孟子旁通（下）
　离娄篇　滕文公篇　告子篇

维摩诘的花雨满天　　　　静坐与修道
金刚经说什么　　　　　　禅与生命的认知初讲
药师经的济世观　　　　　禅宗与道家
圆觉经略说　　　　　　　定慧初修
楞严大义今释　　　　　　如何修证佛法
楞伽大义今释　　　　　　学佛者的基本信念
禅话　　　　　　　　　　大圆满禅定休息简说
禅海蠡测　　　　　　　　洞山指月

老子他说（初续合集）　　我说参同契
庄子諵譁　　　　　　　　中国道教发展史略述
列子臆说

易经系传别讲　　　　　　　易经杂说
易经与中医（外一种：太极拳　新旧教育的变与惑
与静坐）　　　　　　　　　南怀瑾讲演录 2004—2006
小言黄帝内经与生命科学　　南怀瑾与彼得·圣吉
漫谈中国文化　　　　　　　　关于禅、生命和认知的对话
　金融　企业　国学　　　　历史的经验（增订本）
廿一世纪初的前言后语　　　中国文化泛言（增订本）